象棋实用战术大全

刘准　编著

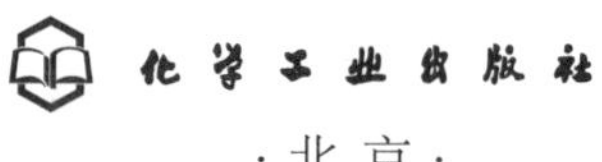

·北京·

图书在版编目（CIP）数据

象棋实用战术大全/刘准编著. —北京：化学工业出版社，2021.10

ISBN 978-7-122-39823-9

Ⅰ.①象… Ⅱ.①刘… Ⅲ.①中国象棋-对局（棋类运动）Ⅳ.①G891.2

中国版本图书馆CIP数据核字（2021）第176638号

责任编辑：杨松淼　　　装帧设计：李子姮
责任校对：宋　玮

出版发行：化学工业出版社（北京市东城区青年湖南街13号　邮政编码100011）
印　　装：三河市延风印装有限公司
710mm×1000mm　1/16　印张15½　字数200千字　2022年1月北京第1版第1次印刷

购书咨询：010-64518888　　　售后服务：010-64518899
网　　址：http：//www.cip.com.cn
凡购买本书，如有缺损质量问题，本社销售中心负责调换。

定　　价：59.80元

前言

战术就是进行战斗的方式方法。象棋战术充分体现象棋竞技性、战斗性的核心价值，并能全面展示象棋艺术的魅力，是象棋艺术的灵魂。象棋战术的设计和运作以其严谨的辩证思维、严密的逻辑推理、精确的计算，更深刻体现其科学性。

笔者曾在北京市少年宫执教象棋多年，在不断研究教学活动和指导学生对弈的过程中，总结出如下三条规律：一是象棋战术意识的启蒙和培养一般先从捉子入手，以消灭对方的有生力量为具体目标，组织兵力歼灭，战术意识则渗透其中；二是象棋战术素养的提高和升华一般先从利用战术推进杀势，进而实施杀法入局，具有不计一城一地得失而着眼全局掌控主动的能力；三是战术理念的确立和深化一般是具有自如解决子与先、攻与防、局部与全局关系的能力，进而能辩证处理快与慢、静与动、无形与有形的关系，能够以静制动，以慢打快，后中先，无形胜有形。

基于此，本书在安排战术案例时力求涵盖的知识面广泛并且具有典型性，实战中使用概率高，实用性强，既能够使读者在学习中收到举一反三的效果，又能更深刻品味战术的作用。

书中若有疏漏之处，敬请读者朋友批评指正，以便重印再版时修订。先致谢意。

刘　准

第三单元　运子战术

第四单元　反击战术

第一单元　基础战术

基础战术有三种，分别为捉、弃、兑。它们的共同特点如下。

（1）捉、弃、兑三种战术贯穿象棋全盘战争中的每一个战斗阶段，运用的频率最高，运用的范围也最广。

（2）捉、弃、兑战术是实力的比拼，是战斗中最直接、最重要的手段，它直接决定双方的实力消长，战场主动权的归属，局势的走向乃至胜负。

（3）捉、弃、兑战术是直接的物质利益的争夺，它的效果看得见、摸得着，更容易理解和运用，是学习战术的入门阶梯。

（4）捉、弃、兑在中、残局阶段，往往可以和杀法相结合，形成一个完整的作战方案。

（5）捉、弃、兑在中、残局阶段运用中，还可以体现出一定的形势判断的技巧，为初学者继续下一阶段的学习做准备。

（6）把基础战术学扎实，可为继续学习常用战术、运子战术和反击战术打好基础。

第1课　捉子

捉，指谋取对方子力的战斗过程。掌握谋取对方子力的战术手段是提高棋艺水平的一个关键。初学者刚开始接触象棋时，都对捉吃对方子力产生浓厚兴趣，但由于他们没有掌握谋取子力的基本方法和要领，常常是捉来捉去总也吃不到对方的棋子。因此，谋取对方子力必须按一定的章法来进行。

下面介绍围困捉子、捉双、借杀捉子三种基本捉子方法。

一、围困捉子

围困捉子就是先把要捉的棋子围困，使其活动范围受到限制或者根本失去活动能力，然后再捉吃那个棋子。围困捉子的要点有三：

（1）围困捉子必须有两个子以上，有围困的兵力，有捉吃的兵力，而且必须是先围后捉。

（2）在围困捉子的各类情形中，围困捉马的情况最为多见，因为马受蹩腿的限制而经常出现活动受阻碍的情况。

（3）在围困捉子中，围困捉车最难，因为车的战斗力最强，因此在围困捉车时，必须做好牺牲一定兵力的准备。

【例局1】捉夹道马

如图1-1，红方先行。黑方车控肋道，6路马有卧槽杀棋的威胁，但黑马处于双兵之间，活动范围狭小，易被捉死。

①车二平四　马6进7

②车四退三　马7退8

③车四平二　马8退7

④兵三进一

至此，红方捉死黑马。

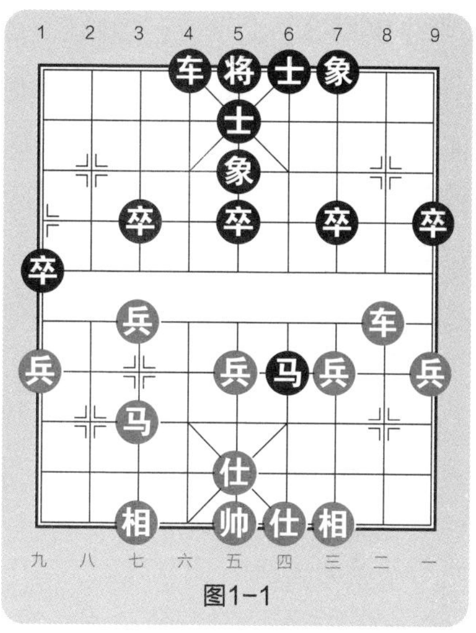
图1-1

【例局2】捉边马

如图1-2，红方先行。红方车从哪个方向捉黑马很有讲究，如车四平三捉马，则马7进9后，红方需要相五退三再相三进一，用两步棋围住黑马，然后再车三退二捉死黑马。而如果车四退一把马捉向边线，则只需一步棋即可围困黑马。

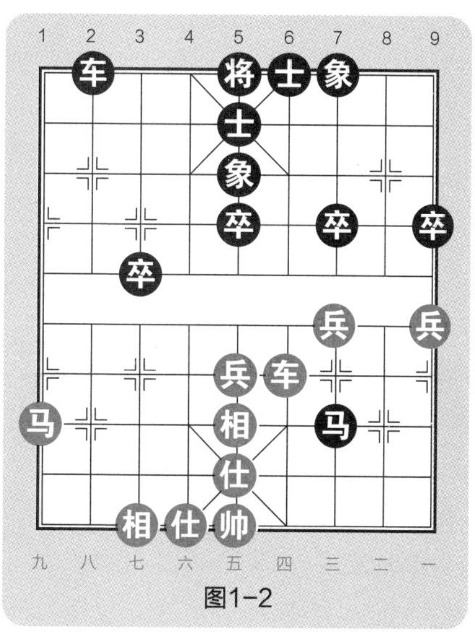
图1-2

①车四退一

这时黑马有四个应法。

（1）马7进9，则车四平一，在限制黑马的同时又捉死黑马。

（2）马7进8，则相五退三，限制黑马的活动范围，然后车四平二捉死黑马。

（3）马7退9，则车四平一捉死黑马。

（4）马7退8，则车四平二捉死黑马。

注：马至边线处境很危险，因此有“马逢边必死”之说。

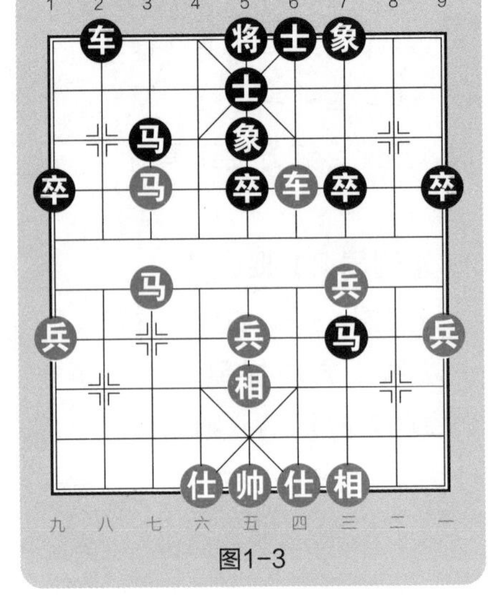

图1-3

【例局 3】捉下二、四路的马

如图 1-3，红方先行。黑方左马孤军深入，已无归路而且没有兵力策应。红方可用围困法捉马。

①车四退三　马 7 进 8

②仕四进五

关键的一着棋，接下来红方可车四平二捉死黑马。

如果黑方先行呢?

①象 5 进 3

此时红方前马可以行进的 4 个落点均被黑方控制，动弹不得。黑方只需接下来车 2 进 3，即可捉死红马。

注：当己方马进至对方三、七（3、7）路兵（卒）位置时，很容易被对方围困。

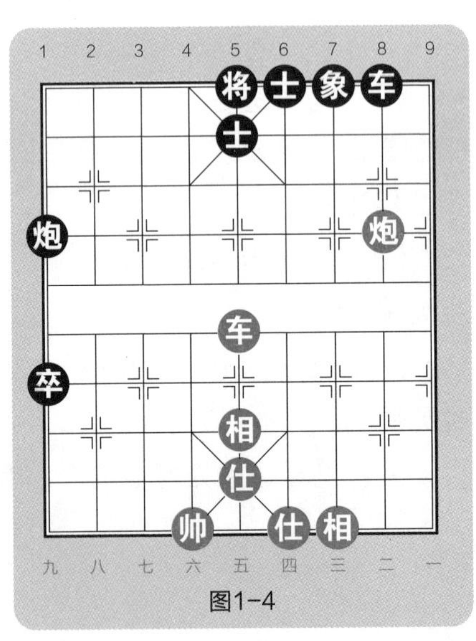

图1-4

【例局 4】捉边炮

如图 1-4，红方先行。黑方炮在边线，车在底线，兵力分散。红方车炮帅配合，借白脸将杀法运炮顿挫，可围困捉炮。

①炮二平五　士 5 进 4

②炮五平八　士 4 退 5

③车五平九

至此，红方捉死黑炮。

【例局 5】捉夹道炮

如图 1–5，红方先行。黑方过河车马和后方车马炮缺乏联系且灵活性差，同时还有左车未出的弱点。红方双车马炮位置良好，红方可借围困捉马诱黑炮出动，创造捉炮机会。

① 车一平七　炮 8 进 4

②前车平二

至此，红方捉死黑方夹道炮。

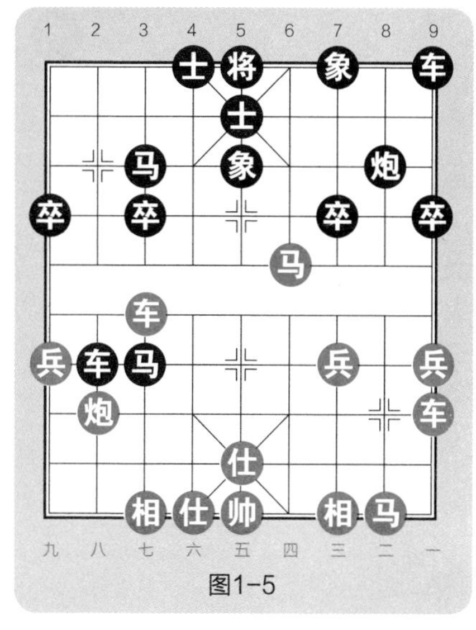

图1–5

【例局 6】

如图 1–6，红方先行。黑方右车孤军深入，已遭围困，几无活动余地。红方诸兵种协同即可捉死黑车。

① 车四平九

此着控制黑车仅有的一个活动点，下一着马三退五即可捉死黑车。黑方只能待红方回马捉车时，车 3 退 2 弃车吃马，红方马五进七得车。

注：此例中，红方捉死黑车必然要付出牺牲一马的代价。

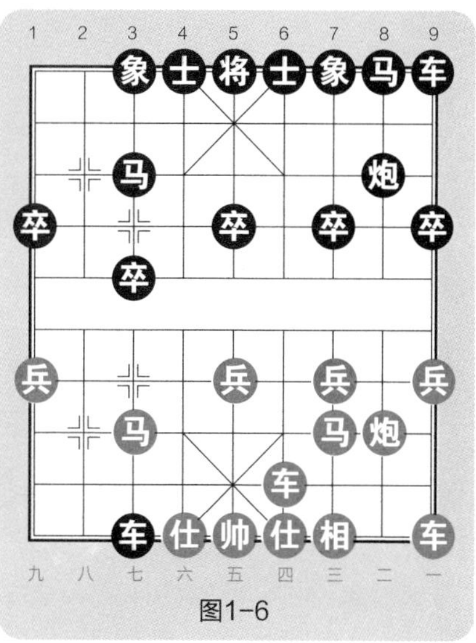

图1–6

练习题

如图 1–7，红方先行。

① 炮五平三　车 9 平 8　　　② 炮三进二

至此，黑方前马既得不到保护，也无处可走，被捉死。

如图 1–8，红方先行。

① 马四进三　象 5 进 7　　　② 马三进一

至此，红方马炮双捉黑车，黑车无法横向移动，被活活捉死。

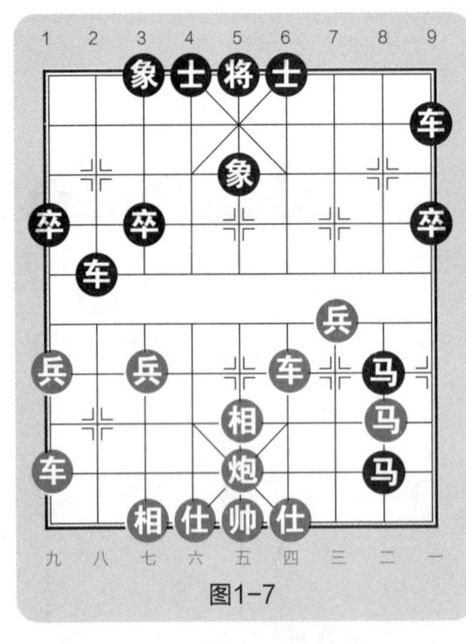

图1–7

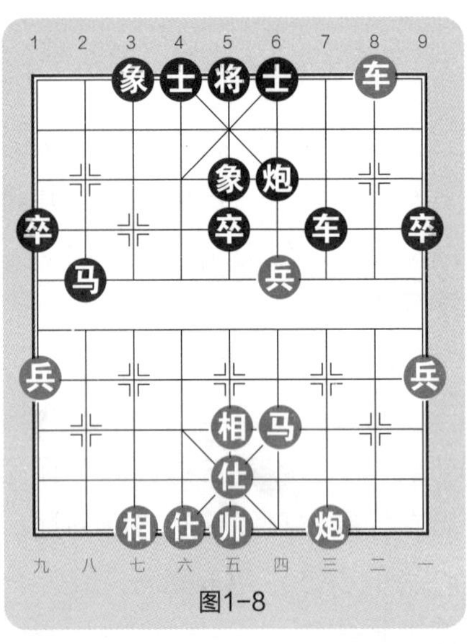

图1–8

如图 1–9，红方先行。

① 车八进一　炮 3 进 1　　　② 车八平九　炮 3 平 2

③ 炮八进一（红方捉死黑炮）

如图 1–10，红方先行。

① 兵五进一　车 6 退 1

黑方如改走车 6 平 5，则兵四进一，黑方中马仍无处可逃。

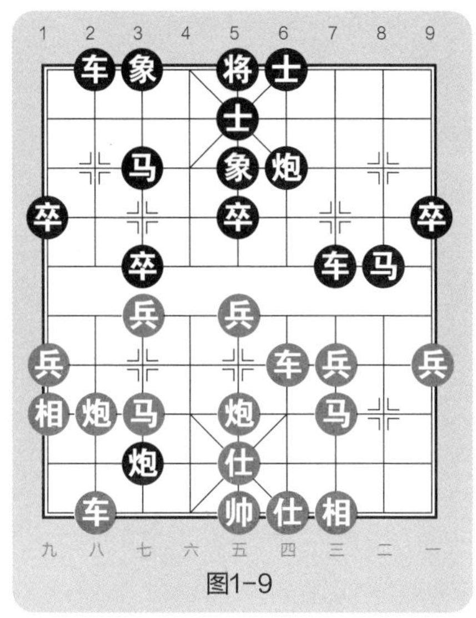

图1-9

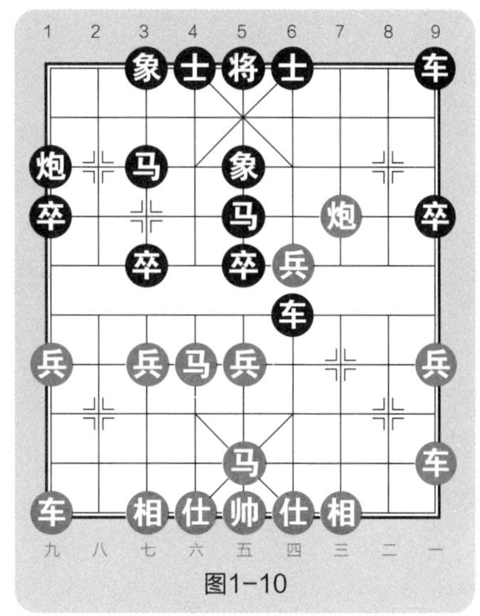

图1-10

②兵五进一　车6平7

③炮三平四（红方捉死黑马）

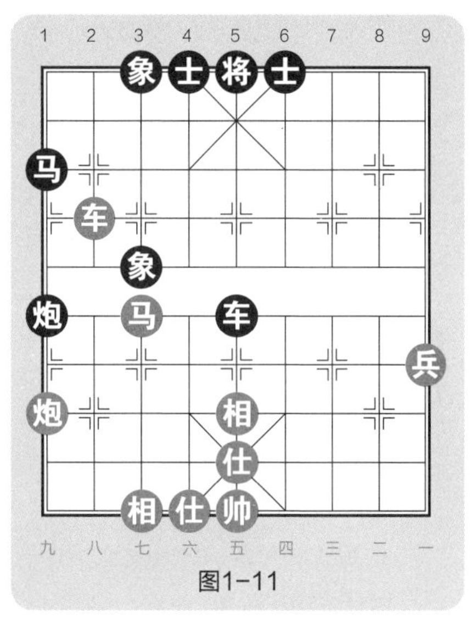

图1-11

如图1-11，红方先行。

①车八平九　炮1平2

②炮九进二　车5退3

③车九平八　炮2退1

④炮九进二（红方捉死黑炮）

如图1-12，红方先行。

①车四进六　马7退8

黑方如改走马7退9，则马三进二，士4进5，车四平一，捉死黑马。

②车五平二　马8进9

黑方如士4进5，则车四平二，马8进9，马三进二，捉死黑马。

③马三进二　士4进5　　④车四平一（红方得马）

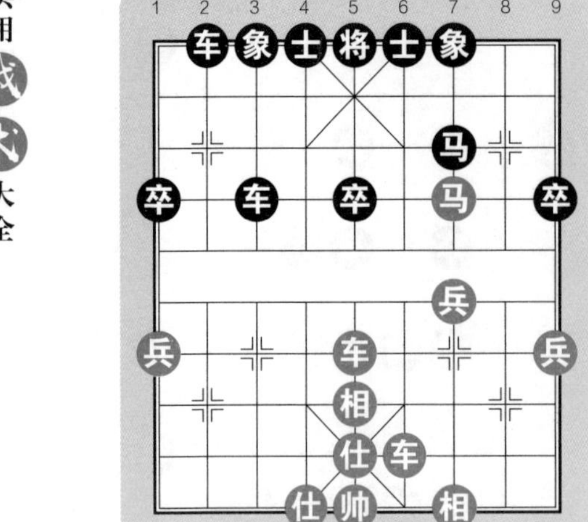
图1-12

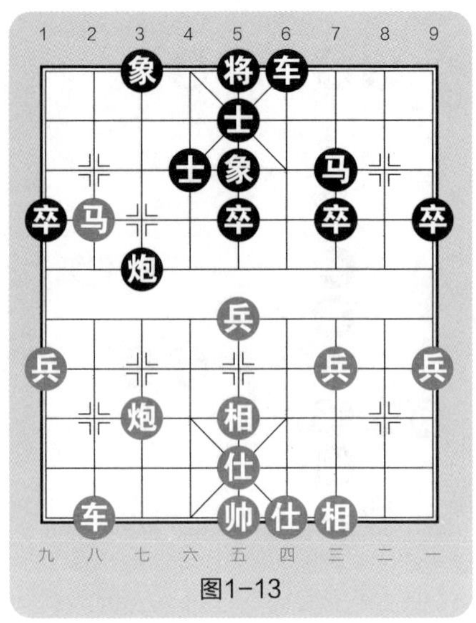
图1-13

如图 1-13，红方先行。

①马八进七　将 5 平 4　　②炮七平六　炮 3 平 4

③炮六进二　车 6 进 4　　④车八进五　卒 7 进 1

⑤马七退八　炮 4 退 1　　⑥炮六进一

至此，黑炮已被围困。红方下一着马八进七捉死黑炮。

此局红方逐步缩小黑炮活动范围的战术非常具有代表性，需认真体会。

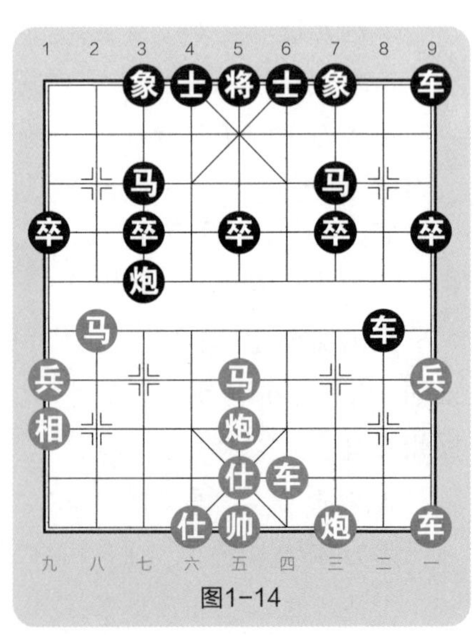
图1-14

如图 1-14，红方先行。

①马五进四　车 8 平 5

黑车平中后被拴住，只有中路 3 个点的活动范围。

②车四进三　车 5 进 1

黑方如改走车 5 退 1，则马八退六，车 5 进 2，车四平二，黑车仍被捉死。

③ 车四平二　车5退2

④ 马八退六（红方捉死黑车）

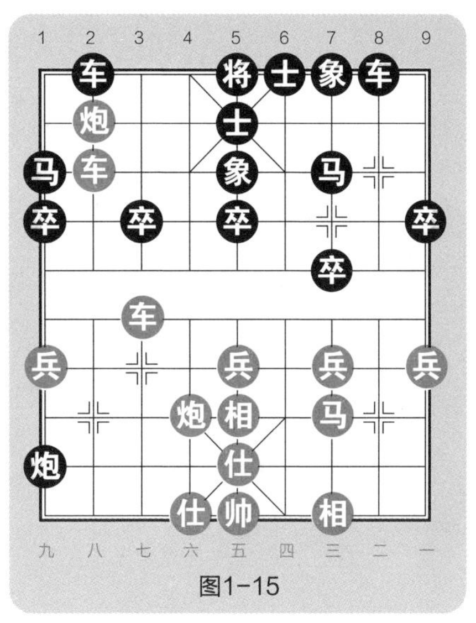

图1-15

如图1-15，红方先行。

① 车七退三　炮1退1

② 炮六平八　炮1进2

③ 车七退一　炮1退1

④ 炮八退一　炮1退1

⑤ 车八退五（红方捉死黑炮）

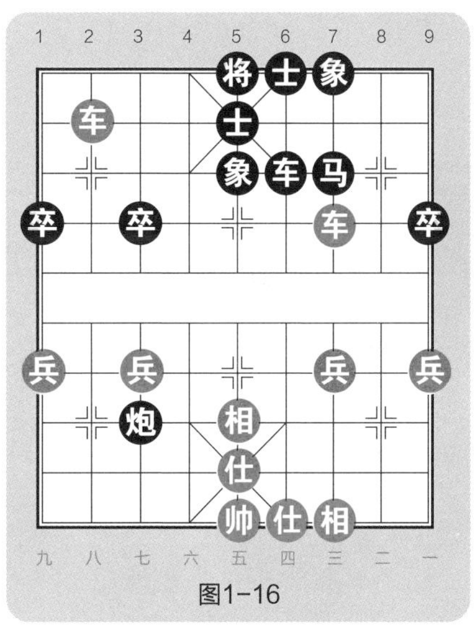

图1-16

如图1-16，红方先行。

① 车八退六　炮3进1

② 车八退一　炮3退1

③ 车三退二　马7进8

④ 车八平七　炮3平1

黑方如改走炮3平2，则车三平八，炮2平1，车七平九，炮1平3，车八退二，捉死黑炮。

⑤ 车三平八　车6进4

⑥ 车八退二　炮1进2

⑦ 车八平九　炮1平2

⑧ 车七平八（红方捉死黑炮）

如图1-17，红方先行。

① 车七进五　士5退4

② 马六进四　将5进1　　③ 车七退一　炮4退3

④ 炮三退二（红方捉死黑车）

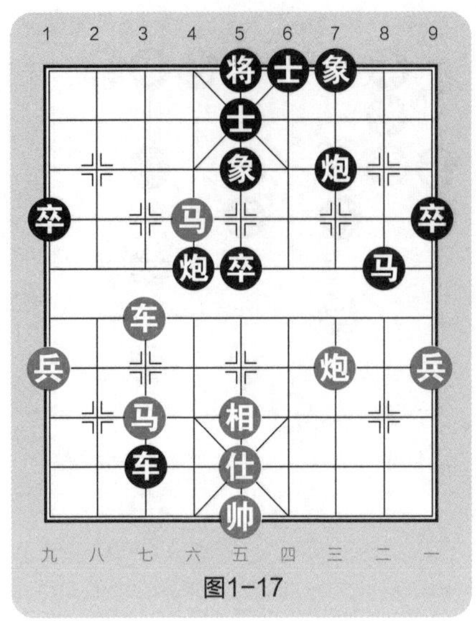
图1-17

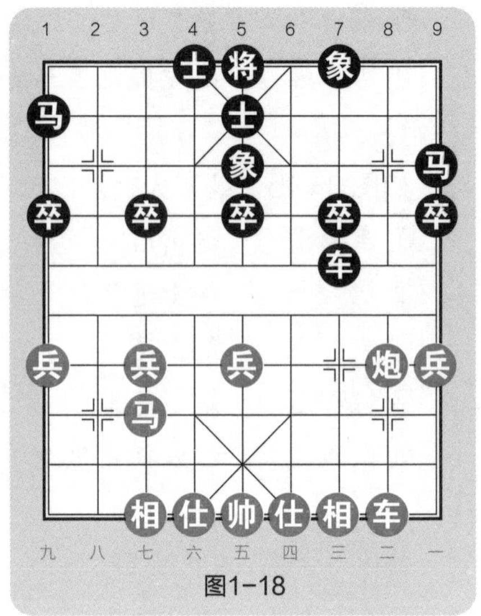
图1-18

如图 1-18，红方先行。

①炮二进五　马 1 进 3

黑方如改走马 9 退 7，则炮二进一，士 5 退 6，车二进八，捉死黑马。

②车二进七　马 9 退 8　　③炮二平一　马 8 进 9

④炮一进一　士 5 退 6

⑤车二平一（红方得马）

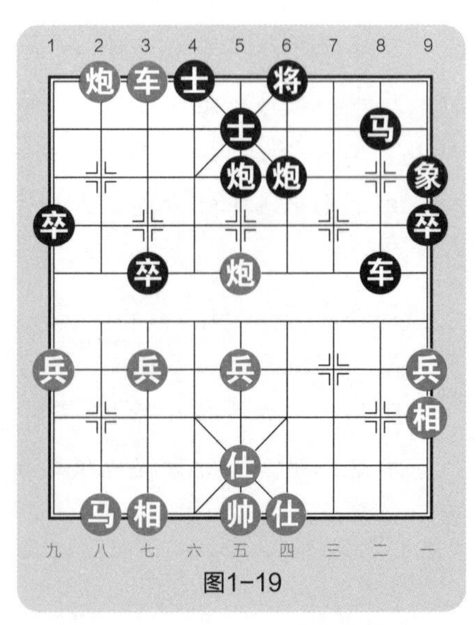
图1-19

如图 1-19，红方先行。

①车七退二　将 6 进 1

②车七平五　马 8 进 7

③车五退一　马 7 进 5

④兵五进一（红方捉死黑马）

如图 1-20，红方先行。

①车四平二　马 8 进 9

②车一平二　卒 9 进 1

③前车平一　炮9退1
④车二进八　炮9进1
⑤车一退一（红方捉死黑马）

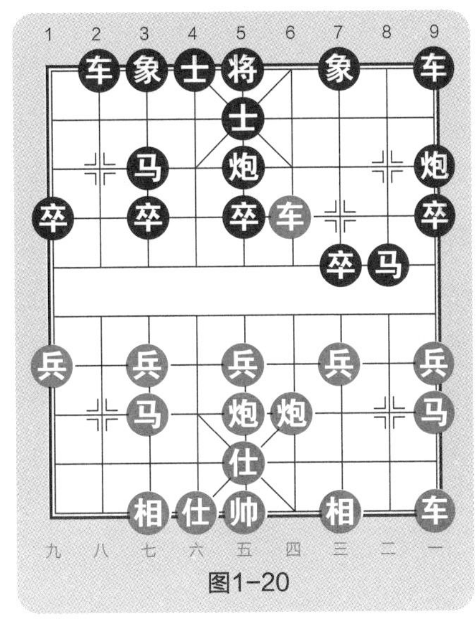
图1-20

如图1-21，红方先行。
①车四平二　车5平6
②马四进六　车6退1
③炮二进五　炮5平8
④相五进七（黑马被困）

如图1-22，红方先行。
①马六退七　象7退9
②兵五进一　卒5进1
③炮九平七　车3平4
④炮七平六　车4平3
⑤前炮平七　车3平4
⑥仕五进六（红方捉死黑车）

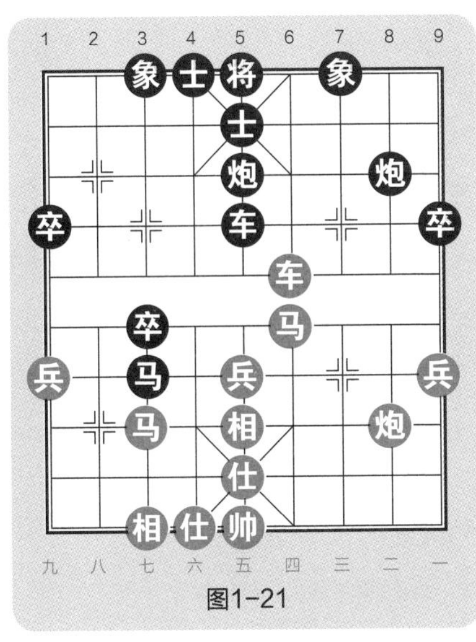
图1-21

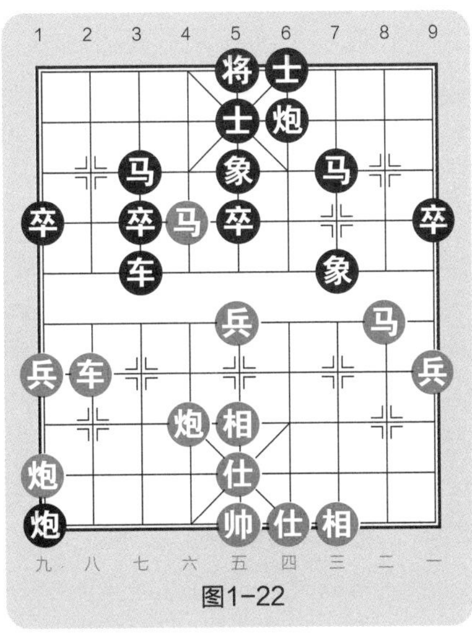
图1-22

如图1-23，红方先行。

①仕六进五　车6退2

②车五平八　马1进3

黑方如改走炮3平1，则车八退三，车6平1，炮七平九，红方接下来有马九退七得子的手段。

③仕五进六　卒3进1

④相五进七　车6进1

⑤车八退四　车6平5

⑥相七进五（红方捉死黑马）

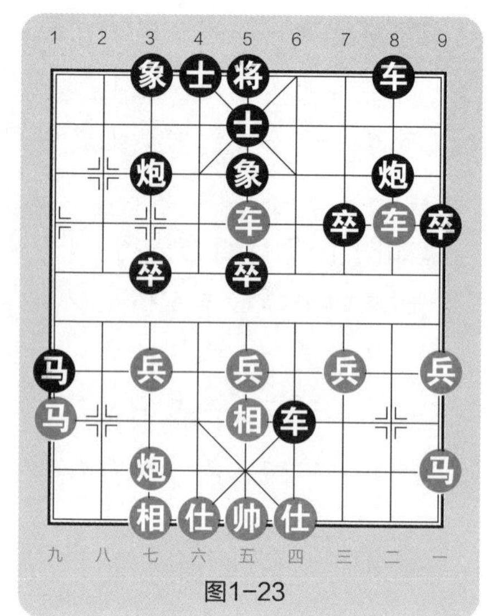

图1-23

如图1-24，红方先行。

①帅五平四　将5平4

②车八平六　将4平5

③车四进一　车5进1

④炮八平五　象3进5

⑤车六进三　车2平4

⑥兵七进一　车4平3

⑦车六平五　炮5退2

⑧兵七平六（红方捉死黑炮）

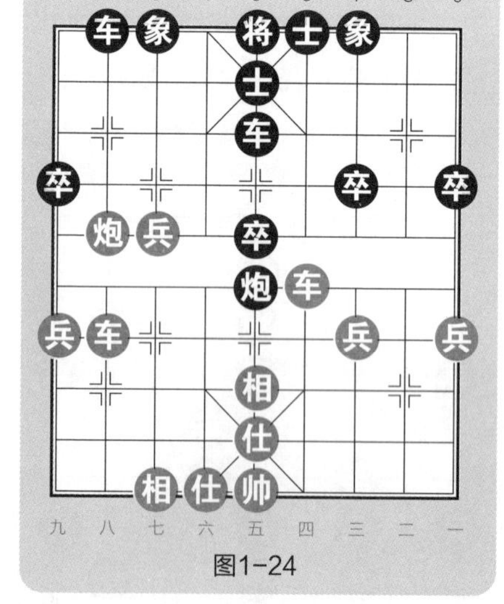

图1-24

如图1-25，红方先行。

①炮八平七　车2平4

②帅六平五　将5平6

③炮七进五　将6进1

④车二进七　将6进1

⑤车六退一　士5进4

⑥炮七退二　象7进5

⑦车二平三　炮5平7

⑧相三进一　车7平5

⑨车三平九（红方捉死黑马）

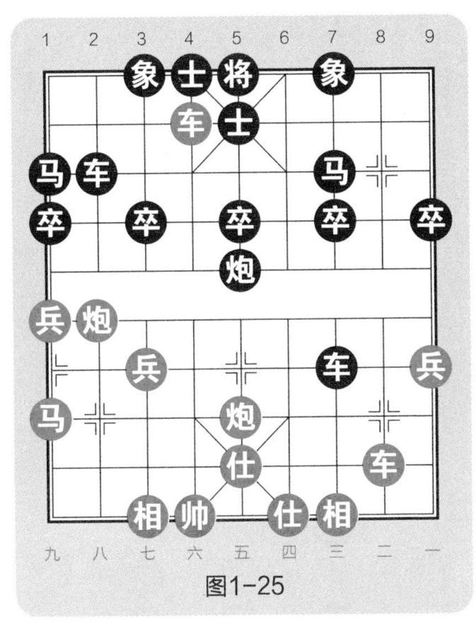

图1-25

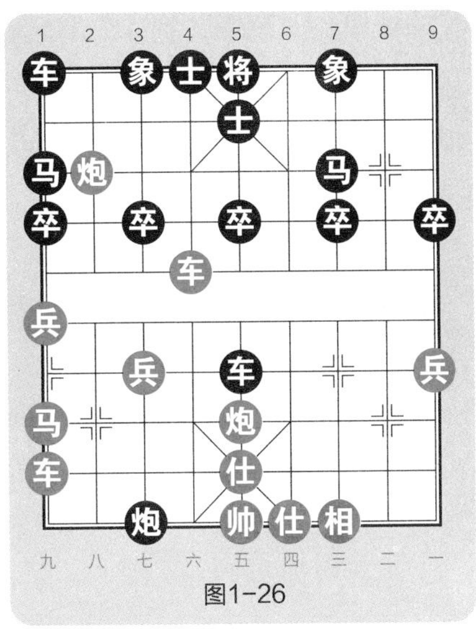

图1-26

如图 1-26，红方先行。

①车九退一　炮 3 退 2

黑方如改走车 1 平 2，则炮八退三，炮 3 退 2，车九平七，炮 3 平 2，车七平八，炮 2 平 3，车六退四，下一着再车六平七捉死黑炮。

②车九平七　炮 3 平 2　　③车七平八　炮 2 平 3

④马九进八　炮 3 进 1　　⑤车六退四　车 1 平 2

⑥马八进六　车 5 退 2　　⑦马六进七　车 2 进 1

⑧车六平七（红方得炮）

二、捉双

进攻方在运子过程中，形成同时捉吃对方两个棋子的局面，这种战术叫捉双。捉双又分为以下三种情况：

（1）进攻方运动一个棋子后，形成己方有一个棋子捉吃对方两个棋子，叫一子捉双。

（2）进攻方运动一个棋子后，形成己方有两个棋子分别捉吃对方两个棋子，叫两子分捉。

（3）进攻方用炮同时威胁对方同线的两个棋子，使对方必失其一，叫串打。

【例局 1】一子捉双

如图 1-27，红方先行。黑方在己方下 3 路线上双炮、双马、象五子结构存在明显的弱点，红方可利用此弱点，主动兑马创造捉双机会。

① 马四进三　炮 4 平 7

② 车一平二　炮 8 平 9

③ 车二进七

至此，红方一车同时捉双炮，必得其一。

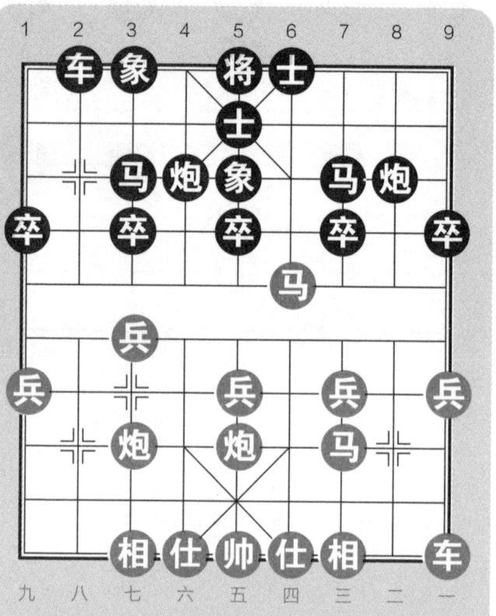

图1-27

【例局 2】两子分捉

如图 1-28，红方先行。黑方车、双马、双炮之间缺乏联系，车炮受红车牵制，7 路马在红炮射程之内。红方可借先行之机，用攻杀创造两子分捉的局面。

① 炮八退一　马 5 退 4

② 马三退四

红方回马拦车亮炮，形成车捉炮、炮打马，两子分捉。

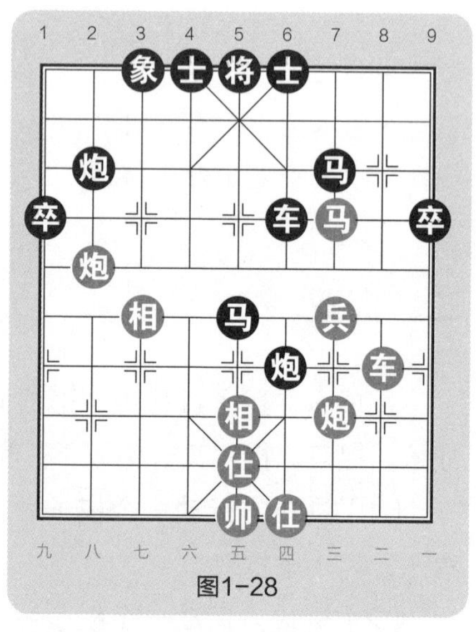

图1-28

【例局 3】串打

如图 1-29，红方先行。双方

均对对方三、七（3、7）路线有威胁，红方利用先行之机运用兑子牵制、闷宫等技战术杀法，创造串打得子的机会。

① 兵三进一　车 3 平 7

黑方如卒 7 进 1，则红方炮二进三串打，黑方必失一车。

② 炮二平三　车 7 平 3

③ 前炮进五　炮 4 平 7

④ 炮三进六

至此，红方在交换中多得一马。

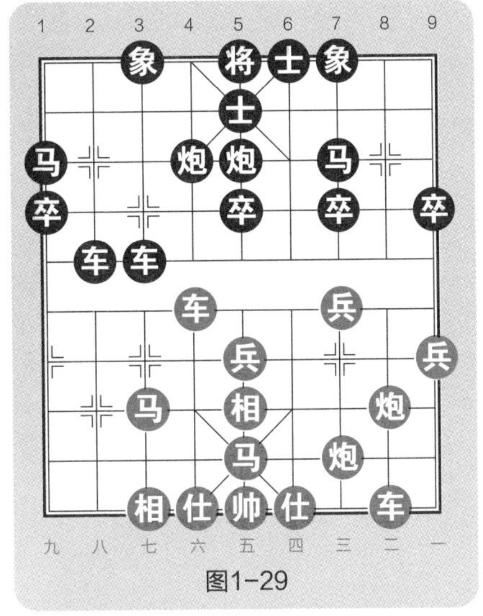
图1-29

练习题

如图 1-30，红方先行。

① 车四进七　马 8 进 7

② 车四退五　炮 7 退 2

③ 车四进二　炮 7 进 2

黑方如改走将 5 平 4，则车四平六，将 4 平 5，车六平三，红方得炮。

④ 车四平三

至此，形成红方一车同时捉马、炮两子，黑方必失其一。

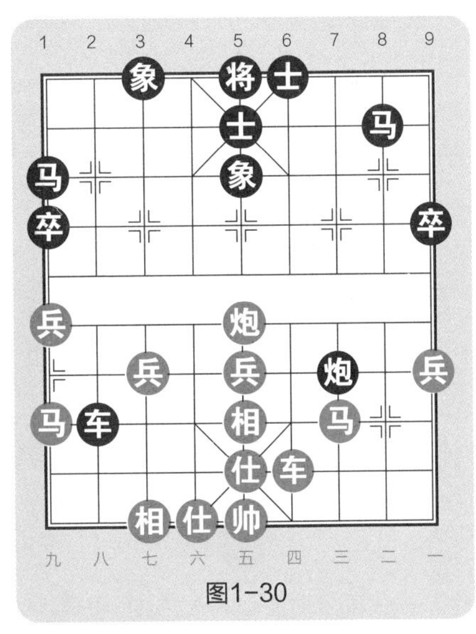
图1-30

如图 1-31，红方先行。

① 车八平四　士 4 进 5　　② 炮六进六

红方进炮打底线车，两子分捉。

②……　　　　车1进1

③炮八平五　炮5进4

④炮六平四

至此，红方得车破士，胜势。

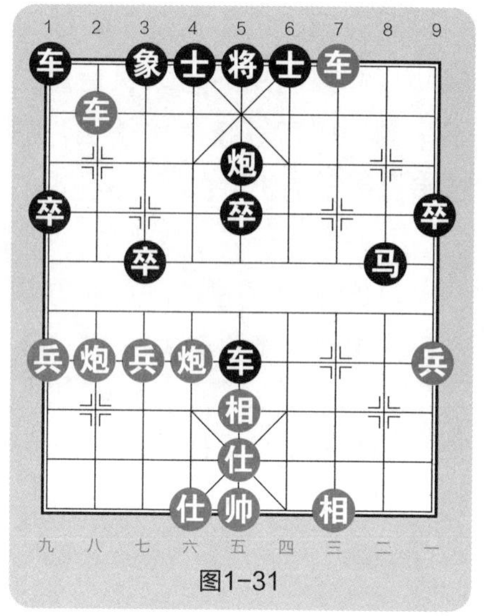
图1-31

如图1-32，红方先行。

①炮三进五　马6退7

②车一平二　炮8平9

③车二进七

至此，红方一车同时捉黑方马、炮，必得其一。

如图1-33，红方先行。

①车八进九　马3退2　　　②车二平八

至此，红方边相捉车、八路车捉马，两子分捉，黑方必失一子。

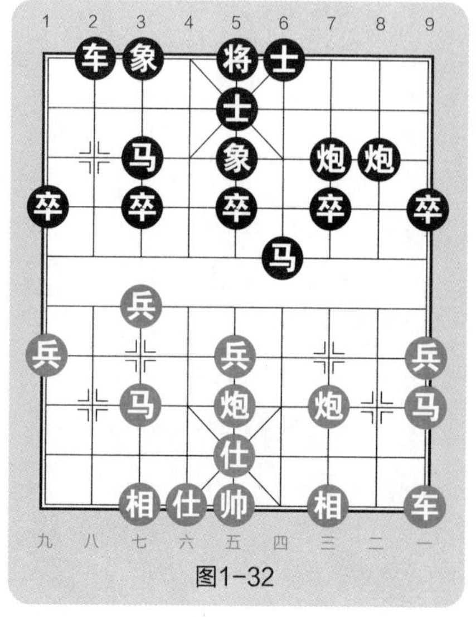
图1-32

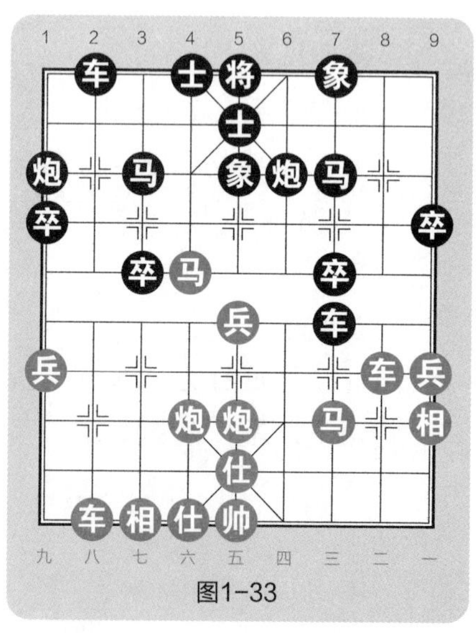
图1-33

如图 1-34，红方先行。

① 兵七进一　卒 3 进 1

② 马四进三　马 3 进 4

因红方有马三进一，象 7 进 9，炮七进五得马的手段，黑方进马河沿。

③ 马三进四

红方进马和二路车联合捉炮，使红车形成了串打的效果。

③ ……　　　车 8 进 1

④ 马四退二（红方得炮）

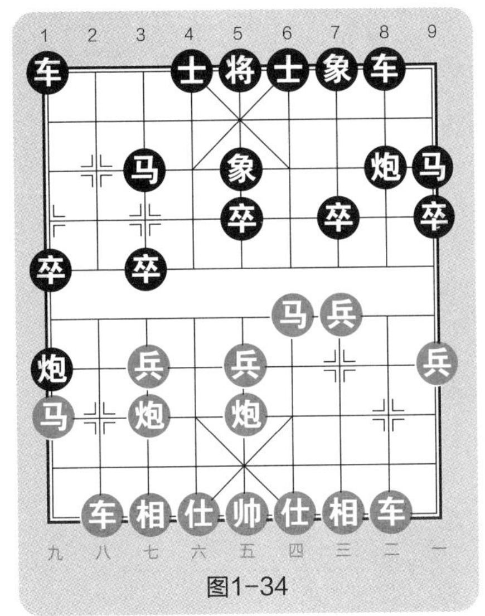
图1-34

如图 1-35，红方先行。

① 兵五进一　车 4 平 2

② 兵五进一　前车平 5

③ 马七进六　马 6 退 7

④ 车四退一　炮 2 进 1

⑤ 马六退七

至此，形成红方两子分捉的局面，黑方必失一子。

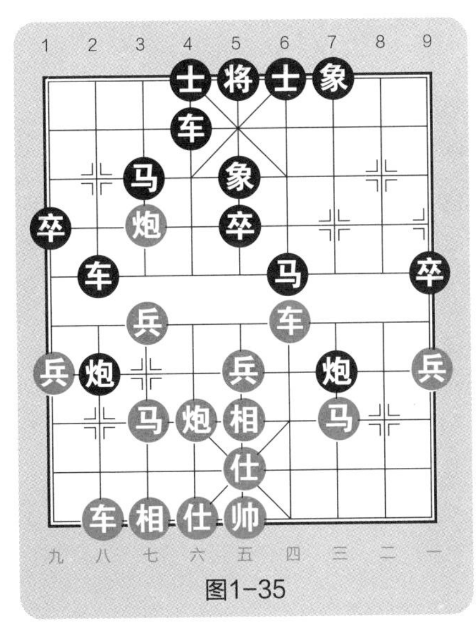
图1-35

如图 1-36，红方先行。

① 炮二退二　士 4 进 5

② 炮二平五

红炮打卒后，形成车捉双炮之势。

② ……　　　马 4 退 3　　　③ 车四平五　车 2 进 2

④ 炮六平五（红方得炮）

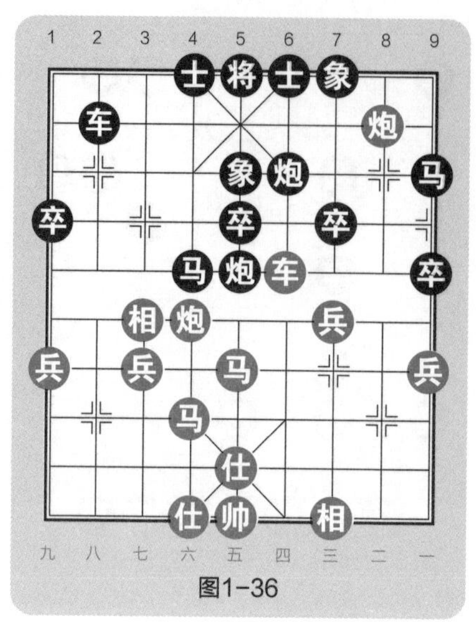

图1-36

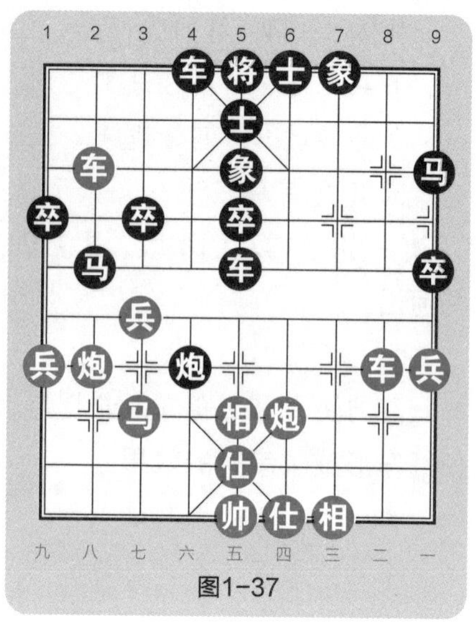

图1-37

如图 1-37，红方先行。

①兵七进一　车 5 平 3

黑方如改走马 2 进 1，则马七进九，炮 4 平 1，炮八进二仍是捉双。

②马七进八　炮 4 平 1

③炮八进二　炮 1 进 3

④马八退七

至此，红方退马拦车，成功得子。

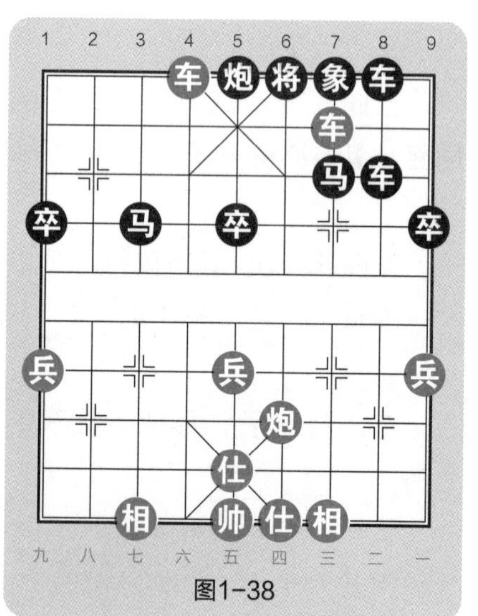

图1-38

如图 1-38，红方先行。

①炮四退一　前车进 6

②炮四进五

至此形成双捉之势。

②……　　　前车退 6

③炮四平七（红方得马）

如图 1-39，红方先行。

① 车六平二　炮 9 平 7

黑方如改走炮 9 平 8 拦车，则炮四退二，车 2 退 4，炮五平四，将 6 平 5，车二进一，车 2 平 6，车二平五，红方多得一子。

② 车二平五　车 2 退 4

③ 炮五平四　将 6 平 5

④ 相五进三　车 2 平 6

⑤ 车五进一

通过战术交换，红方多得一子。

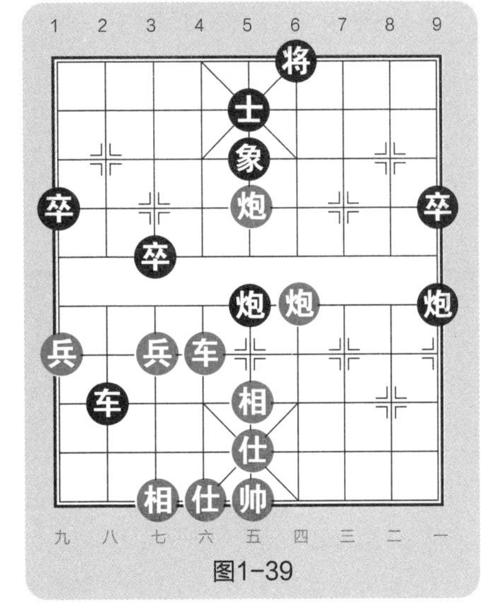
图1-39

如图 1-40，红方先行。

① 车六进五

这是红方一种特殊的双捉手段。

① ……　　车 3 进 1

黑方如改走士 5 进 4，则马五进七后形成车捉中马、马踩中炮两子分捉的局面；又如改走车 3 进 3，则相九退七，士 5 进 4，车三平五，士 4 退 5，车五退二，红方仍多得一子。

② 车三平五　车 2 进 7

③ 炮七进一　车 2 进 1

④ 帅六进一

至此黑双车无入杀手段，红方得马后，双车仍分捉马炮。

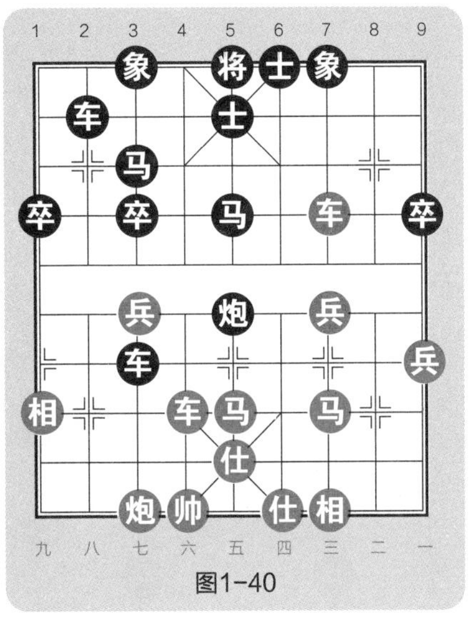
图1-40

如图 1–41，红方先行。

①车八退五　炮 4 退 1

②马六进四　车 7 平 6

③马四进五　象 3 进 5

④仕五进六（红方得炮）

第三回合红方马四进五踩中炮看似兑子，实则随后可再吃士角炮，这种战术也可视作捉双。

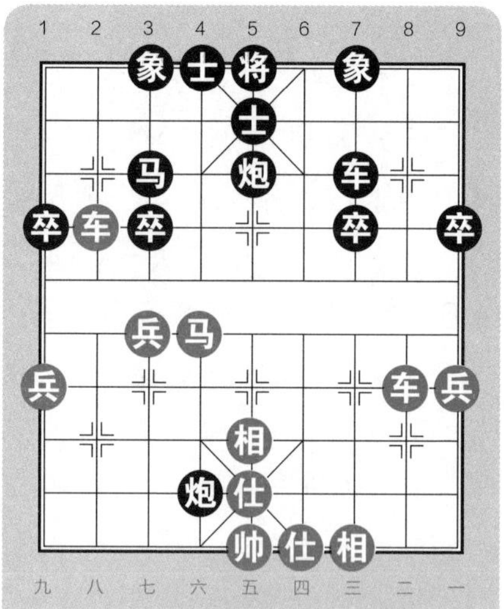

图1–41

如图 1–42，红方先行。

①炮三平一　马 9 退 8

黑方如改走车 9 平 8，则前车进二，马 9 退 8，炮一平七仍是捉双。

②炮一平七　车 3 平 4　　③前车进二　车 9 平 8

④车二进九（红方得子）

如图 1–43，红方先行。

①炮二进七　士 6 进 5　　②车九进一　将 4 进 1

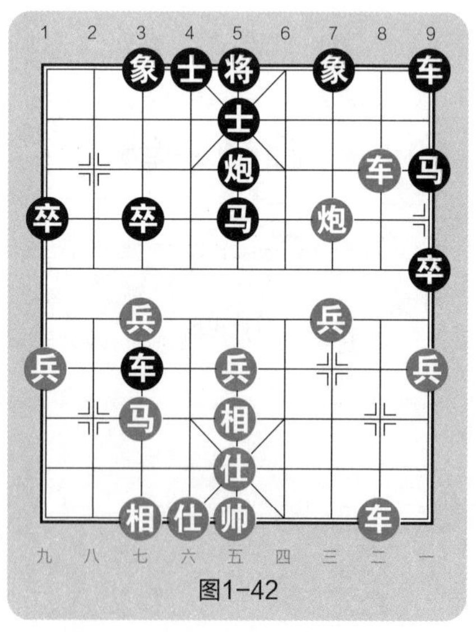

图1–42

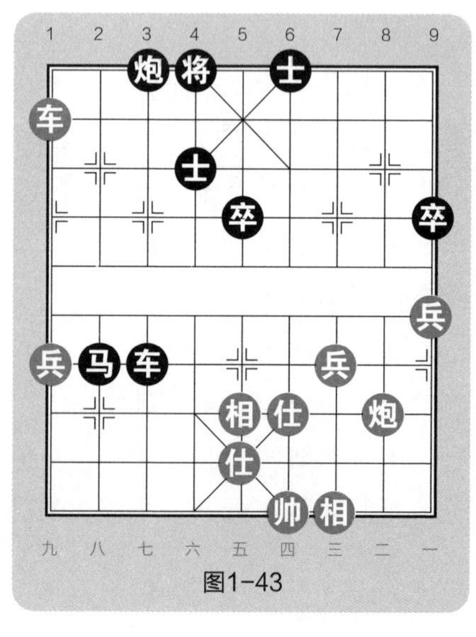

图1–43

③ 炮二退六

此着是串打和双捉结合使用的战术。

③…… 车 3 平 7 ④ 炮二平八 车 7 平 2

⑤ 车九平七（红方得子）

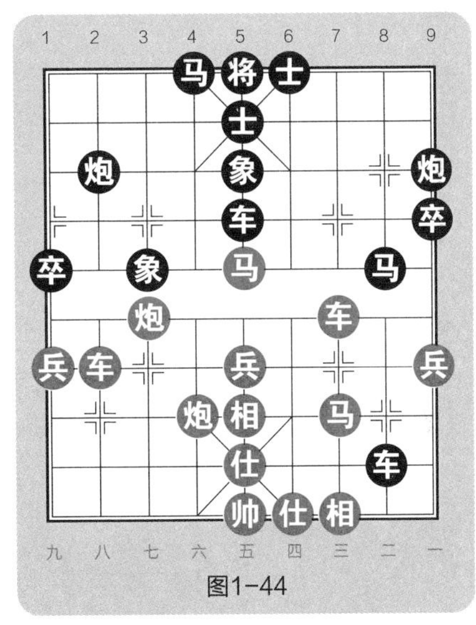

图1–44

如图 1–44，红方先行。

① 炮七退三 车 8 退 2

② 炮六进一 车 8 进 1

黑方如改走马 8 退 6，则炮六平二，马 6 进 7，马五退三，黑方失马。

③ 马五退四 车 8 退 1

④ 马四进三

至此，红方马踩中车、炮打八路车，黑方必失一车。

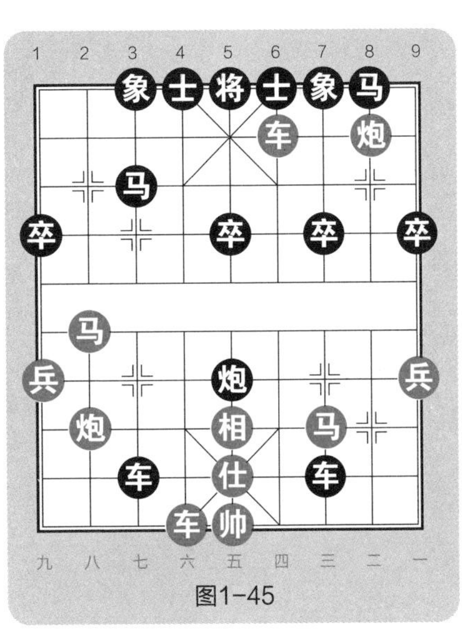

图1–45

如图 1–45，红方先行。

① 马八退六

精妙之着！作用有三：一是马踩车；二是同时护住中心士；三是使八路炮生根，使黑方 3 路车不能借捉炮先手跑掉。

①…… 车 7 进 1

② 车四退八 车 7 平 6

③ 帅五平四

至此，红方双马分捉黑方车炮，黑方必失其一。

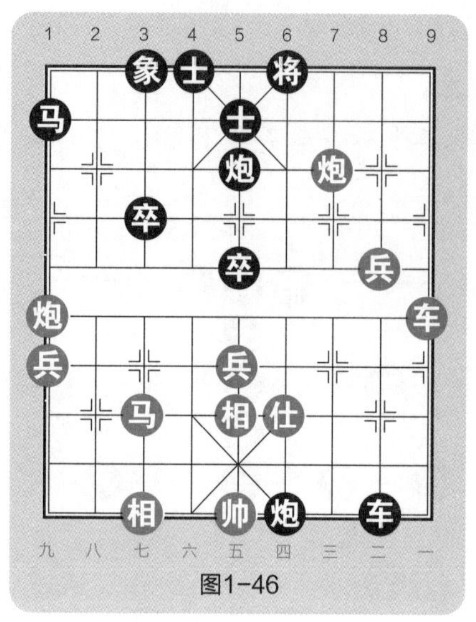
图1-46

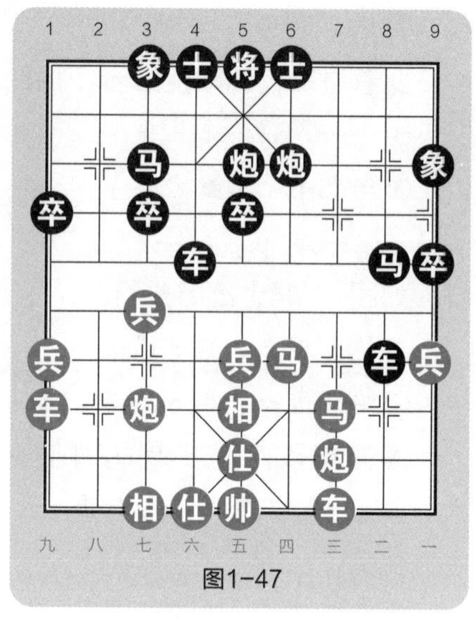
图1-47

如图 1-46，红方先行。

①炮三平二　车 8 退 5　　②车一进五　将 6 进 1

③车一退一　将 6 退 1　　④炮二进一

至此，红方帅炮分捉黑方炮马，黑方必失其一。

如图 1-47，红方先行。

①马四进三　车 4 平 7

黑方如改走象 7 进 9，则马三进四捉双车。

②炮三进四　象 9 进 7　　③马三进四　车 8 退 1

④马四进六

至此，红车捉象并有兵七进一的先手。

如图 1-48，红方先行。

①车六进四　车 5 进 2　　②马七进五　士 5 进 4

③车四进七　将 6 平 5　　④马五进六

至此，红方车马分捉黑方双马，必得一子。

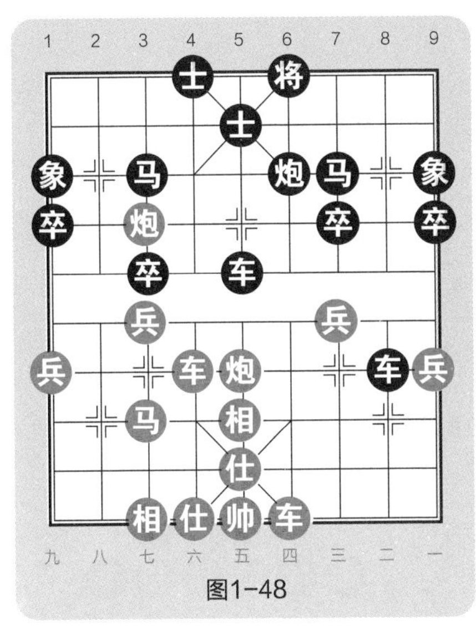

图1-48

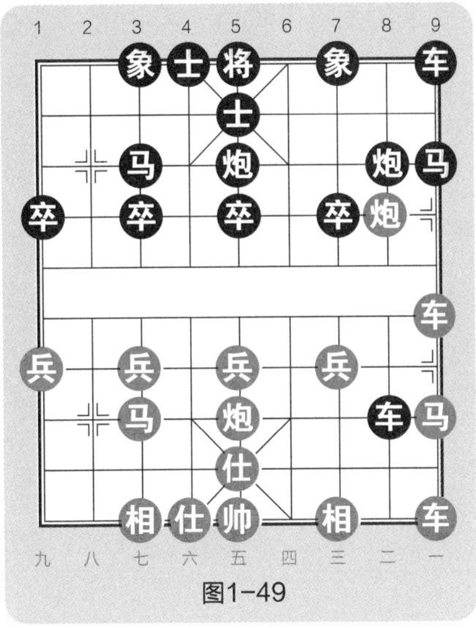

图1-49

如图 1-49，红方先行。

①马一进二　车 8 退 2　　②炮二平一

此着为两子分捉，红方用炮带将，巧妙地用车马换黑方双车。

②……　　车 8 平 9　　③炮一进三　士 5 退 6

④车一进四（红方得子）

三、借杀捉子

进攻方通过巧妙运子，形成威胁对方将（帅）的同时，又在捉吃对方棋子的局面，这种战术就叫借杀捉子。要点有三：

（1）借杀捉子战术建立在必须熟练掌握各种基本杀法的基础上。

（2）借杀捉子战术是走动一步棋后创造两个攻击点，形成既要杀又捉子的局面。

（3）借杀捉子有两种情况，根据已存在的杀势捉子或主动制造杀势捉子。

【例局 1】根据已存在的杀势捉子

如图 1–50，红方先行。本局选自古谱“橘中秘”。此时盘面上的战斗集中在黑方左翼。黑方 7 路卒过河对红方有所威胁，但由于黑方左车巡河，7 路底象弱点明显，已在红方三路炮射程之内，随时存在闷宫的危险。红方右翼双车双炮马可借黑方 7 路象弱点实施借杀捉子战术。

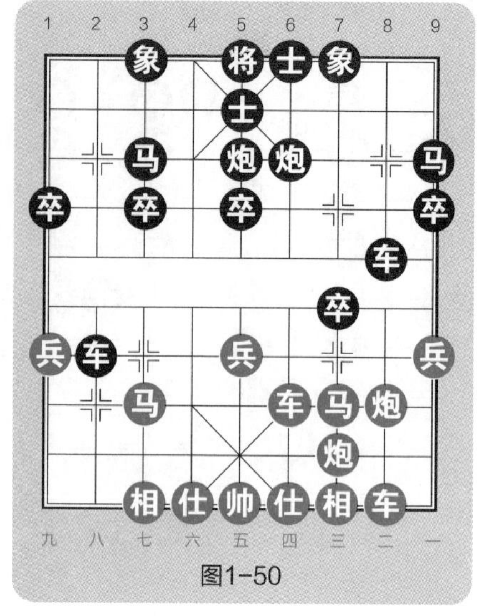
图1–50

①马三进二

至此红方三路炮要闷宫、二路炮打车，黑方河沿车必失。此例红方闪马用三路炮打底象闷宫是已存在的杀势，初学者对此种棋形应倍加警惕。

【例局 2】制造杀势捉子

如图 1–51，红方先行。双方战斗集中在红方左翼。红方车马炮活跃，特别是马攻击范围广，而黑方右翼车马炮未动，过河车灵活性差易成攻击目标。红方车马炮配合，针对黑方过河车的弱点，实施制造杀势的借杀捉子战术。

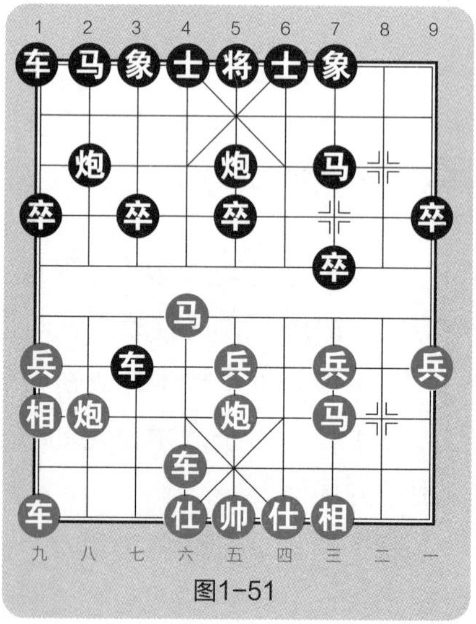

图1–51

①炮八进七　车 1 平 2

②马六进八　车 7 退 2

③马八进七

至此，红方七路马既捉底车又配合六路车要立马车杀，黑方底车必失。此例红方运用兑子、捉子组合战术，制造借立马车杀捉子的杀势是借杀捉子战术的重点也是难点。

练习题

如图 1-52，红方先行。

①车八进五　马 8 退 7

黑方如改走车 3 退 1，则车八平二吃马后成铁门栓、闷宫双杀势。

②车八平七　马 7 进 5　　③车七平五　后炮平 3

④车五进一（红方得子胜势）

如图 1-53，红方先行。

①炮五平九　车 4 平 1

黑方如改走车 4 平 8，则炮九进三，象 5 退 3，炮七进五打闷宫。

②车二平九

至此，红方借闷宫杀得车胜势。

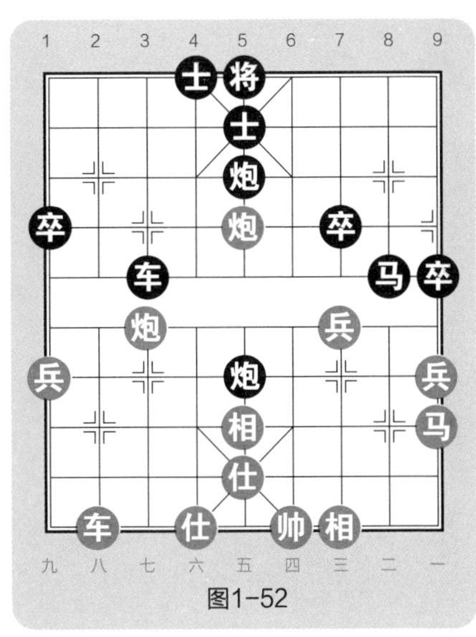

图1-52

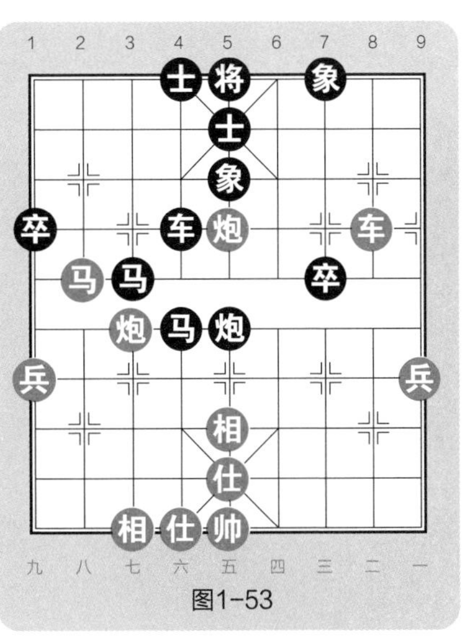

图1-53

如图 1-54，红方先行。

① 马七进六　车 2 平 4

黑方如改走马 6 进 4，则马二进三，炮 4 平 6，车二平四，士 5 进 4，马三进四，红胜。

② 马六进四　车 4 平 6

③ 马二进三

至此，红方借立马车杀势，捉吃黑方 6 路车，黑车必失。

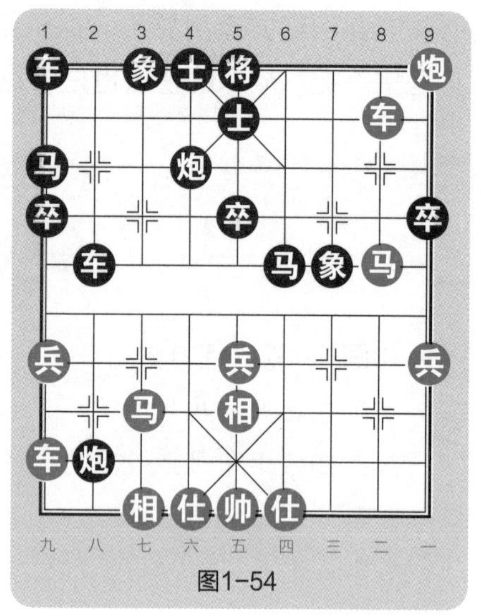

图1-54

如图 1-55，红方先行。

① 炮八进五　炮 7 平 2

② 炮五平八

至此，红方借卧槽马杀势捉炮，黑炮必失。

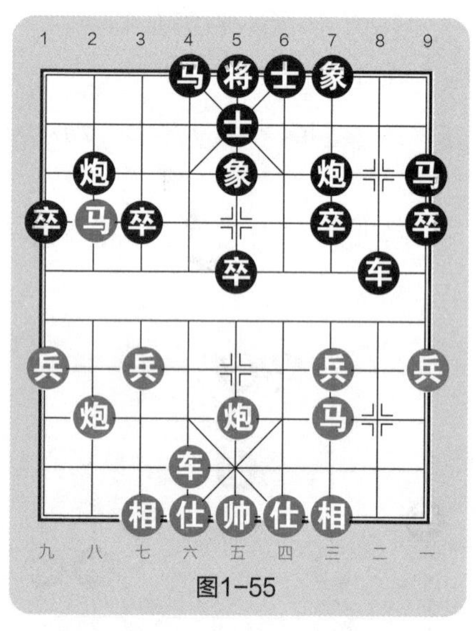

图1-55

如图 1-56，红方先行。

① 兵五进一　车 6 平 5

② 马四进三　车 5 平 7

③ 炮六平五　炮 5 平 6

④ 车四进七

至此，红方得子且占空头炮，优势明显。

如图 1-57，红方先行。

① 马六进五　车 4 进 4　　② 马五进七　车 4 退 4

③ 马七进九　车 4 平 1　　④ 车九进四

至此，红方借马后炮杀捉车，黑方如车 1 进 4，则马九退七，将 5 进 1，炮八进六马后炮杀。因此黑方必须逃车，红方多得一炮一卒。

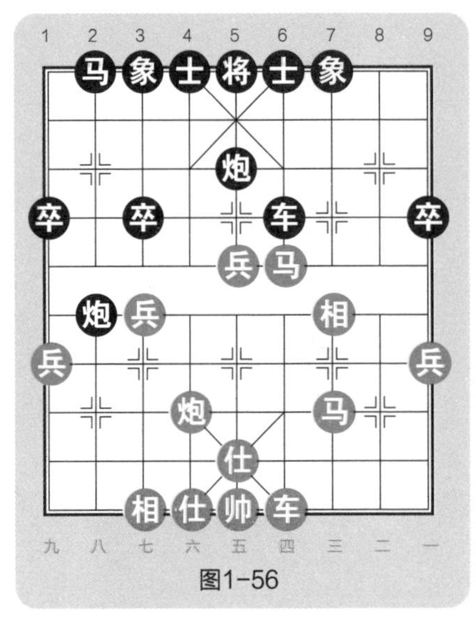
图1-56

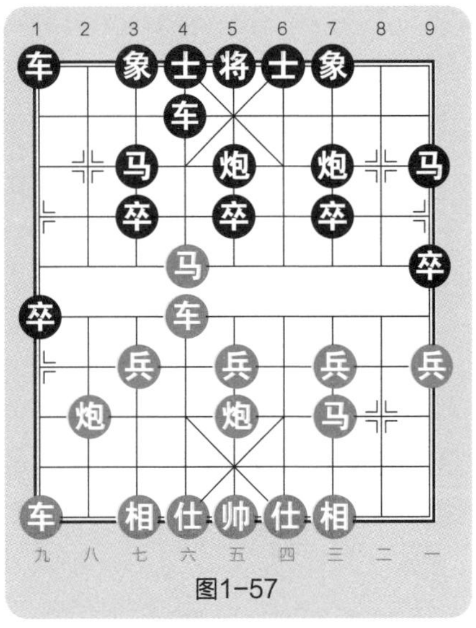
图1-57

如图 1-58，红方先行。

① 马四进六　马 3 退 4

黑方如改走车 6 进 4，则车二平三得马。

② 车七进七　将 5 进 1

③ 炮九退一　后炮退 1

④ 车二进一　车 6 退 1

⑤ 车七退一　将 5 退 1

⑥ 车二平四

至此，红方得车并有炮九进一，后炮进 1，车七进一成杀的手段。

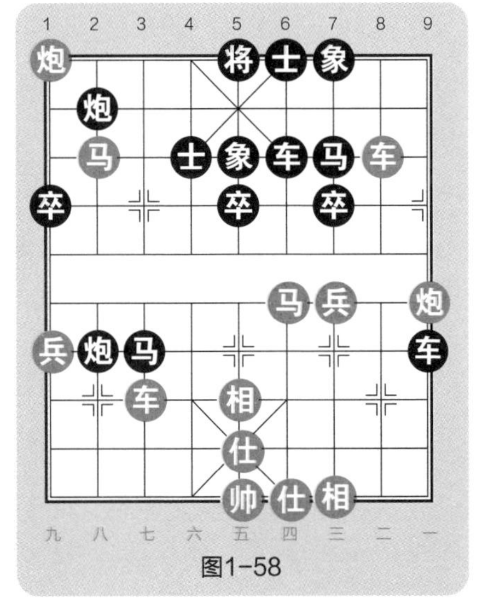
图1-58

如图 1-59，红方先行。

① 前炮进七

红方借挂角马杀捉车。黑方如士 5 退 4，则马八退六，将 5 进 1，车二进八，红胜。

①……　　　　车1进1

②车七进九

红方此着伏有炮六退三，士5退4，车七平六，将5进1，车二进八的杀着。

②……　　　　炮5平4

③炮六退一　士5退4

④前炮平九

至此，红方得车并伏有车七平六的杀着，胜局已定。

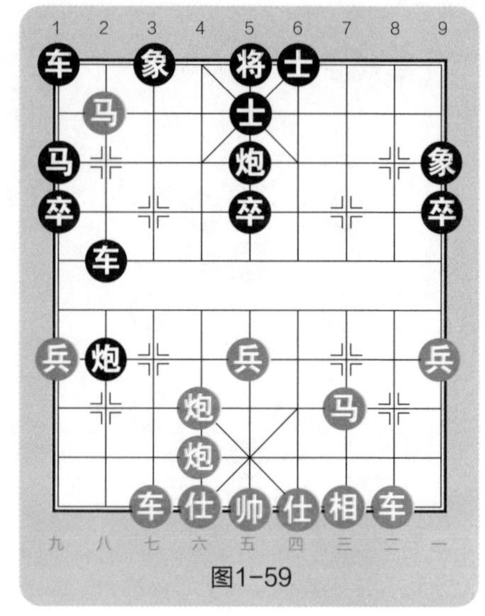

图1-59

如图1-60，红方先行。

①炮二进六

精妙之着！其作用有二：一是解除黑卧槽马杀势；二是借闷杀捉车。

①……　　　　士6进5

黑方如改走车6进1，则车七平六，将5平4，车八进九，红胜。

②炮二平四（红方得车胜定）

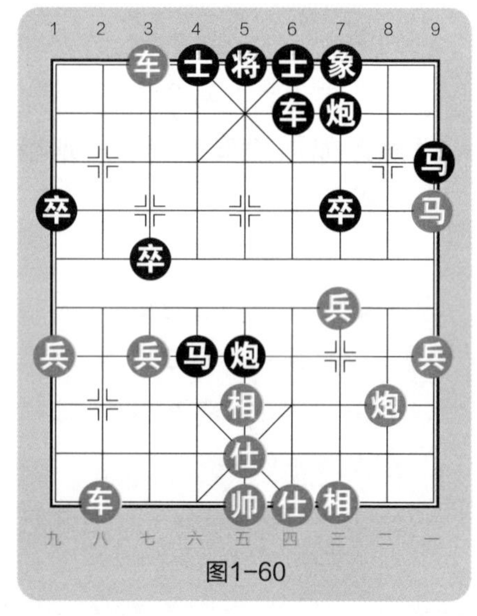

图1-60

如图1-61，红方先行。

①马三进一　车2退6

黑方如改走车7平8，则炮一平五伏双将杀；又如改走炮5退4，则马一进三后，红方伏车四进一的杀着。

②马一进三　车2平9　　　　③马三退四　车9平6

④车四退一

至此，红方得双车，胜定。

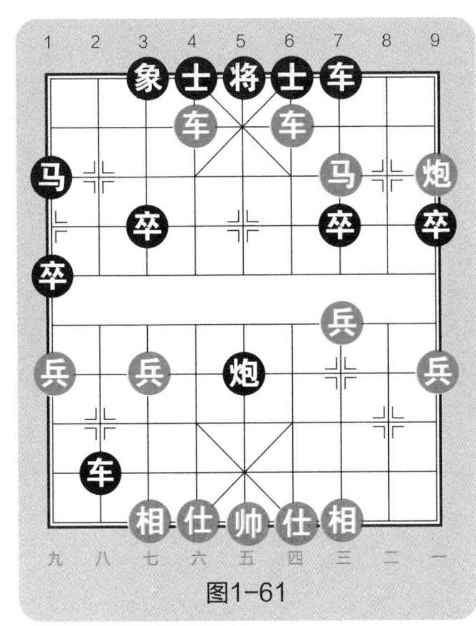
图1-61

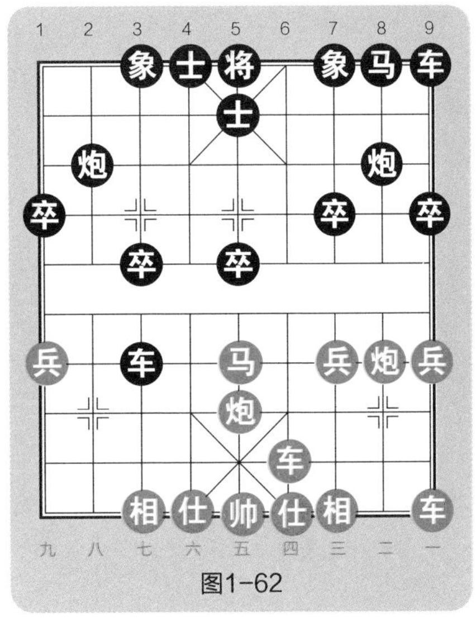
图1-62

如图 1-62，红方先行。

① 马五进四　车 3 进 3　　② 炮二进六　象 7 进 5

黑方如改走车 9 平 8，则马四进三，红方借铁门栓杀捉车。

③ 炮五进五　象 3 进 5　　④ 马四进五

至此，红方攻势凌厉，大占优势。

如图 1-63，红方先行。

① 车四平七　将 5 平 4

② 炮五平六　车 7 平 6

③ 车二进五

红方借卧槽马捉车。

③ ……　　　车 2 退 3

黑方如车 6 平 8，则车七平六，将 4 平 5，马四进三，红胜；又如车 6 退 1，则车二平六，士 5 进 4，车六平八，红方抽车胜定。

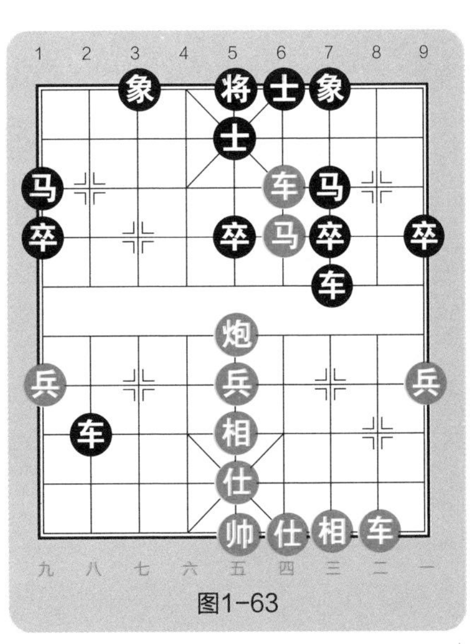
图1-63

④马四进三　将4进1　　　⑤车二平四　车2平6

⑥炮六退四　车6退3　　　⑦仕五进六　士5进4

⑧车七平六　将4平5　　　⑨车六进一　将5进1

⑩车六平四（红方抽车胜定）

如图1-64，红方先行。

①相九退七　炮1平2　　　②炮一进五　将4进1

③车九平六　士5进4　　　④车六平八

至此，红方八路车借杀吃炮，必得黑炮。本局是借闷杀得子。

如图1-65，红方先行。

①马五进七　士6进5　　　②帅五进一

至此，红方借车六进一闷杀形成帅捉马。黑方如走马5进3，则车六进一胜；又如车8进7，则车三进二，士5退6，车六进一胜。

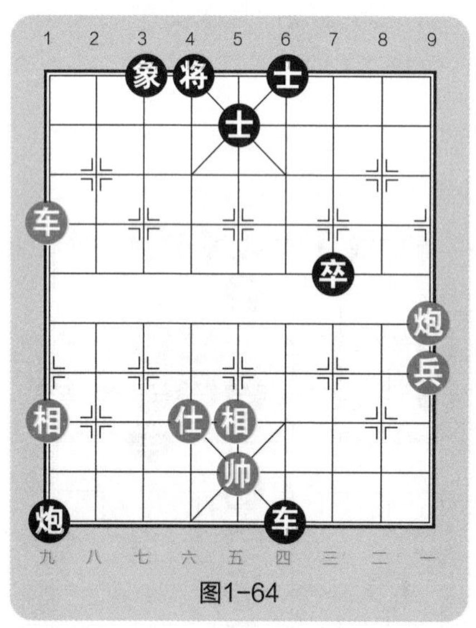

图1-64

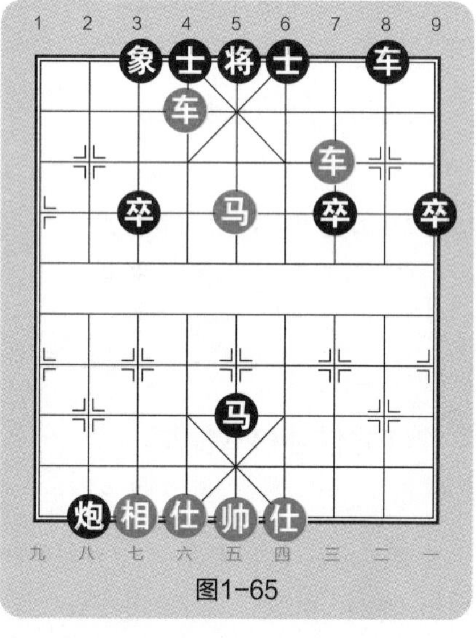

图1-65

如图1-66，红方先行。

①车八平四　车6平7

②车四进四

红方此着借炮五进五闷杀捉车。

②……　　马4进5

③车四平三　炮2退1

④炮五进四　马7进5

黑方如改走炮2平7，则炮五进二，马7退5，炮三进六，红方也多得一子。

⑤车三进一（红方胜势）

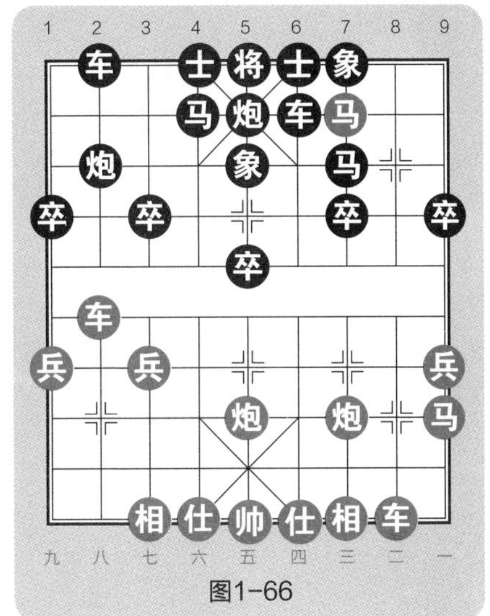
图1-66

如图1-67，红方先行。

①车八进九　士5退4

②车八退二　士4进5

③车八平六　士5进4

④马四进三　士4退5

⑤马三进二

至此，红方一车换黑方车马炮三子。此局红方运用顿挫、弃子、借立马车杀捉子的组合战术得子占优。

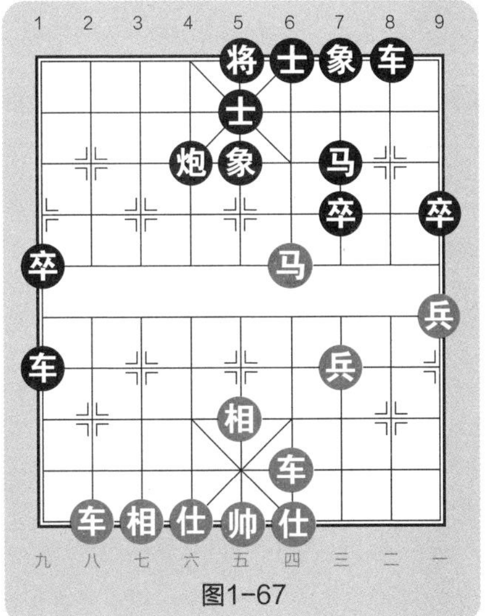
图1-67

如图1-68，红方先行。

①后车平三

此着借炮三退一臣压君杀捉车，是根据存在的杀势捉子。

①……　　炮4退1　　②车二平一　将6平5

③炮二进一　将5进1　　④车三进五（红方得车胜定）

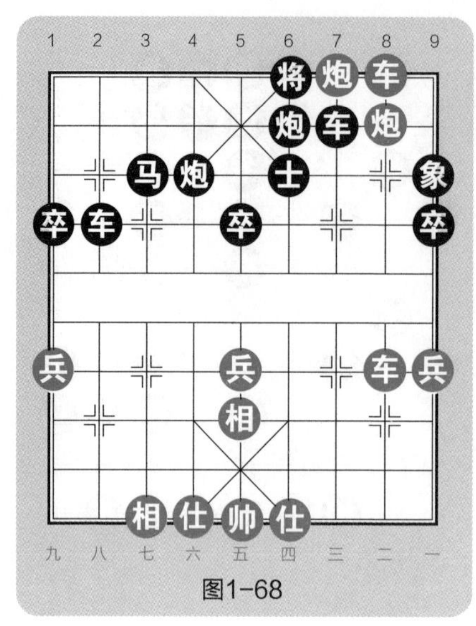

图1-68

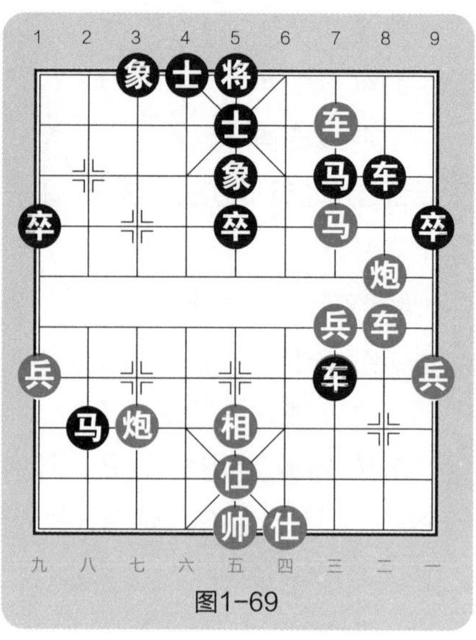

图1-69

如图 1-69，红方先行。

①马三进五　象 3 进 5　　②炮二平五

红方此着借闷杀捉车。黑方如走车 8 进 3，则炮五进二，士 5 进 6，炮七进七，闷杀。

②……　　　卒 5 进 1

③车二进三（红方得车胜势）

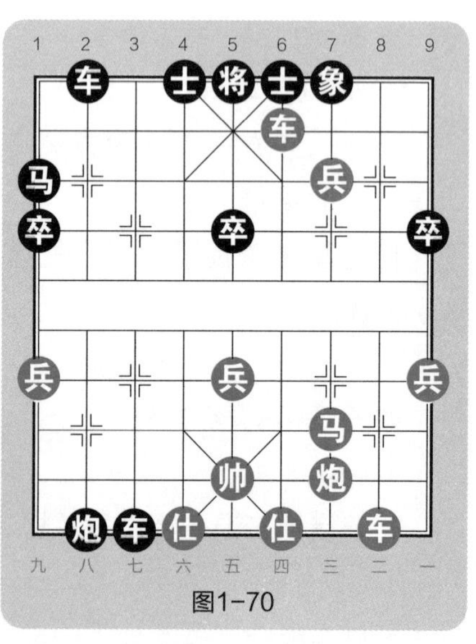

图1-70

如图 1-70，红方先行。

①帅五平四　士 4 进 5

②马三退五

红方此着借闷宫杀捉车。

②……　　　炮 2 退 1

③马五退七　炮 2 平 7

至此，红方用炮换车，解除左翼危险，获明显优势。

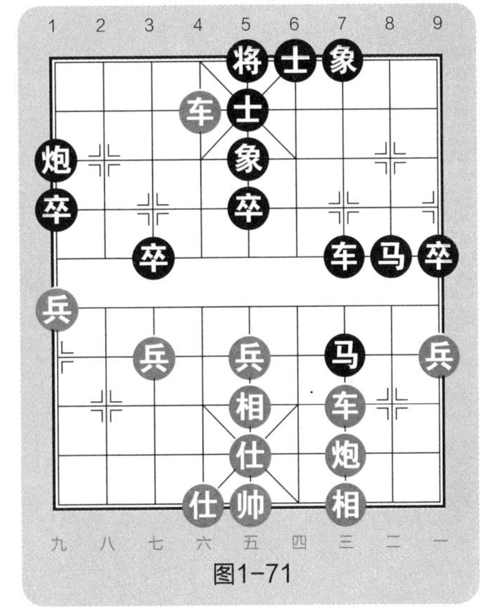
图1-71

如图 1-71，红方先行。

①相五进三

此着为围困捉马，并为借杀捉子创造条件。

①…… 士5退4

黑方如改走车7进1，则车三平八，士5退4，炮三进三得车。

②炮三进二 车7进1

③车三平六 士6进5

④炮三退一（红方得马大优）

第2课 弃子

弃即指在攻的过程中，有意识地牺牲部分兵力以达到某种战略目的。我们在行棋时运用的各种基本杀法大都是通过弃子手段形成入杀局面的。如大胆穿心、铁门栓、立马车等。在象棋攻防战斗的开、中局阶段利用弃子手段达到争先夺势的目的是棋手学习研究的基本课题。初学者要努力掌握弃子争先取势的基本知识和技能，并能理解实战过程中子与先、子与势相互转化的规律。

弃子主要有弃子破除士象（仕相）、弃子引离、弃子占位、弃子抢先四种。

一、弃子破除士象（仕相）

在象棋攻防战斗中，擒王往往须先破除保卫将（帅）的士象（仕相），让对方的将（帅）失去保护而暴露出来，这样便于组织兵力实施攻杀。而破除士象（仕相）往往需要付出一定的兵力作为代价，因此弃子破除士象（仕相）就是学棋的重要课题。要点有三：

（1）弃车破士（仕）是难点，一般要和杀法入局联系起来，精确地构思作战方案。

（2）弃炮破士（仕）是重点，一般是和车及其他兵种配合，制造更多的技战术、杀法运用的机会。形成缺士（仕）怕车、破士（仕）助马进攻的局面。

（3）弃马破象（相）一般与以炮为主的兵种配合，便于运炮攻击，更好地发挥炮的威力。

【例局 1】弃车破士

如图 2-1，红方先行。双方主要兵力都已攻入对方腹地。黑方杀法明显，有挂角马和铁门栓双要杀。红方此时炮双车马左右夹击可弃子实施大胆穿心杀法。

①马二进三　将 6 平 5

②车二平五　士 4 进 5

③车七进五（红胜）

红方第二着大胆穿心弃车破士，让黑将在底线暴露出来，是本局的要点。

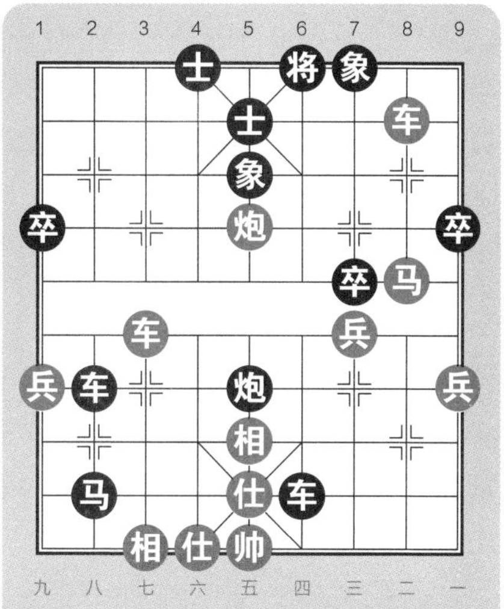

图2-1

【例局 2】弃炮破士

如图 2-2，红方先行。红方双车炮兵已形成左右夹击的立体攻势。红方可借先行之利。弃炮破士入局。

①炮八平五　士 4 进 5

黑方如改走象 3 进 1，则炮五平四，前车平 6，炮四退二，至此红方得士后仍有兵三平四锁肋的手段。

②兵三平四　象 3 进 1

③前车平五　马 7 退 5

③车六平二　将 5 平 4

④兵四平五

至此，红方兵占中心，胜定。

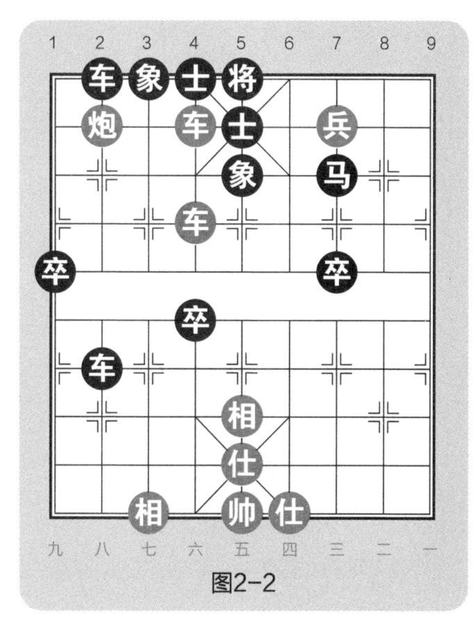

图2-2

【例局 3】弃马破象

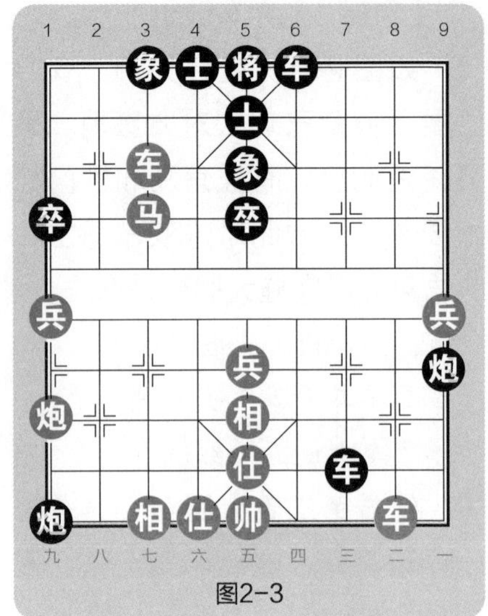

图2-3

如图 2-3，红方先行。黑方右翼空虚。红方左翼车马炮和右翼底车配合，可运用弃马破象战术抢先展开攻势。

①马七进五　象 3 进 5

黑方如改走车 6 进 8，则车二进九，士 5 退 6，马五进七，将 5 进 1，车二退一，车 6 退 7，炮九平八，红方以下马后炮胜。

②炮九平八　车 7 退 4

黑方如改走车 6 进 8，则炮八进七，象 5 退 3，车二进九，车 6 退 8，车七进二，红方胜定。

③炮八进七　象 5 退 3　　④车七进二　车 7 平 2

⑤炮八平六　士 5 退 4　　⑥车二进七

至此，红方伏有车二平五及车二平六双车胁士，胜局已定。

如图 2-4，红方先行。

①车六进八　士 6 进 5　　②车六平五　将 6 平 5

黑方如改走将 6 退 1，则炮六平八，象 3 进 1，车八进九，象 3 退 1，车八平七，红胜。

③车八进八　将 5 退 1　　④炮六平九（红胜）

如图 2-5，红方先行。

①车八进九　士 5 退 4　　②车八平六　将 5 平 4

③车四进一　炮 5 退 2　　④车四平五（红胜）

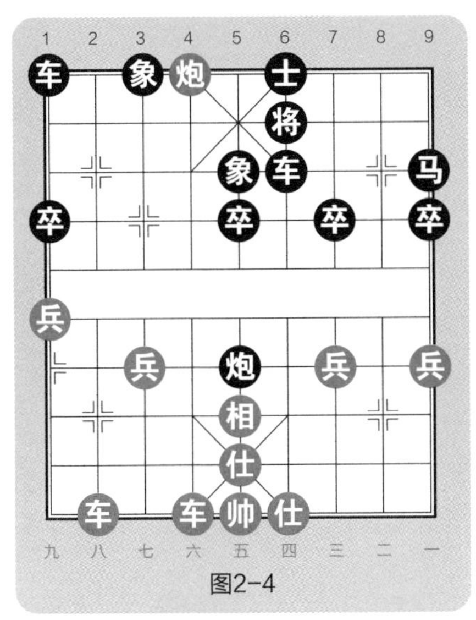
图2-4

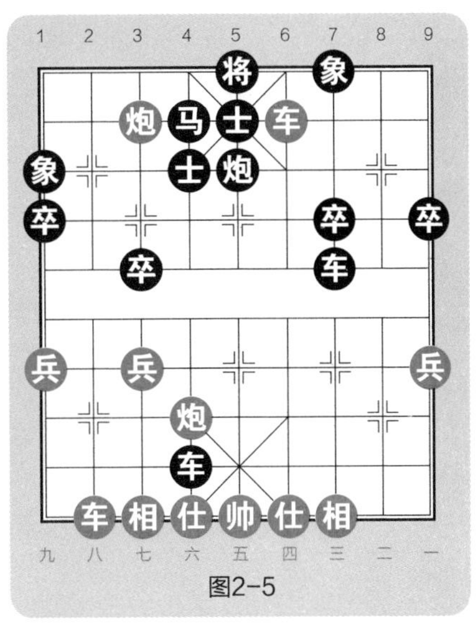
图2-5

如图 2-6，红方先行。

①前车平四　将 5 平 6

黑方如改走将 5 进 1，则车三进二，炮 6 退 1，车三平四，将 5 进 1，马五进七，红胜。

②车三进三　将 6 进 1

③车三退一　将 6 退 1

④炮五平四　将 6 平 5

⑤马五进四（红胜）

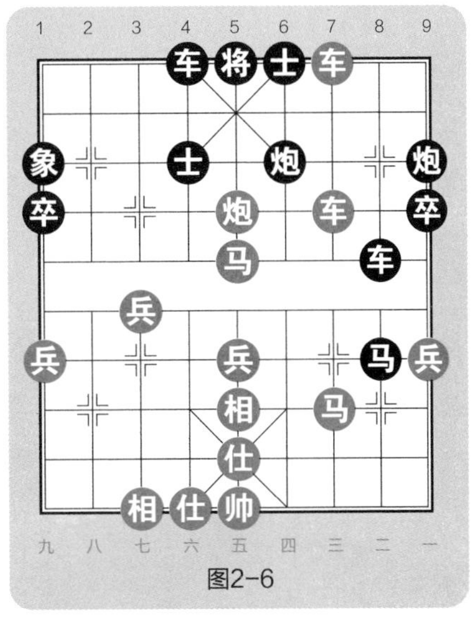
图2-6

如图 2-7，红方先行。

①炮九平七　车 2 平 3

②马六进五　马 6 进 5

③车二进三　炮 6 退 2　　④帅五平四

至此红方下一着车二平四，铁门栓杀，黑方无解。

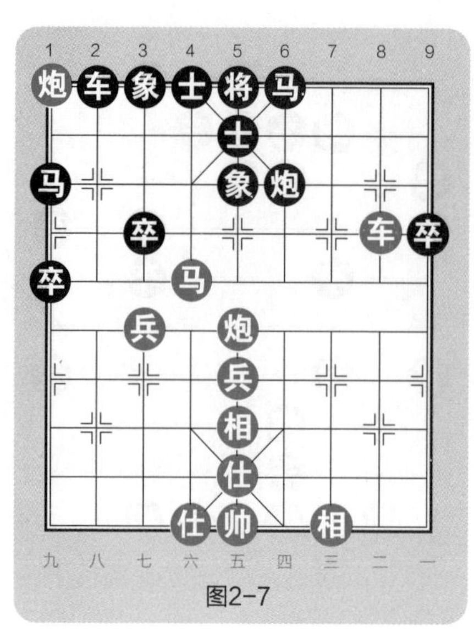
图2-7

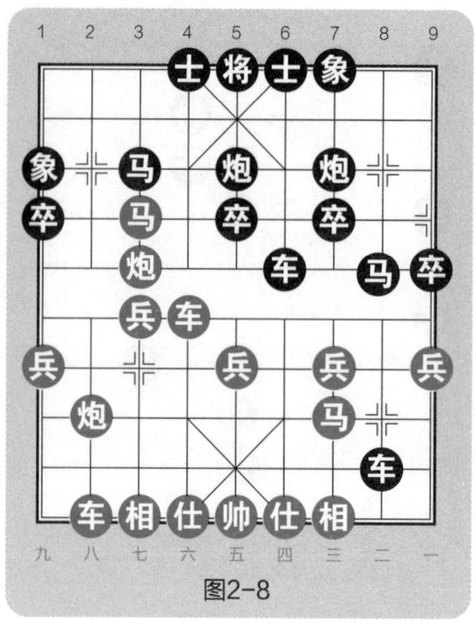
图2-8

如图 2–8，红方先行。

① 炮八进七　象 1 退 3

黑方如改走马 3 退 2，则车六进五，将 5 平 4，车八进九，红胜；又如改走士 4 进 5 则炮八平九，士 5 进 4，马七进九，红方胜势。

② 车六进五　马 3 退 4　　③ 炮七进五　将 5 进 1

④ 车八进八（红胜）

如图 2–9，红方先行。

① 马七进六　士 5 退 4

② 车八进八　士 4 进 5

③ 车八平五　将 6 进 1

④ 车六平四（红胜）

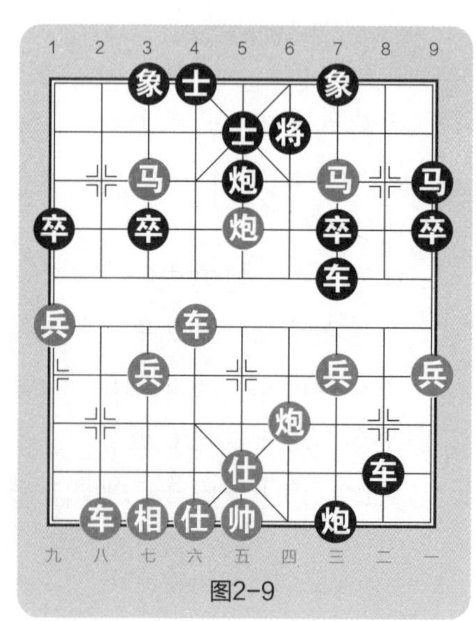
图2-9

如图 2–10，红方先行。

① 车六进五　将 5 平 4

② 车八进九　炮 5 平 3

③ 车八平七　将 4 进 1

④ 车七退二　象 7 进 5

⑤ 车七平八　将 4 退 1

⑥ 车八进二（红胜）

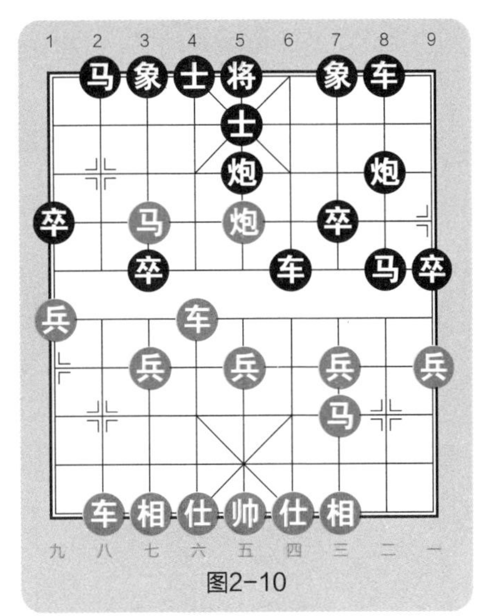

图2-10

如图 2-11，红方先行。

① 车六进三　将 5 平 4

② 炮二进七　将 4 进 1

黑方如改走士 6 进 5，则马三进四，红方马后炮胜。

③ 车八进八　将 4 进 1

④ 马七进五（红胜）

如图 2-12，红方先行。

① 车四进三　将 5 平 6　　② 马三进五　炮 3 进 1

③ 马五退三

红方如改走车二平三，则将 6 进 1，马五退三，将 6 进 1，车三退一，马 4 退 5 红方反难速胜。

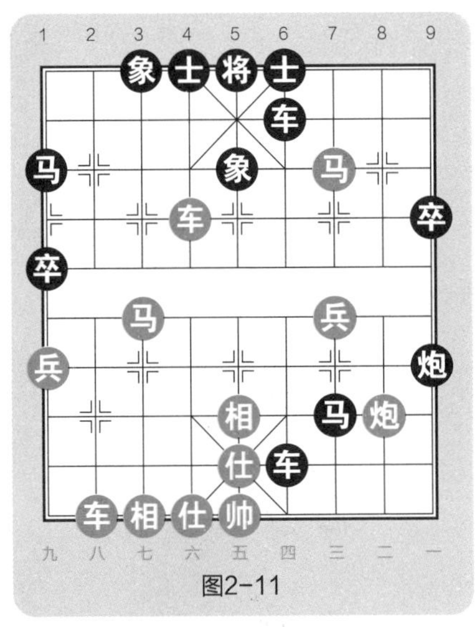

图2-11

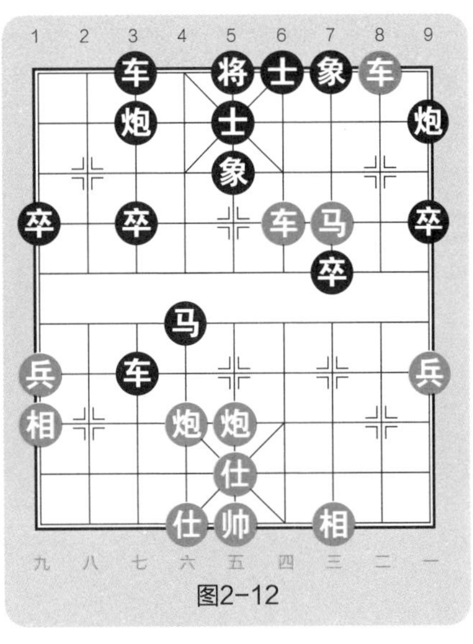

图2-12

③…… 炮3平7 ④车二平三 将6进1

⑤车三退二

红方以下高钓马杀法入局取胜。

如图2-13，红方先行。

①车七平五 炮5退4

黑方如改走它着，则红方中车捉马先手，黑方也是败势。

②马七进五

至此，红方接下来有车六进五成杀的手段，黑方无解。

如图2-14，红方先行。

①炮五进六 炮8平3

黑方如改走它着，则车八平四双车捉士，黑方无法抵御。

②炮五平七 车3进1 ③车八进五 将5进1

④相七进五

至此，红方有车三退一将军抽车及车八平四杀士等多种攻法，胜势。

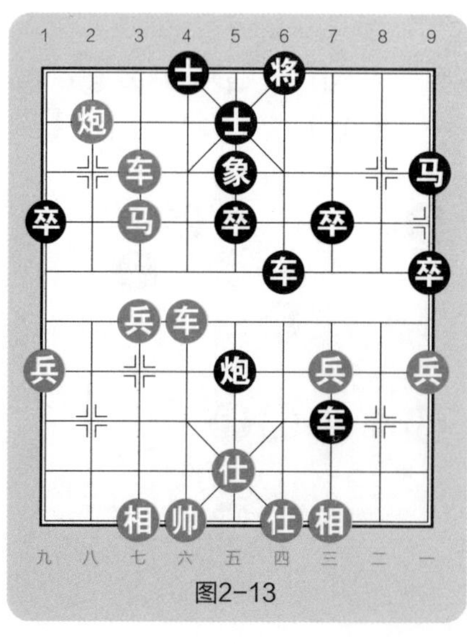
图2-13

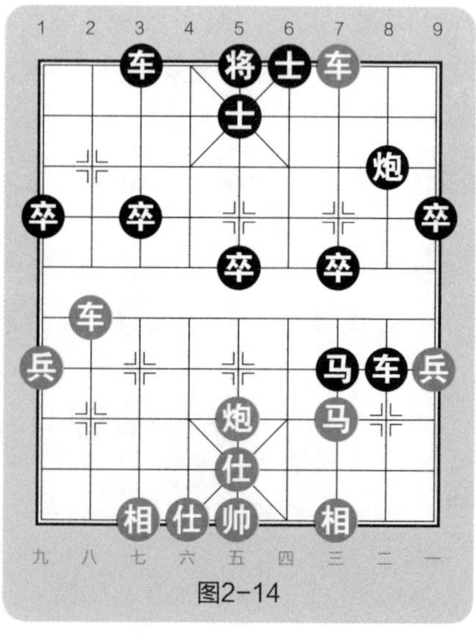
图2-14

如图 2-15，红方先行。

① 炮七退一　士 5 退 4

黑方如改走将 6 退 1，则车五平八，红方成二路夹车炮杀势。

② 马七进六　士 4 进 5

③ 车五进三　士 4 退 5

④ 马六退五　将 6 退 1

⑤ 炮七进一（红胜）

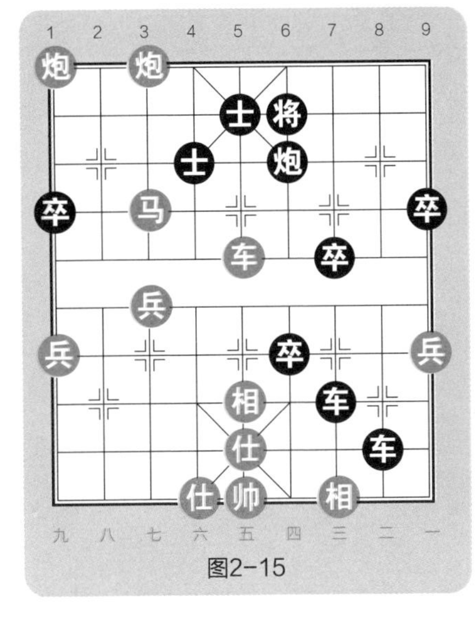

图2-15

如图 2-16，红方先行。

① 车一平五　士 6 进 5

② 车六平五　将 5 平 6

③ 马四进三　马 8 退 7

④ 车五进一　将 6 进 1

⑤ 炮五平四（红胜）

如图 2-17，红方先行。

① 车八退四　车 3 进 1

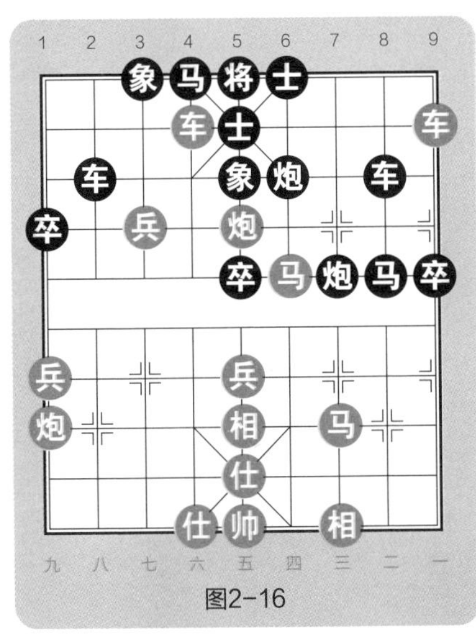

图2-16

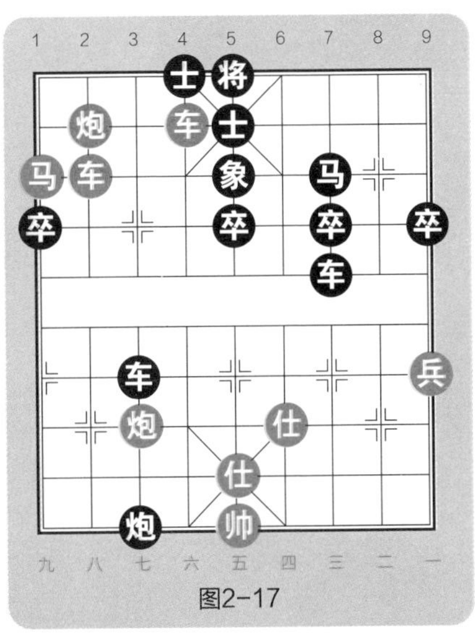

图2-17

黑方如改走车3退6，则炮八进一后，红方伏马九进七的手段，仍是胜势。

②炮八进一　车3退7　　③车六进一　士5退4

④马九进七　将5平6　　⑤车八平四（红胜）

如图2-18，红方先行。

①兵四平五　士6进5

黑方如改走卒4进1，则兵五进一，将4平5，车七平五，将5平4，车五退一，红方胜势；又如改走象3进5，则兵五进一，将4平5，炮一进一，将5进1，炮三进八伏杀，红方胜势。

②炮三进九　士5退6

③车七进三　将4进1

④炮三退一　将4进1

⑤车七退二（红胜）

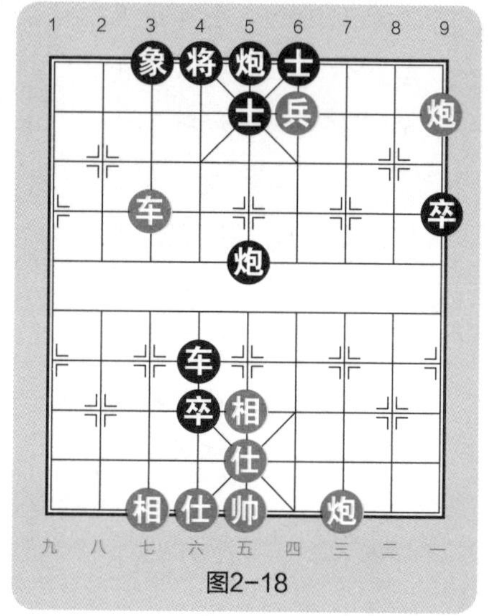

图2-18

如图2-19，红方先行。

①车九平六　士6进5

②炮五进四　将5平6

③前车进一　士5退4

黑方如改走将6进1，则前车退一，炮5平6，炮八平五，将6退1，前车平五，红胜。

④车六平四　炮5平6

⑤车四进六　将6平5

⑥炮八平五（红胜）

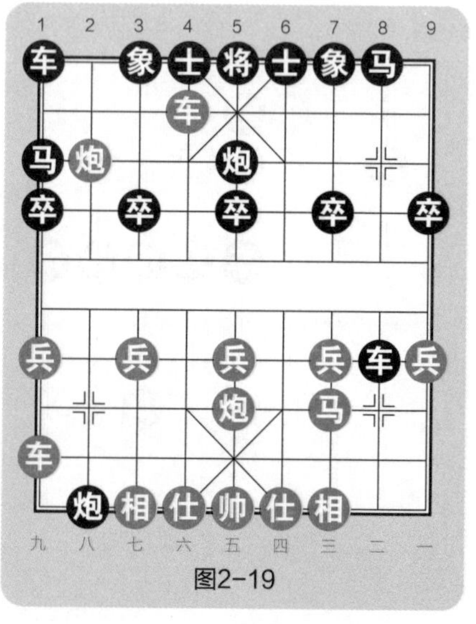

图2-19

如图 2-20，红方先行。

①车九平七　马 3 进 4

黑方如改走车 7 退 2，则车七进六，车 7 平 4，车七进三，车 4 平 2，兵六进一，红方胜定。

②车七进九　马 4 进 2

③车七退六　士 4 进 5

④兵六进一　炮 4 平 3

⑤车七平八

至此，红方接下来有车八进六，士 5 退 4，车八平六胜，黑方无法抵抗。

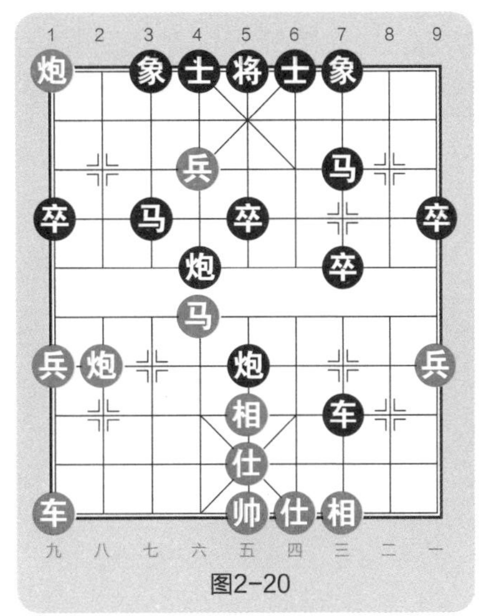

图2-20

如图 2-21，红方先行。

①马六进五　车 4 退 5

②车四进八　将 5 进 1

③兵五进一　车 4 进 5

黑方如改走车 4 进 6，则兵五平六，车 4 平 5，相三进五，象 3 进 5，兵六进一，红兵捉马侵入九宫，红方胜利在望。

④兵五平六　将 5 平 4

⑤车四平六　马 3 退 4

⑥马五退七（红胜）

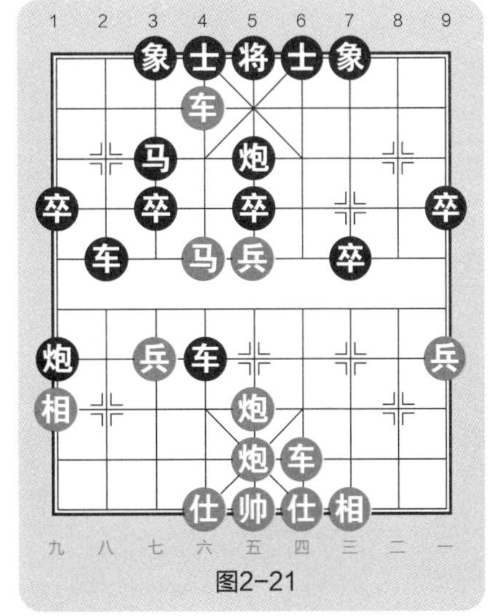

图2-21

如图 2-22，红方先行。

①车二平四　士 5 进 6　　②车四进六　将 6 平 5

③仕四进五　马 9 退 7　　④帅五平四　马 7 进 6

⑤车四退一　象 7 进 9　　⑥车四进二

至此，红方下一步车四平五杀，黑方无法抵抗。

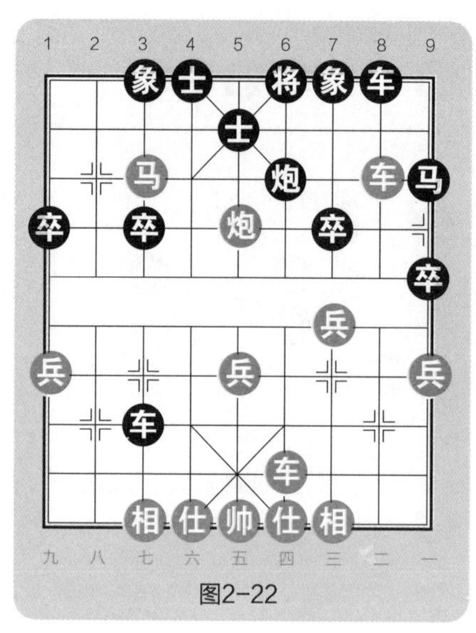
图2-22

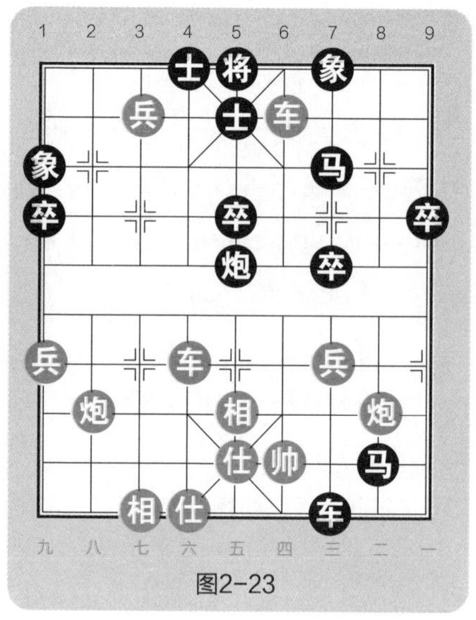
图2-23

如图 2-23，红方先行。

① 炮八进七　象 1 退 3　　② 炮二进七　马 7 退 8
③ 车六进六　士 5 退 4　　④ 车四进一　将 5 进 1
⑤ 炮八退一　将 5 进 1　　⑥ 车四退二（红胜）

二、弃子引离

利用弃子战术使对方兵力离开攻防要点，便于己方组织兵力攻杀叫弃子引离。

弃子引离主要有引离车、马、炮，引离士象（仕相），引离将（帅）等三种情况。要点如下：

（1）弃子引离车、马、炮是难点。范围广，攻击目标转换多。主要是破坏对方攻防体系，制造更多的技战术运用和形成杀势的机会。

（2）弃子引离士象（仕相）是重点。作战范围窄，攻击目标相对集中。主要是向对方核心区域发动决定性攻势，必须对杀势有精准的判断。

（3）弃子引离将（帅）是向对方发动最后的打击。作战目标定点，一般是在后中局已构成杀法入局的条件时使用。

【例局 1】引离车、马、炮

如图 2-24，红方先行。红方在盘面上虽少一大子，但在左翼集中绝对优势兵力，以中炮为核心形成强烈攻势。黑方兵力分散，右翼空虚。红方可运用弃子引离战术入局。

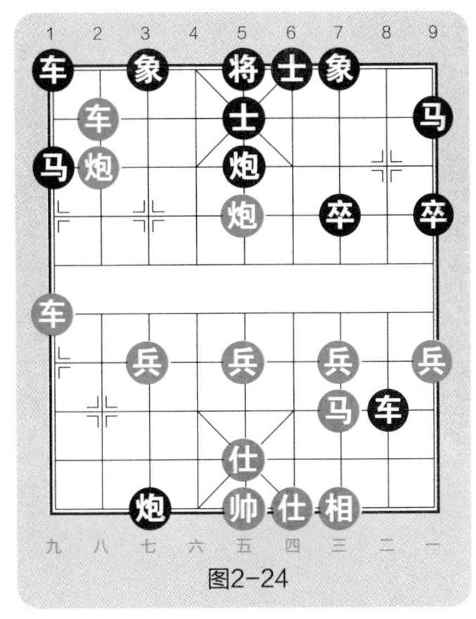
图2-24

①车九进三　车 1 进 2

②车八平五　士 6 进 5

③炮八进二（红胜）

红方首着车九进三弃车引离底车是要点，以下大胆穿心再弃一车，形成闷杀。

【例局 2】引离士象

如图 2-25，红方先行。盘面上红方以中炮为核心对黑方九宫形成围攻。黑方中防薄弱，左右双车处于低位，对中防难以发挥作用。红方可运用弃子引离战术入局。

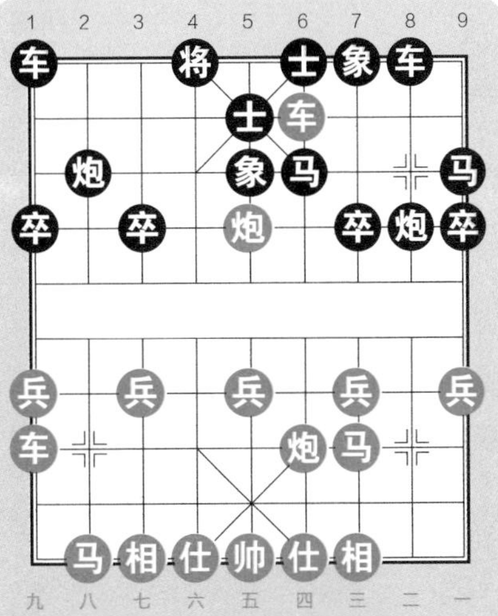

图2-25

①车九平六　炮 2 平 4

②车六进五　士 5 进 4

③车四平六　将 4 进 1

④炮四平六　士 4 退 5

⑤炮五平六（红胜）

本局第二回合红车六进五弃车砍炮引离士是要点。以下再弃一车，形成重炮杀。

【例局3】引离将

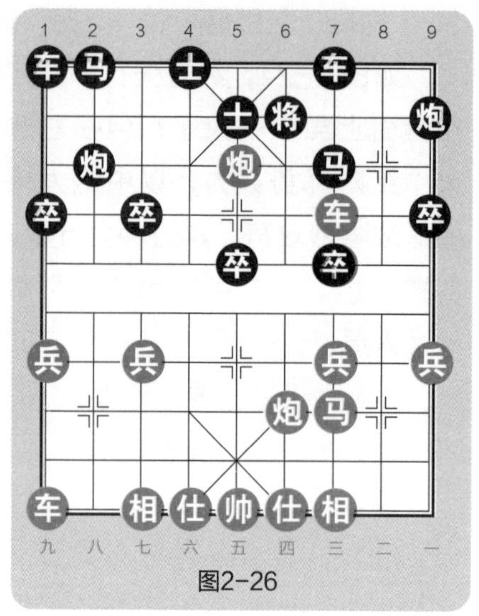
图2-26

如图2-26，红方先行。盘面上红方车双炮对黑将形成围攻。黑将不安于位，暴露在外，黑方兵力被压缩在3线以下，难于驰援中路。红方可运用弃子引离战术入局。

①炮五平四　将6进1

②车三平四　将6平5

③炮四平五　马7进5

④车四平五　将5平4

⑤车五平六（红胜）

练习题

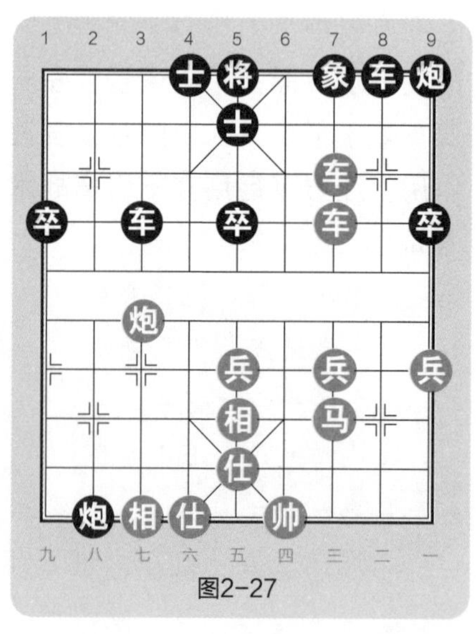
图2-27

如图2-27，红方先行。

①后车平二　车8进3

黑方如改走车3进2，则车二进三，车3平6，帅四平五，炮9进1，车二平三，红方得象后胜势。

②车三进二　士5退6

③炮七平五　士4进5

④车三平四（红胜）

如图 2-28，红方先行。

① 车四进一　将 6 进 1

② 车六退一　象 7 进 5

③ 车六平五　将 6 平 5

④ 炮八退一（红胜）

本局红方两次弃车引将，着法异常精彩。

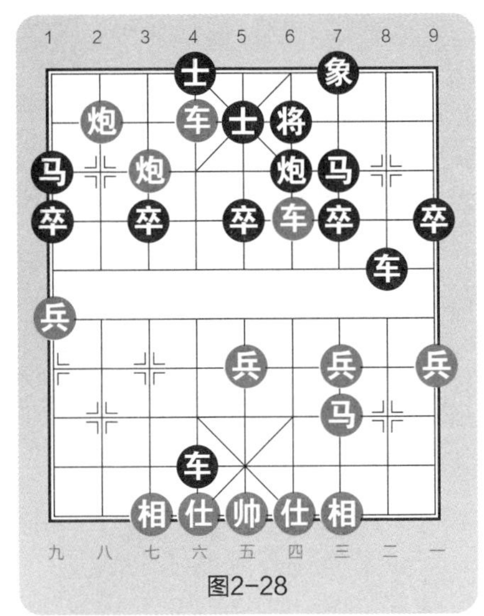
图2-28

如图 2-29，红方先行。

① 车六进一　将 5 平 4

② 马七进八　将 4 进 1

③ 兵五平六　车 7 平 4

④ 兵六进一（红胜）

如图 2-30，红方先行。

① 前马进六　士 5 进 4　　② 马五进四　士 4 进 5

黑方如改走象 5 退 3，则马四进六，红胜。

③ 马四进六　将 5 平 4　　④ 炮五平六（红胜）

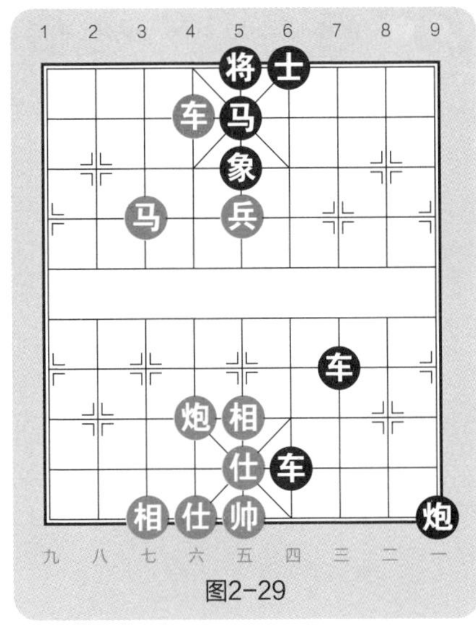
图2-29

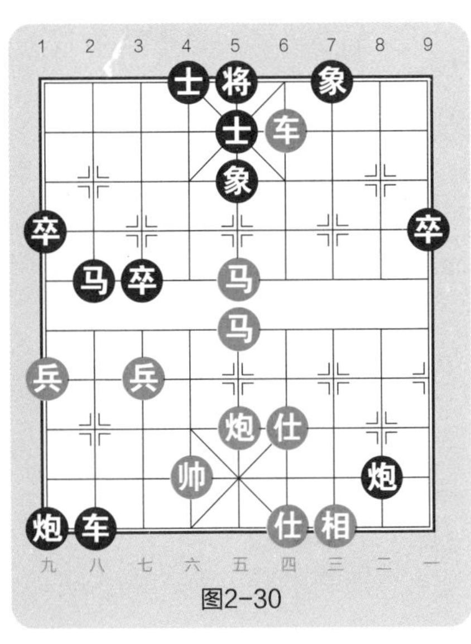
图2-30

如图 2-31，红方先行。

①车二平四　车 6 进 1

②车六平二　马 3 进 5

黑方如改走车 6 进 2，则车二进五，车 6 退 3，马六进七，红胜。

③马六进七　将 5 平 6

④车二进五（红胜）

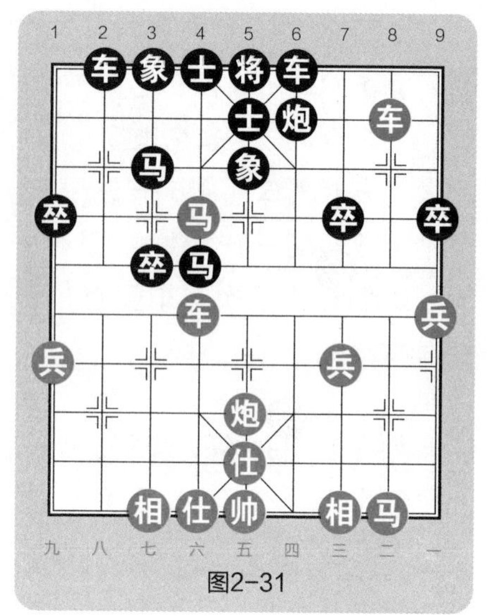

图2-31

如图 2-32，红方先行。

①前马进六　马 4 退 5

②兵五进一　将 6 平 5

③车二退一　马 5 进 7

④车二平三　将 5 退 1

⑤马六退五（红胜）

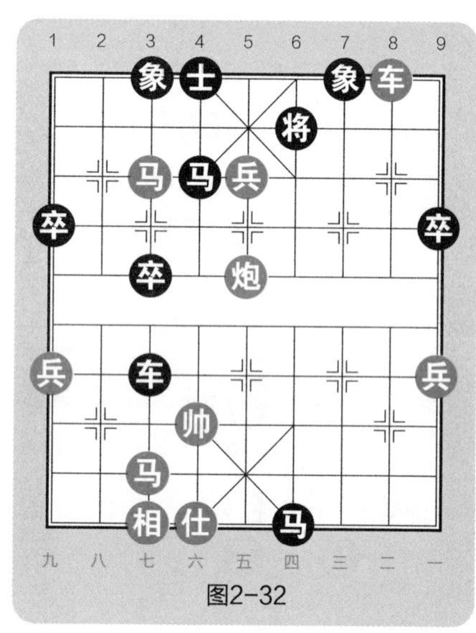

图2-32

如图 2-33，红方先行。

①车三平五　象 3 退 5

②车七进九　象 1 退 3

③炮九进九　象 3 进 1

④兵六平七　将 5 进 1

⑤兵三平四（红胜）

如图 2-34，红方先行。

①车四进八　车 4 平 6

黑方如改走车 9 进 1，则车四平一，车 4 平 9，马八进六，车 9 平 4，炮九平六，红方得车胜定。

②车八平五　士 6 进 5　　③炮九平七　车 6 进 8

④帅五平四　象 7 进 5　　⑤马八进七（红胜）

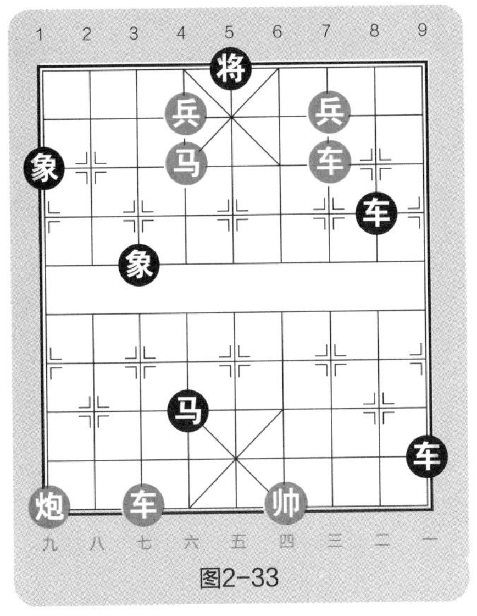
图2-33

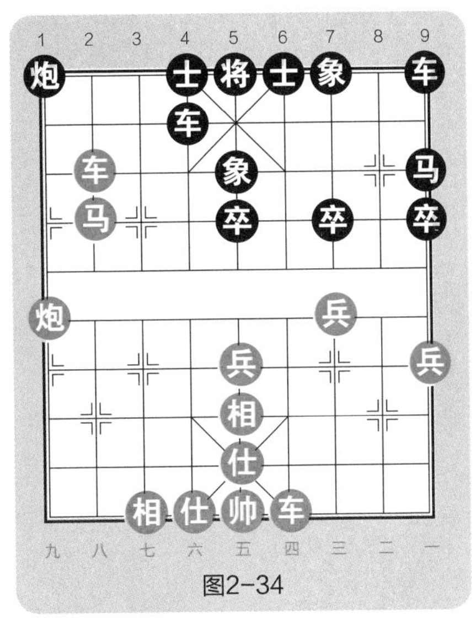
图2-34

如图 2-35，红方先行。

① 车二退一　将 6 退 1

② 马六退四　车 6 平 3

黑方如改走车 6 进 1，则车二进一，将 6 进 1，车七平三，红方成双车错杀势。

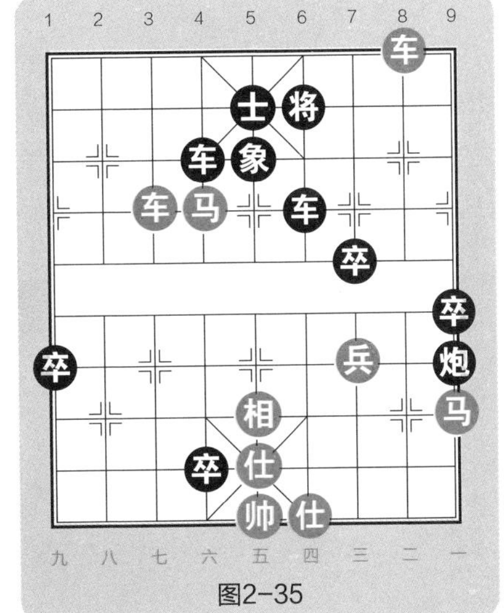
图2-35

③ 马四进三　将 6 平 5

④ 车二进一　士 5 退 6

⑤ 车二平四（红胜）

如图 2-36，红方先行。

① 马七进五　车 8 平 5

② 炮二进七　象 7 进 9

黑方如改走士 5 退 6，则兵五进一，马 9 进 7，炮二平一，士 4 进 5，兵五平四，至此红方可得还一马并突破黑方防线，红方胜势。

③ 兵五进一　车 5 退 4　　④ 车一平四　马 9 进 7

⑤ 帅五平四（红胜）

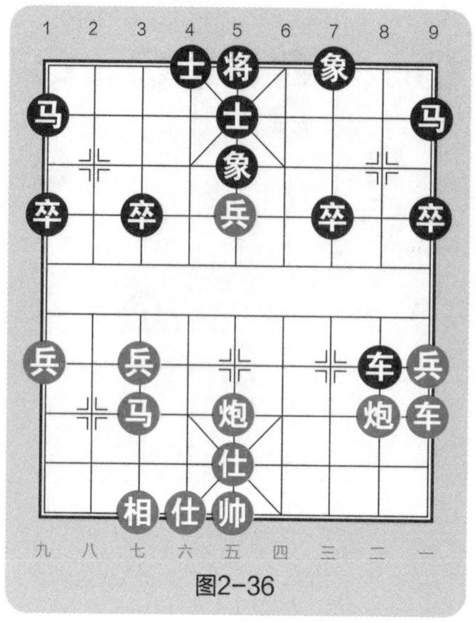

图2-36

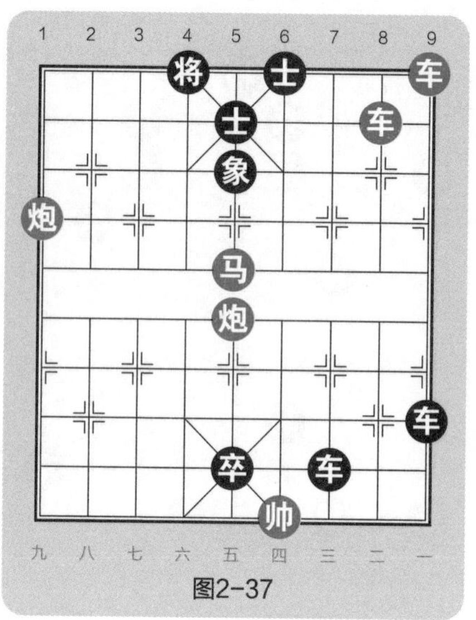

图2-37

如图 2-37，红方先行。

①车一平四　士 5 退 6

黑方如改走将 4 进 1，则马五进七，将 4 进 1，马七进八，将 4 退 1，炮九进二，红方马后炮胜。

②车二平六　将 4 进 1

③马五进七　将 4 退 1

④马七进八　将 4 进 1

⑤炮九进二（红胜）

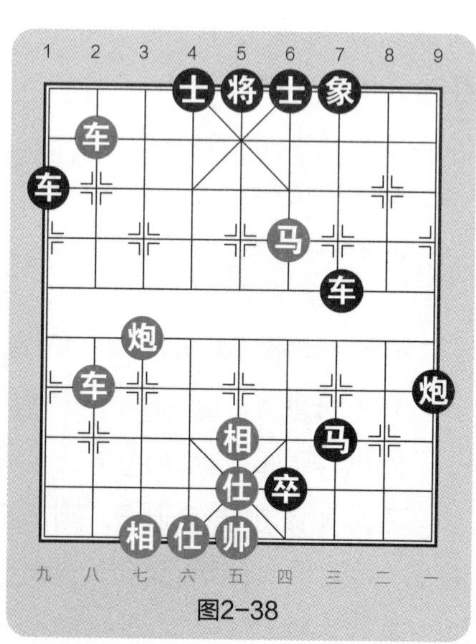

图2-38

如图 2-38，红方先行。

①前车平五　士 4 进 5

②车八进六　士 5 退 4

③炮七进五　士 4 进 5

④炮七退二　士 5 退 4

⑤马四进六　将 5 进 1

⑥车八退一（红胜）

如图 2-39，红方先行。

① 车四平五　将 5 平 6
② 车六平四　将 6 进 1
③ 马七进六　将 6 退 1
④ 车五平四　将 6 平 5
⑤ 马六退五　士 4 退 5
⑥ 马五进七（红胜）

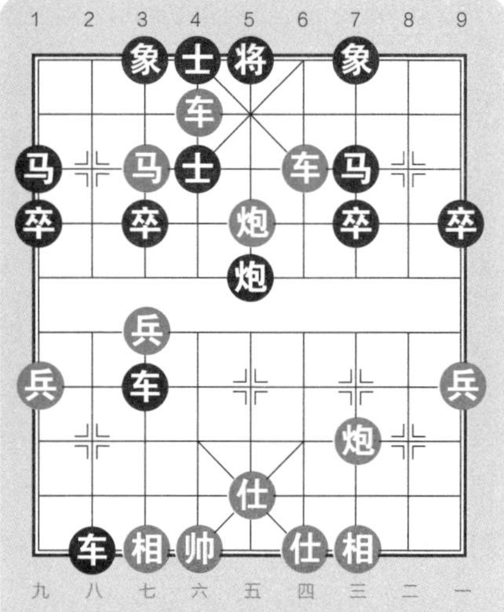

图2-39

如图 2-40，红方先行。

① 车四进七　将 5 平 6
② 马三进二　将 6 平 5
③ 马二退四　将 5 平 6
④ 炮一平四　炮 5 平 6
⑤ 炮五平四　车 4 平 6
⑥ 炮四进二（红胜）

如图 2-41，红方先行。

① 马六进八　车 8 退 7
② 车六平四　卒 1 进 1

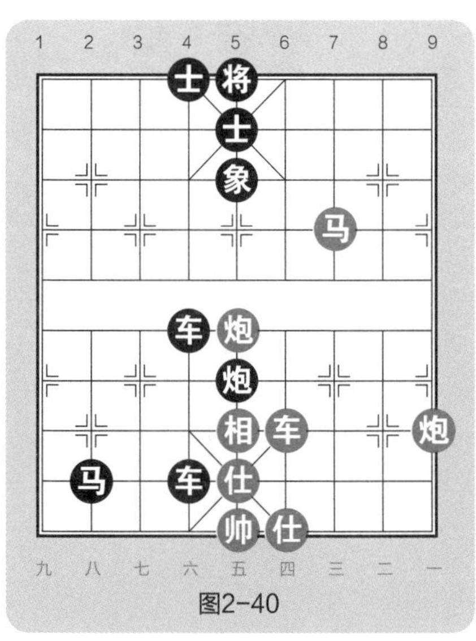
图2-40

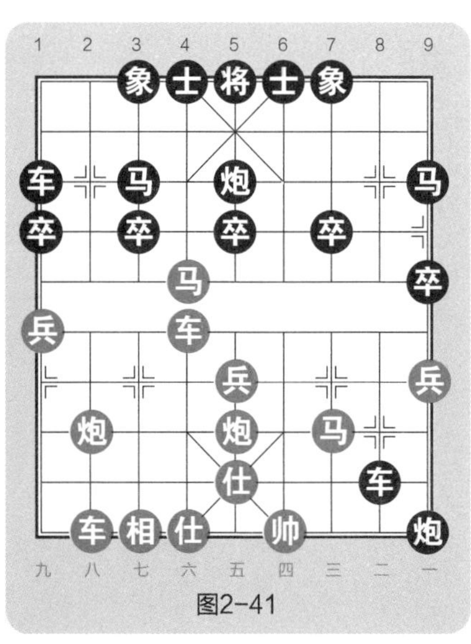
图2-41

无奈之着，黑方各子均被控制，无法防御红马卧槽之着。

③马八进七　车8平3　　④车四进五　将5进1

⑤炮八进六　车3平2　　⑥车八进八（红胜）

如图2-42，红方先行。

①车八进三　车6平2

②马三进五　车2平6

③马五进七　将5平6

④炮七进三　将6进1

⑤车二进二　将6进1

⑥马七退六　将6平5

⑦炮七平三（红方胜势）

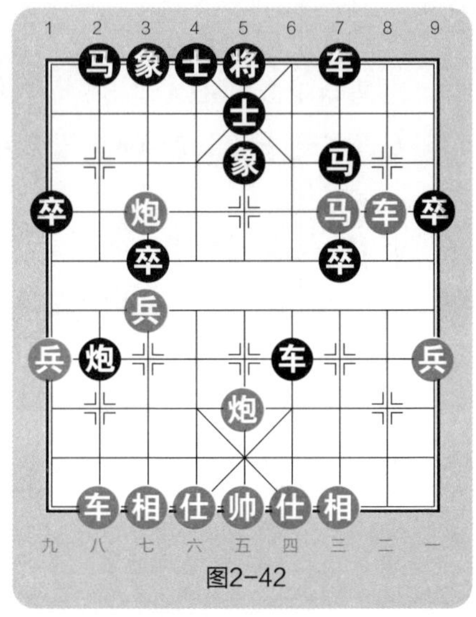
图2-42

如图2-43，红方先行。

①车六进一　士5退4

②车三平四　将6进1

③兵三平四　将6进1

④马七进五　将6退1

⑤马五进三　将6退1

⑥马三进二　将6进1

⑦炮一进二（红胜）

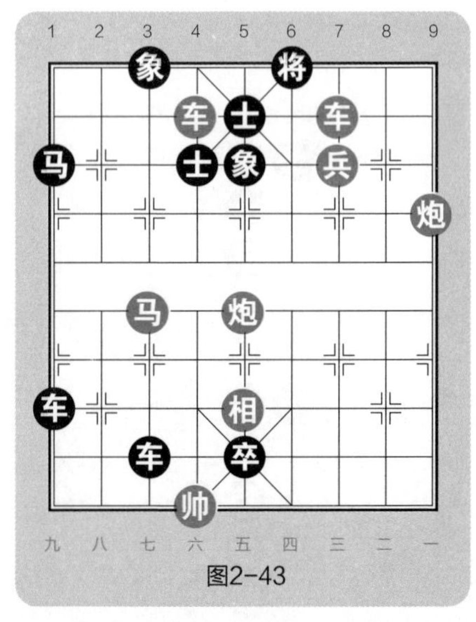
图2-43

如图2-44，红方先行。

①炮三进一　象5退7

②马八退六　将5平4

③马六进七　将4进1

④车二平六　士5进4

⑤马七退八　将4退1

⑥车五进五　将4平5　　⑦马八进七（红胜）

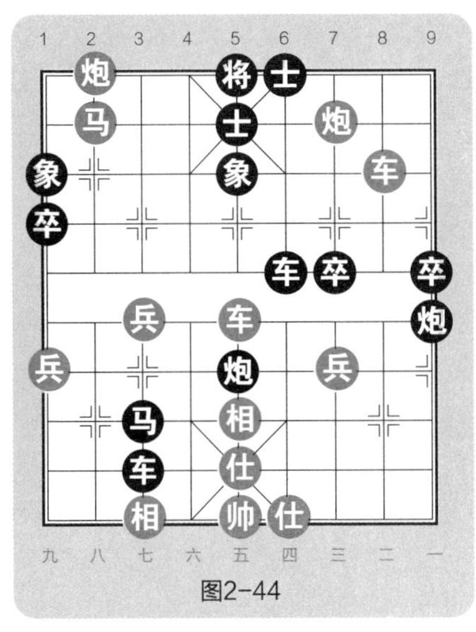

图2-44

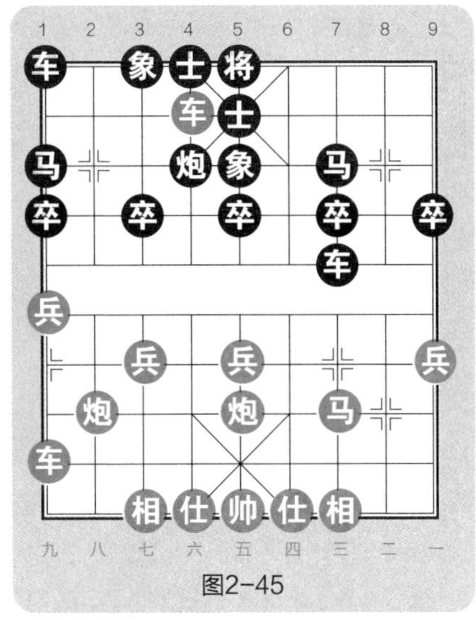

图2-45

如图 2-45，红方先行。

① 炮八进五　马 7 退 6　　② 车九平二　车 7 进 3

黑方如改走炮 4 进 2，则马三进四，炮 4 平 5，马四进五，车 7 平 6，马五进七，炮 5 进 3，车二平六　红方胜势。

③ 炮八平五　马 6 进 5　　④ 车二进八　士 5 退 6

⑤ 炮五进四　士 4 进 5

⑥ 车六平五　将 5 平 4

⑦ 车二平四（红胜）

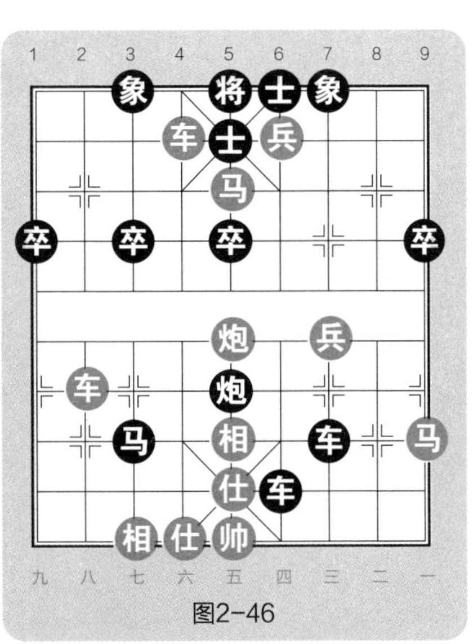

图2-46

如图 2-46，红方先行。

① 兵四进一　将 5 平 6

黑方如车 6 退 8，则马五进三，车 6 进 1，车六平五，将 5 平 6，车五进一，红胜。

② 车六进一　将 6 进 1

③ 马五退三　将 6 进 1

④ 车六平四　士 5 退 6

⑤马三进二　将6退1　　⑥车八进五　士6进5

⑦车八平五（红胜）

三、弃子占位

弃子占位就是利用弃子战术抢占进攻要道，从而达到把握棋局主动权进而入局取胜的目的。弃子占位一般有弃被捉之子占位和弃被牵制之子占位两种情况。要点有三：

（1）必须确定主战场的选择，抓住棋局发展的主要矛盾，找准攻防要点是弃子占位的难点。

（2）集中优势兵力抢占攻防要点，并且有与之相匹配的战术杀法组合的预案是弃子占位的重点。

（3）确定攻防要点并且有与之相应的战术杀法组合措施是迈进形势判断大门的标志。

【例局1】弃被捉之子占位

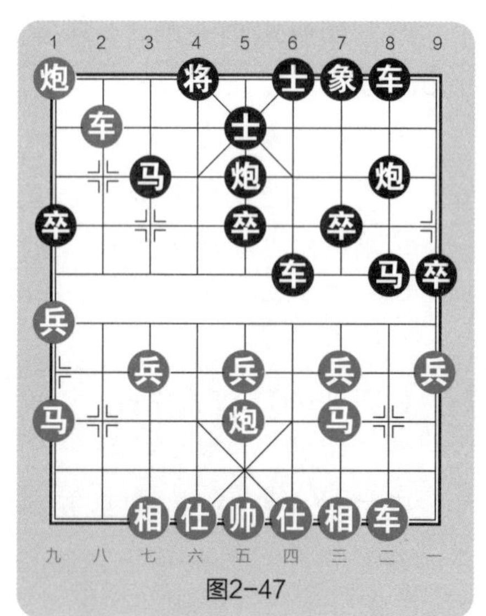

图2-47

如图2-47，红方左翼的车炮急需后续兵力的增援才能对黑方形成致命的打击。红方审时度势毅然弃右车，抢先移中炮占位，集中车双炮马绝对优势兵力强攻黑方防御薄弱的右翼，攻城擒王。

①炮五平六　炮8进7

②马九进八　将4平5

黑方如马3进2，则马八进六，士5进4，马六进七，将4平5，马七进六，红胜。

③炮六进六　将5平4

④炮六平七　将4进1　　⑤炮七进一　将4进1

⑥炮九退二　马3进2　　⑦车八退一　将4退1

⑧炮九进一

至此，红方二路夹车炮胜。

【例局2】弃被牵之子占位

如图2-48，红方先行。红方在中路的炮马和卒林线的车已构成攻势。但黑卒起阻挡作用，而且黑车牵住了红方左翼的车炮，似乎黑方形势乐观。但此时红方可用弃子占位战术抢先进攻。

①炮八平五　车2进5

②马五进六　将5平6

③前炮平四　将6进1

④炮五平四（红胜）

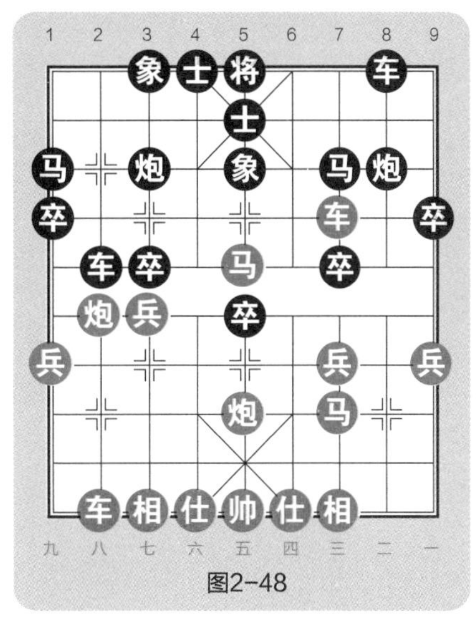
图2-48

练习题

如图2-49，红方先行。

①马二进四　车8退5

黑方如改走车8平5，则仕六进五，车5平7，相七进五，车7退2，车九平六，至此红方伏有车六进八再平中双将的手段，黑方无法抵抗。黑方又如改走炮2进4，则马四进六，炮2平5，马六退五，炮5退2，炮三平五，士4进5，车二退五，红方得车胜势。

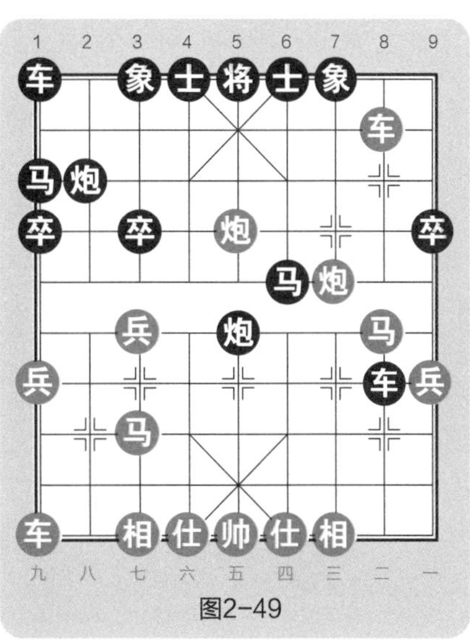
图2-49

② 马四进三

至此，红方伏有炮三进四及炮三平五双杀的手段，红方必胜。

如图 2-50，红方先行。

① 马六进四　车 4 进 4

无奈之着，黑方如改走它着，则车六进四，红方得车胜势。

② 炮三进一　士 6 进 5

③ 马四进三

至此，红方有马三进四及车四进一成杀的手段，红方必胜。

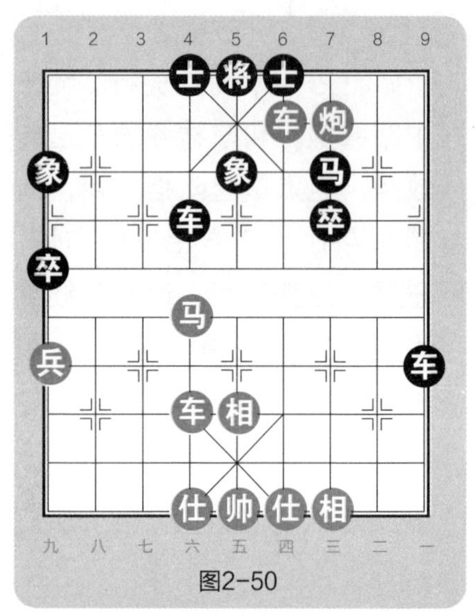
图2-50

如图 2-51，红方先行。

① 车八平二　车 2 进 1

② 马七退五　车 2 平 5

黑方如改走车 6 平 5，则车三进九，将 6 进 1，车三退一，将 6 进 1，车二平四胜；又如改走马 3 进 5，则车三进九，将 6 进 1，炮七平四，红方得车胜。

③ 车二进五

至此，红方有车三进九及炮七进四双杀的手段，黑方无法抵抗。

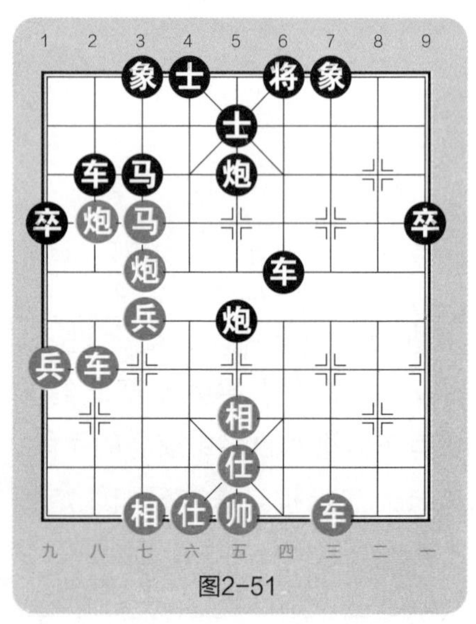
图2-51

如图 2-52，红方先行。

① 车八平七　车 8 平 3

② 马七进五　士 6 进 5

③ 马五进七（红胜）

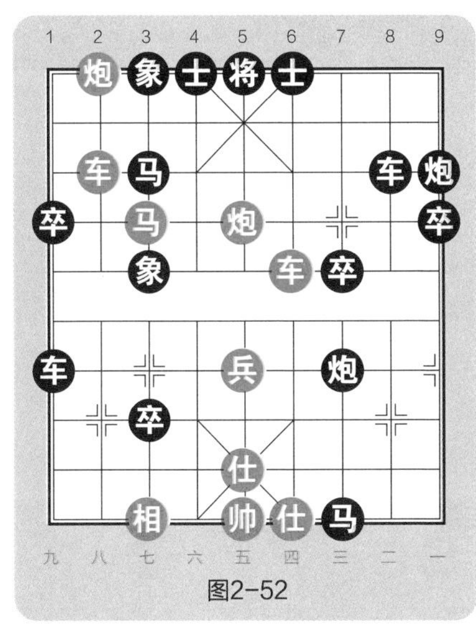
图2-52

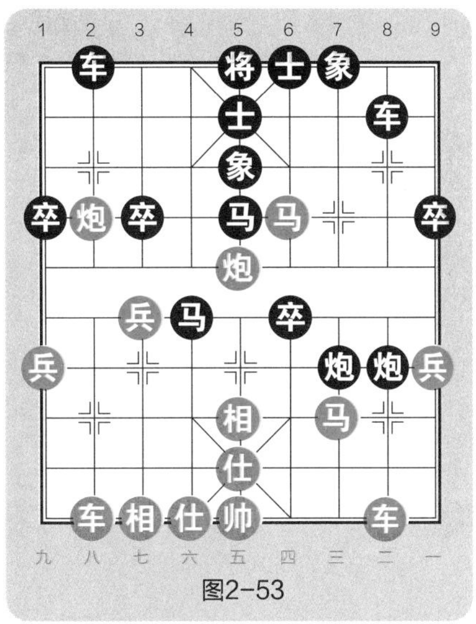
图2-53

如图 2-53，红方先行。

①车二进三　车 8 进 5　　②炮八平五　车 2 进 9

③前炮平六

至此，红方有马四进三及马四进六双杀的手段，黑方无法解救。

如图 2-54，红方先行。

①马七退五　车 2 平 7

黑方如改走马 4 退 6，则马五进六，将 5 平 4，车三平八，士 5 进 4，车八进三，将 4 进 1，马六进七，红胜。

②马五进六　将 5 平 4

③炮五平六　士 5 进 4

黑方如改走将 4 进 1，则前马退七，炮 6 平 4，马六进五，炮 4 平 5，马七退六，红胜。

④车四进一　将 4 进 1

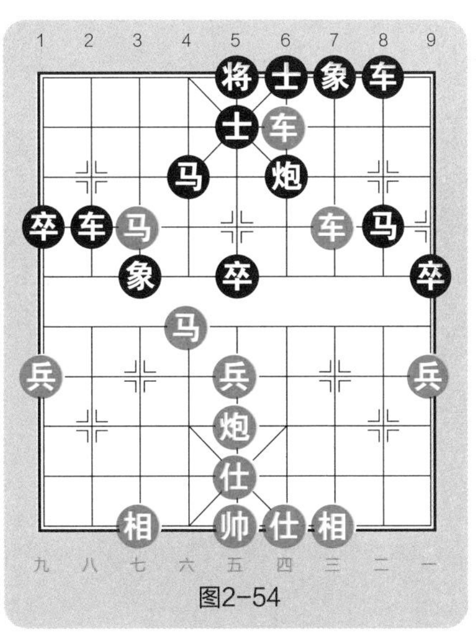
图2-54

⑤ 车四平五

至此，红方有马六进七的双将杀，红方必胜。

如图 2-55，红方先行。

① 炮九进一　马 1 退 2

② 车六平八　炮 6 平 2

黑方如改走炮 3 平 4，则炮九平七，以下炮八进七，红胜。

③ 炮八进七　士 5 退 4

④ 车八进八　象 7 进 5

⑤ 车八平六

至此，红方下一着炮九平七胜。

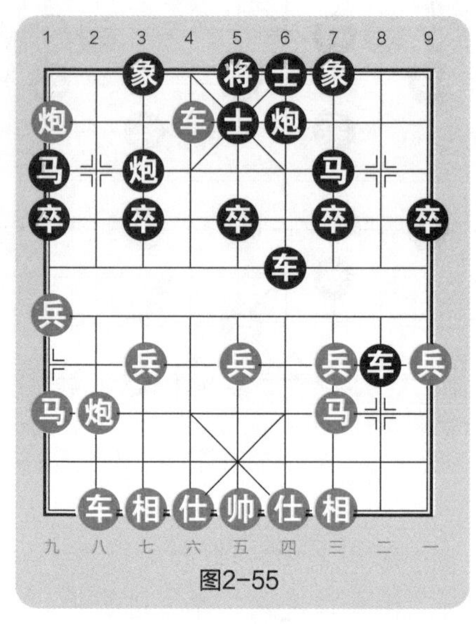
图2-55

如图 2-56，红方先行。

① 马八退六　将 5 平 6

② 马六退七　象 5 进 3

③ 马一进二　将 6 进 1

④ 炮五进一　车 6 平 2

⑤ 炮五平一

至此，红方下一着炮一进一马后炮，红方必胜。

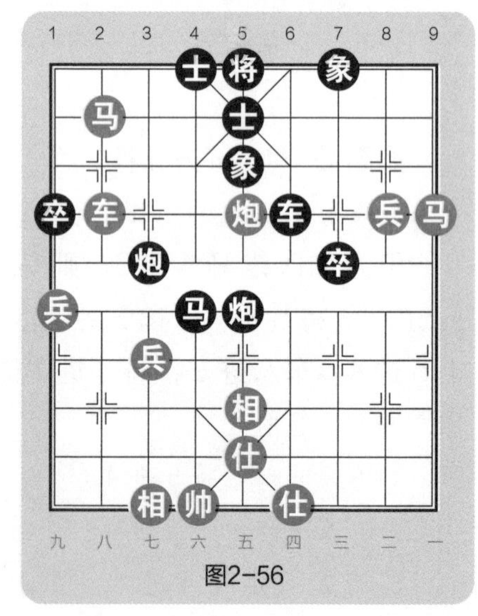
图2-56

如图 2-57，红方先行。

① 车八进四　车 3 进 1

② 车八平五　炮 3 平 5

③ 车二平四　车 6 进 3

④ 帅五平四　马 5 进 3　　⑤ 车五平四

至此，红方有车四进三及炮三进五的杀着，胜势已定。

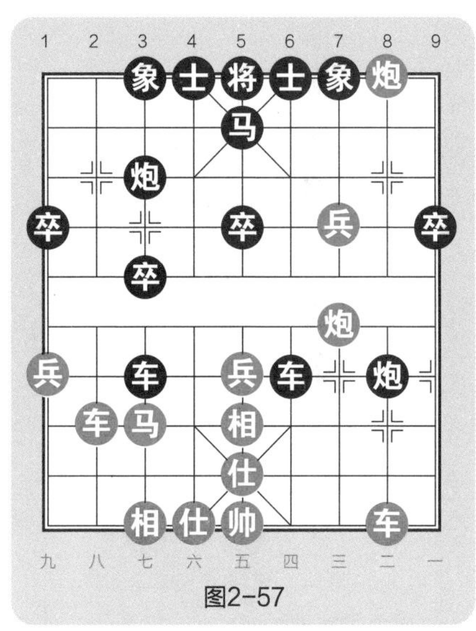

图2-57

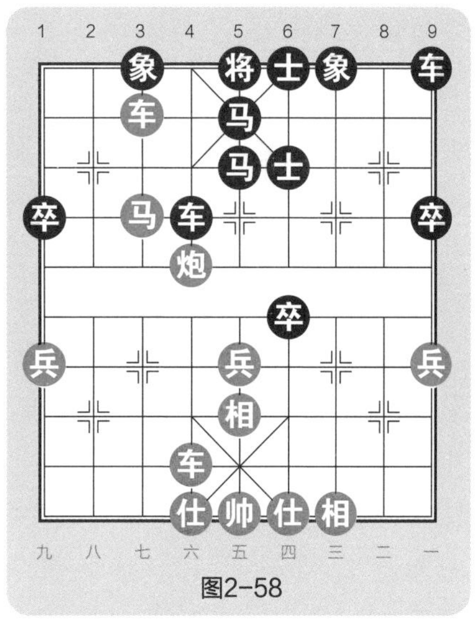

图2-58

如图 2-58，红方先行。

①炮六平五　车 4 进 5　　②马七进八　车 4 退 8

③炮五进一

红方此着为将来炮五平六照杀做准备。

③……　车 9 平 8　　④车七进一　车 4 平 3

⑤马八退六　将 5 平 4

⑥炮五平六（红胜）

如图 2-59，红方先行。

①炮八平五　车 2 进 4

②车七进二　车 4 退 5

③相五退七　将 5 平 6

④车七平六　士 6 进 5

⑤炮五平四　马 7 进 6

⑥兵三平四　车 2 退 3

⑦马四退五

至此，黑方只能垫车解杀，

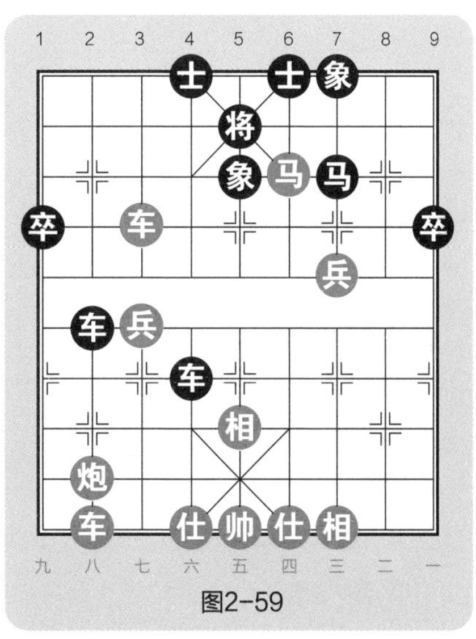

图2-59

红方得车胜定。

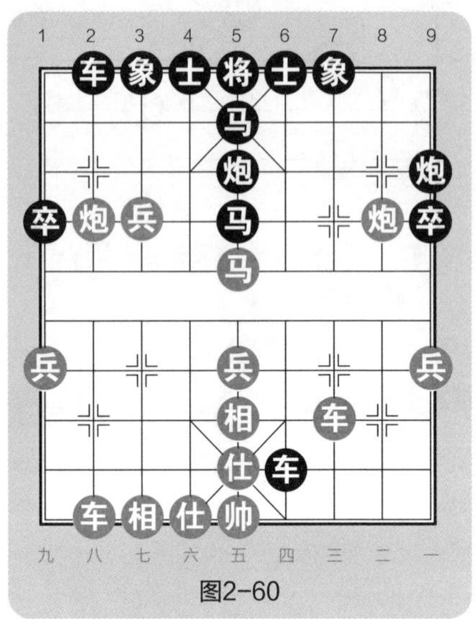

图2-60

如图2-60，红方先行。

①炮八平五　车2进9

②炮二进三　炮9退2

③马五退七　车2退7

黑方如改走车6退5，则车三平四，车6进4，仕五进四，车2退7，马七进六，车2平4，马六退五，车4进2，马五进六，车4退1，兵七平六。接下来红方再渡中兵，胜势已成。

④车三进四　车6平8

⑤炮五退二　车8退6

黑方如改走车8退8，则马七进六，红方伏马六进七或马六进四的双杀手段，黑方无解。

⑥马七进六　车2平4　　⑦车三平四　车8退2

⑧马六进四（红胜）

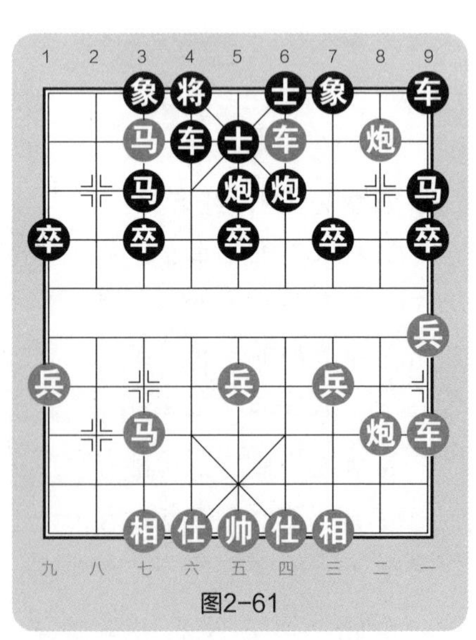

图2-61

如图2-61，红方先行。

①后炮平六　车4平3

②车一平四　炮6平8

③前车退四　士5进6

④前车进三　车3平8

⑤前车进二　将4进1

⑥前车平七　车9平8

⑦车七退一　将4退1

⑧车四进七　炮5退2

⑨车七进一　将4进1

⑩ 车四平五（红方胜势）

如图2-62，红方先行。

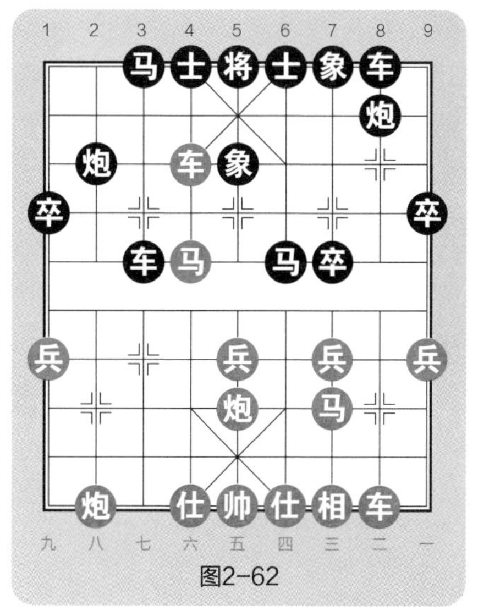

图2-62

① 马六进四　车3平2
② 车六进一　炮2进7
③ 仕六进五　士6进5
④ 马四进三　将5平6
⑤ 炮五平四　士5进6
⑥ 车六进一　将6进1
⑦ 车六退一　将6退1
⑧ 车二进七　炮8平4
⑨ 车二平四　炮4平6
⑩ 车四进一　将6平5
⑪ 车四平六（红胜）

四、弃子抢先

弃子抢先就是利用弃子战术夺取棋局的主动权和优势。进攻方在损失实力的情况下去夺取先手优势，就必须正确处理子与先、子与势的辩证关系。初学者用什么作为评价弃子价值和夺取棋局主动权价值的量化标准呢？在这里提出三个标准：①弃子突破防线造成杀势，②先弃后取夺取先手，③弃马或炮换取三步先手。要点有三：

（1）弃子突破防线是重点，把握好优势兵力的集结程度，一般要倍于对方的防守兵力才能确保突破防线，对敌方形成真正的威慑。

（2）先弃后取也是重点，要把握好兵力的推进节奏、兵力战术组合的有效性和连续性，确保兵力的动态价值。

（3）弃子换三先是难点，要把握好形势判断的准确度和深度，一般要估算先手转化为优势的概率，比较考验棋手技战术覆盖面的宽窄和内涵的深浅。

【例局1】突破防线形成杀势

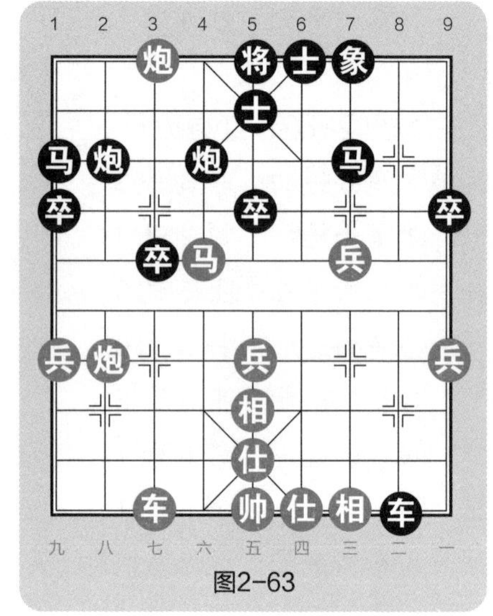

图2-63

如图2-63，红方先行。红方在左翼集中车、双炮、马，明显优于黑方双炮、马的防守兵力，且黑方底线弱点严重，左车难于回防右翼。红方兵力之间的协调作战被黑方双炮、马、卒的防线隔开，红方为了突破防线形成杀势，可用弃子战术。

①车七进五　象7进5

②马六进五　炮2平5

③炮七平九

此时黑方右翼门户洞开。红方车双炮既有二路夹车炮、重炮杀法，又有抽将等多种战术选择。黑方官着是炮4平2拦炮，则红方进车抽将取得更大物质利益，同时紧握棋局主动权。

【例局2】先弃后取夺先手

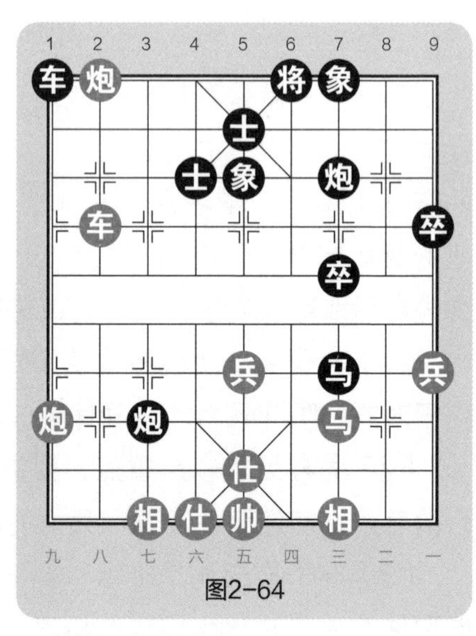

图2-64

如图2-64，红方先行。观枰可知双方兵力相等，黑方右车晚出，兵力松散。红方八路车炮暂受黑车牵制，但红车位置极佳，红方可利用黑方兵力联系性差的弱点，运用先弃后取战术夺先。

①炮八平三　象5退7

②车八平三　炮3退5

③车三退一　车1进6

④车三退二

至此，红方运用先弃后取夺得优势。

【例局3】一子换三先

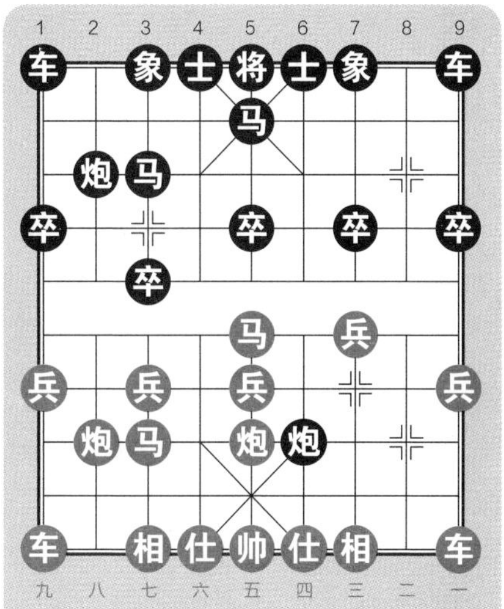

如图2-65，红方先行。本例是由中炮先锋马对反宫马布局演变而成的形势。现在黑方6路炮串打红方马炮，志在得子。但黑炮孤军深入，后方兵力尚未开动，并有窝心马的弱点。红方可弃马连抢三先，夺得优势。

图2-65

①车一进二　炮6平3

②炮五退一　炮3进1

③车九进一　炮3平2

④马五进七　象3进5

⑤车九平八　象5进3　　⑥炮八平五　车1平2

⑦前炮进四　马3进5　　⑧炮五进五　马5进3

至此，红方运用战术组合抢先连兑马炮后形成空头炮的巨大优势。

如图2-66，红方先行。

①马四进三　车7退5　　②炮五平四　炮6进7

③炮四退五

至此，红方形成卧槽马杀势。黑方最顽强防守方案只有车7退1弃车解围，红方胜势已定。

如图2-67，红方先行。

①炮五进二　士4进5　　②兵五进一　象5进7

③车六平五

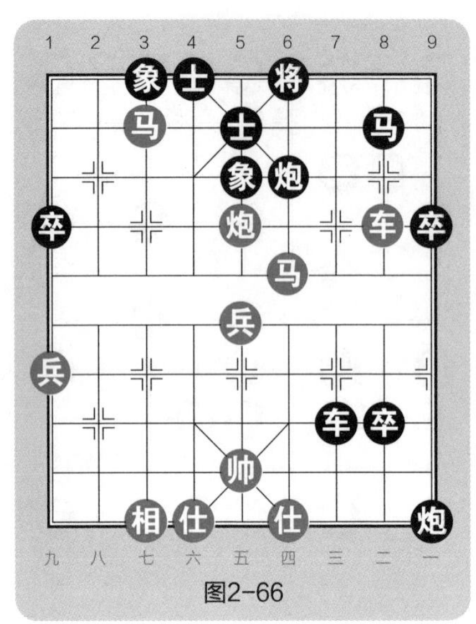
图2-66

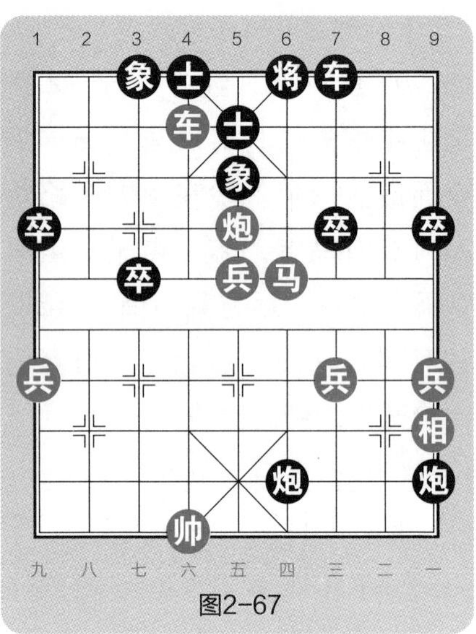
图2-67

至此，红方弃炮突破黑方防线，红车占花心形成杀势。黑方底车被牵住、双炮对红方没有威胁。红方可从容调兵进攻，形势占优。

如图 2-68，红方先行。

①炮七进三　炮 3 进 3

②马三进四

至此，红方有马四进二、兵三平二、车九进二等多种进攻手段，弃马已经可以换三先，夺得优势。

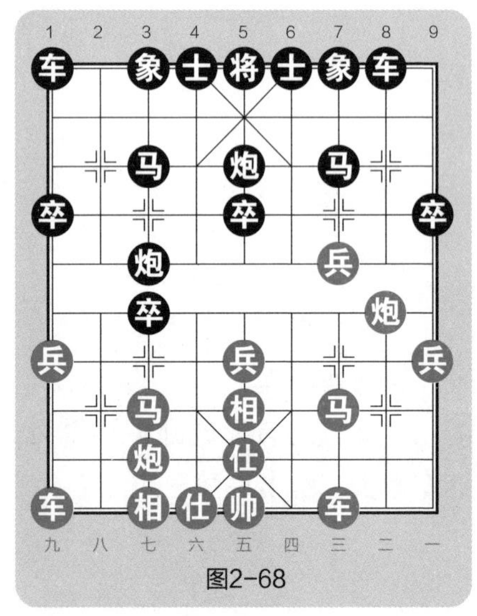
图2-68

如图 2-69，红方先行。

①前车进七　士 5 退 4

②车六进八　将 6 进 1

③车六退一　将 6 退 1

④炮二平九

至此，红方车、马、炮、兵四子组成攻势，可随时得车。黑方肋车必须退守，红方优势。

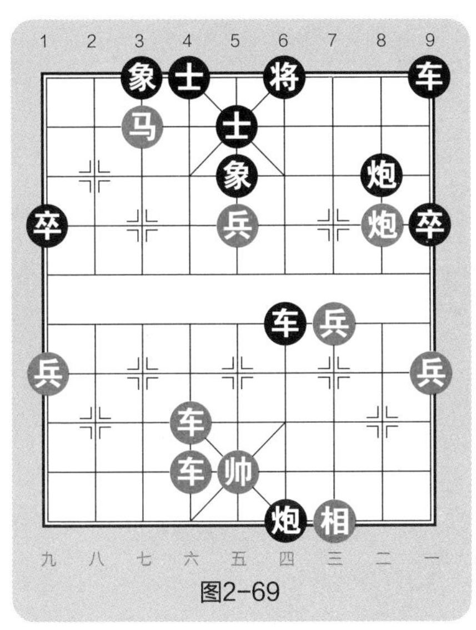

图2-69

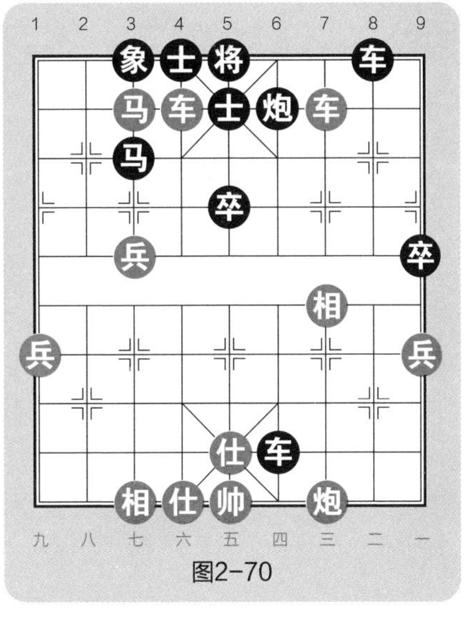

图2-70

如图 2-70，红方先行。

①车三平四　车 6 退 7　　②炮三平四　车 6 进 8

③帅五平四　车 8 平 6　　④帅四平五　车 6 进 2

⑤兵七进一

至此，红方进兵欺马，以下可抽将得卒形成胜势。

如图 2-71，红方先行。

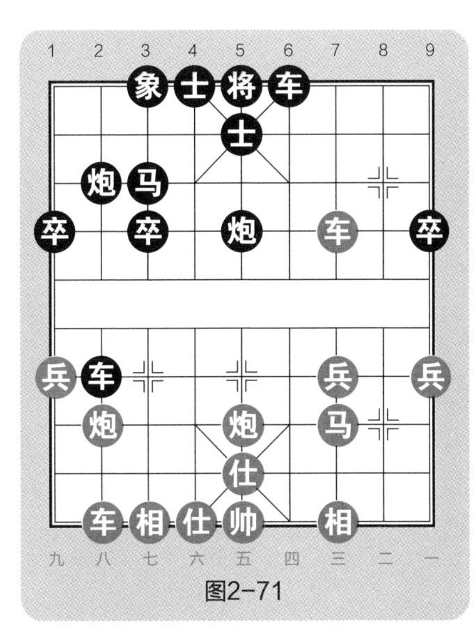

图2-71

①炮八平七　炮 2 进 7

②车三平五　车 6 进 6

③车五平四　车 6 平 5

黑方如改走士 5 进 6，则马三进五，士 4 进 5，车四退三得车后，红方仍保持抽将和炮七进五得马的双重手段。

④马三进五　车 2 平 5

⑤炮七进五

至此，红方先弃后取，多子

占优。

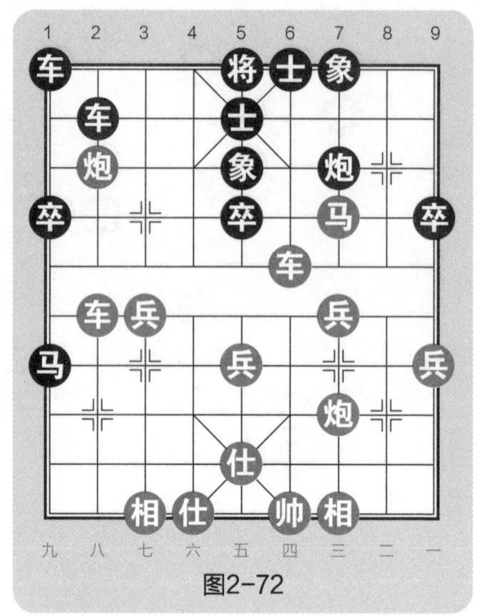

图2-72

如图 2-72，红方先行。

①炮八平三　车 2 进 4

②马三进五　士 5 进 6

③马五进七　将 5 进 1

④车四进二　将 5 平 4

⑤马七进九

至此，红方突破黑方防线，得回失子，又多赚炮、象、士三子，局面大优。

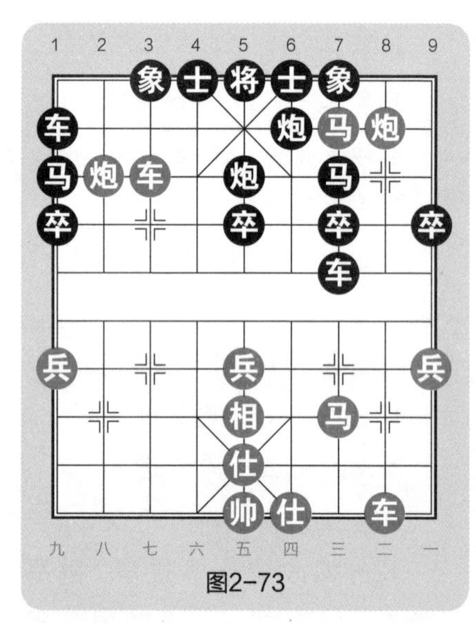

图2-73

如图 2-73，红方先行。

①车七平五　象 3 进 5

②炮八平三　车 7 平 6

③炮三进二　将 5 进 1

④马三退四　炮 6 进 1

⑤炮二平九

至此，红方突破黑方防线，且多子胜势。

如图 2-74，红方先行。

①车四进二　士 5 进 6

②车五进三　将 5 平 6

③车五平四　将 6 平 5

④车四平三　车 2 平 6　　⑤马三进二

至此，红方突破黑方中路及九宫防线，车、马、炮已形成杀势，胜利在望。

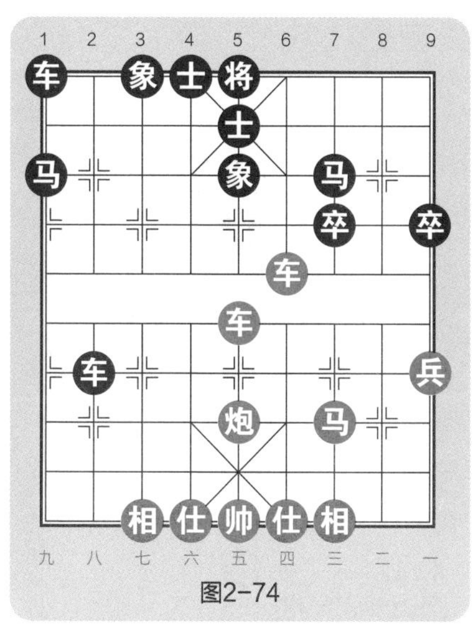

图2-74

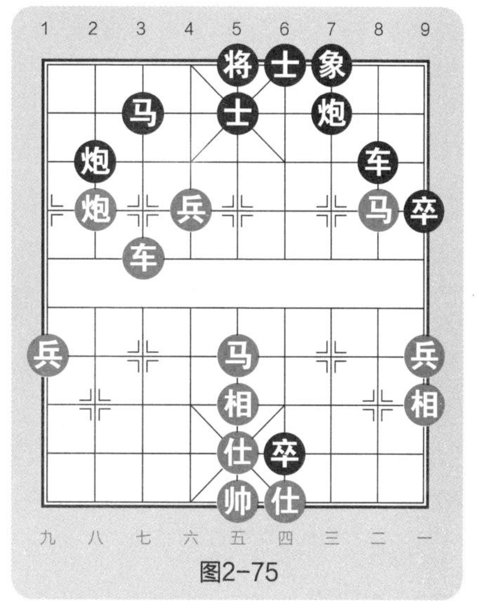

图2-75

如图 2-75，红方先行。

① 车七进二　卒 6 进 1　　② 仕五退四　车 8 平 3

③ 马二进三　将 5 平 4　　④ 炮八退二　车 3 进 3

⑤ 马五进七

至此，红方先弃后取多得一炮，并有卧槽马攻势。

如图 2-76，红方先行。

① 车七进一　炮 8 平 3

② 炮八进七　前炮进 5

③ 车九进二　马 9 进 8

黑方如改走炮 3 平 7，则炮五进四，以下车九平六形成天地炮绝杀。

④ 车九平七　马 8 进 6

⑤ 车七平六　马 6 进 5

⑥ 相七进五

至此，红方底炮牵死黑车，

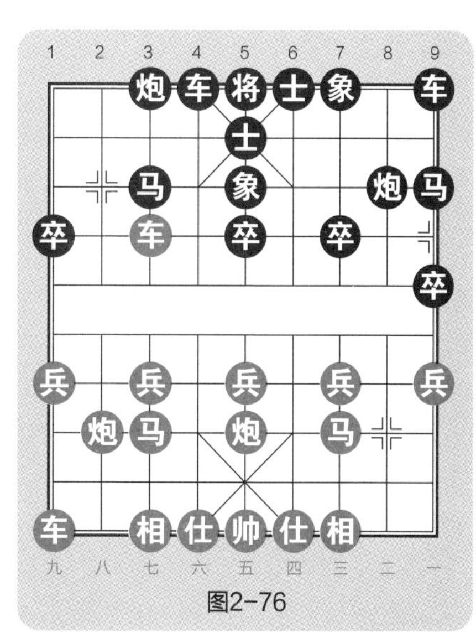

图2-76

且多一兵，红方车马可放手进攻，优势明显。

如图 2-77，红方先行。

①相七进五　车 2 退 6

②相五退七　车 2 平 5

③炮七平二　将 5 平 4

④马三进四　车 5 平 1

⑤马四进六　车 1 平 4

黑方如改走士 5 进 4，则马六进五，士 4 退 5，炮二退一，车 1 退 1　马五退六，车 1 平 4，炮六进五，士 5 进 4，兵七进一，红方多兵胜势。

⑥炮六进四（红方胜势）

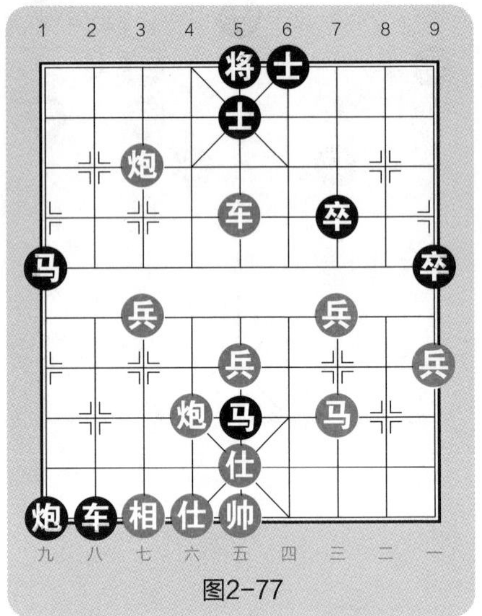
图2-77

如图 2-78，红方先行。

①炮五进四　将 5 平 6

②车六进一　士 5 退 4

③车三平四　将 6 平 5

④炮五平九　车 6 退 1

⑤车四退一　车 1 平 2

⑥车四平三（红方胜势）

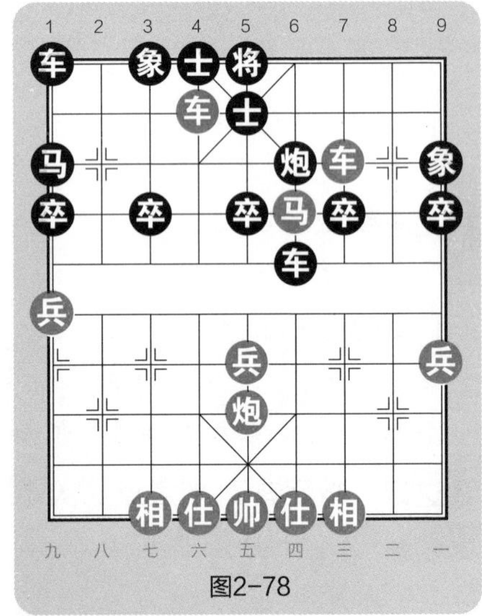
图2-78

如图 2-79，红方先行。

①马八进六　马 1 进 3

②马六进五　马 3 退 4

③马五进三　马 7 进 6

④相三进五　车 7 退 3

⑤炮八进六　车 7 退 1

⑥车四平三　象 7 进 5

⑦炮八退二

至此，红方兵力结构工整，黑方左翼空虚，兵力散乱，红方优势。

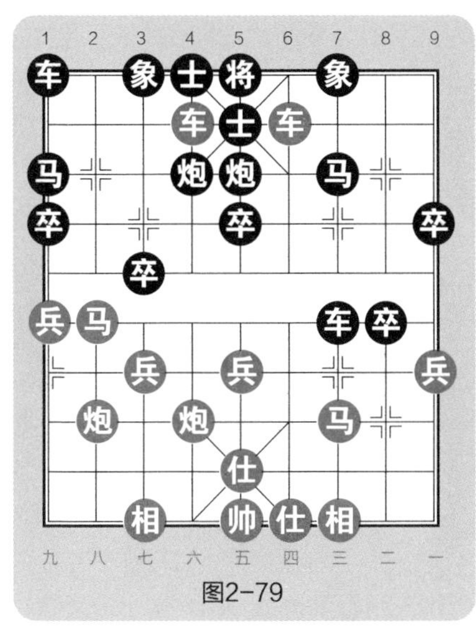
图2-79

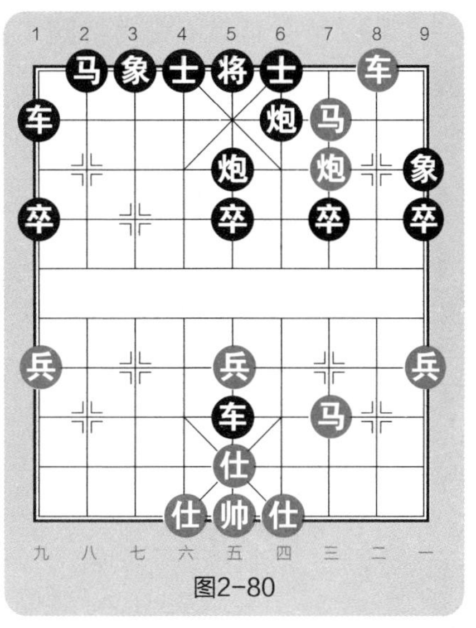
图2-80

如图 2-80，红方先行。

① 车二平四　将 5 平 6　　② 车六进九　炮 5 退 2

③ 炮三平四　炮 6 平 3　　④ 车六平五　将 6 进 1

⑤ 炮四退六　车 5 平 7　　⑥ 马三退四　车 7 平 6

⑦ 仕五进四

至此，红方得回失子，并形成强烈攻势。

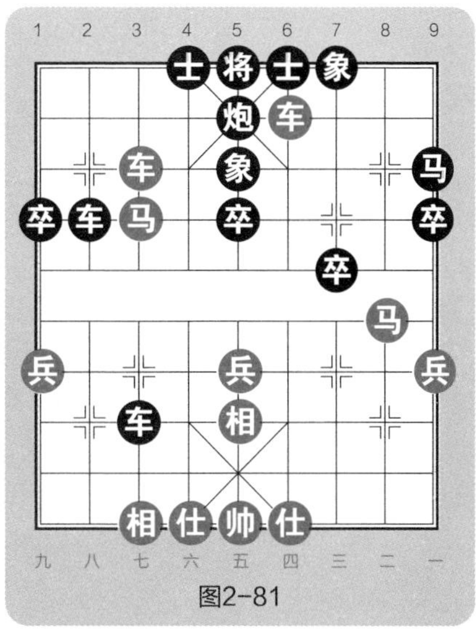
图2-81

如图 2-81，红方先行。

① 马二进四　车 2 平 3

黑方如改走车 3 退 4，则马四进三　马 9 退 7，车四平三，象 5 退 3，车三进一，炮 5 进 5，仕四进五，士 4 进 5，马三进四，士 5 退 6，车七平四，红方双车错杀。

② 马四进三　马 9 退 7

③ 车七平五　车 3 退 1

黑方如改走卒5进1，则车四平三，车3平6，车三进一，红先弃后取并多得双象，优势明显。

④仕四进五　车3平5　　⑤帅五平四　车5平6

⑥车四退一　炮5平6　　⑦车四进一　士4进5

⑧车四平三

至此，红方先弃后取并多得一子，黑方残象，红方胜势。

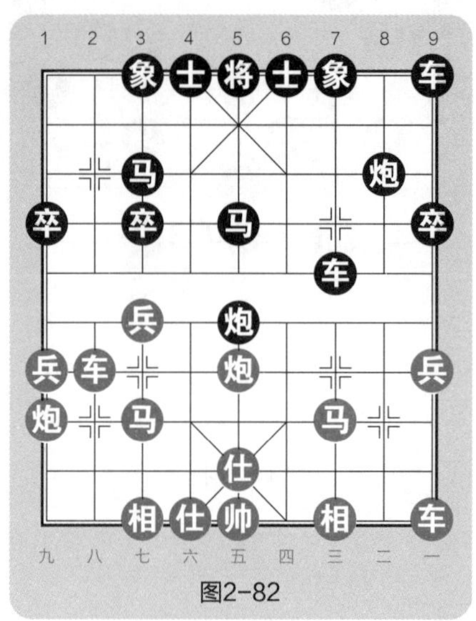

图2-82

如图2-82，红方先行。

①相三进五　车7进3

②炮五进三　马3进5

③马七进六　车7退4

④炮九进四　车9平8

⑤车八平五　炮8进7

⑥车五进一　车7进6

⑦仕五退四　车7退3

黑方如改走车7退4，则车一平二，车7平5，车二进九，马5进4，炮九退二，仍是红方优势。

⑧车一平二　车8进9

⑨炮九平五（红方胜势）

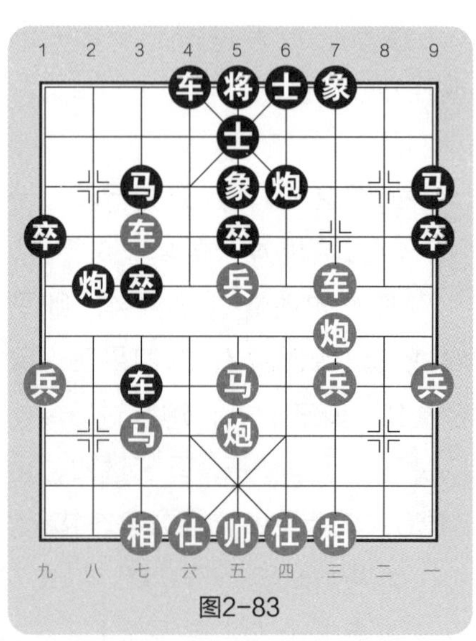

图2-83

如图2-83，红方先行。

①兵五进一　炮2平7

②兵五进一　象7进5

③炮五进五　士5进4

④炮三平五　炮7平5

⑤前炮平七　士6进5

⑥炮七平四　车3进1　　⑦炮四平五　士5进6

⑧车七平五　车3平6　　⑨前炮退二（红方胜势）

如图2-84，红方先行。

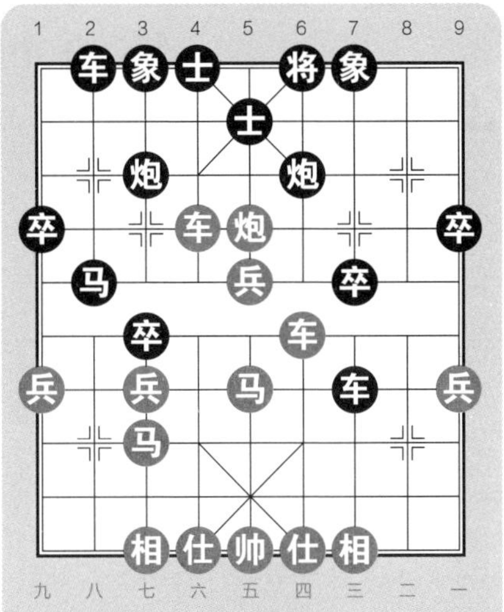

①车六进三　士5退4

②车四进三　将6平5

③马五进四　车7平4

④车四进一　马2进4

⑤马四进三　炮3平6

⑥车四退一　车4平6

⑦车四平五　士4进5

⑧车五平八　马4退5

⑨车八进二　马5退7

⑩车八平七　士5退4

⑪车七退五（红方胜势）

图2-84

如图2-85，红方先行。

①马三进四　炮2进3

②马四进六　马7进6

③马六进五　马6退5

④车三平八　马5进3

⑤车八平三　象7进9

⑥炮一进四　车6进2

⑦炮一平二　炮7退4

⑧炮二进二　炮7平8

⑨炮二平一　马3进5

⑩车三进四　炮8平7

⑪车二进七　车6退1

⑫车二进一　炮7平9　　⑬车二进一

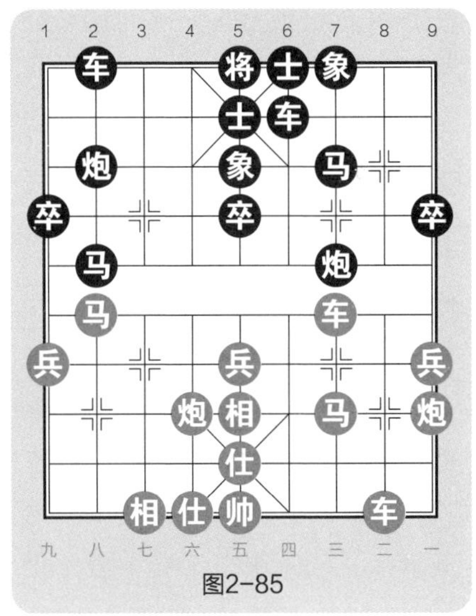

图2-85

至此，红方捉死黑炮，多子胜势。

第3课　兑子

交换价值相等的兵力叫兑子。在象棋攻防战斗中为达到得子、抢先夺势或简化局势谋胜、求和的目的进行兑子就叫兑子战术。

兑子的作用有通过兑子利于出动兵力、破坏对方防御、创造进攻机会、消弱对方战斗力、以有利态势进入残局等。

兑子的方法是多种多样的，在象棋攻防战斗中，兑子是必然的现象，是战斗中运用最多的一种战术手段。但是兑子战术不可能孤立地运用，必须和其他战术组合运用，才能发挥威力。具体运作的方法有：用出动步数少的子兑出动步数多的子赚取步数上的便宜；兑子使对方兵力脱根被牵；兑子造成对方兵种欠缺；兑子扩大己方战术运用等。

下面介绍兑子得子、兑子抢先、兑子简化局势，三种基本兑子技巧。

一、兑子得子

兑子得子就是在兑换兵力的过程中形成得子。此种方法与捉、抽、牵等其他战术组合运用才能有实效。兑子得子通常是指得卒（兵）、象（相），或和其他战术组合运用形成得子。要点如下：

（1）兑子赚卒（兵）象（相）是重点，一般是累积优势和破坏对方阵形结构。要注意兵力的灵活性和有效性。

（2）兑子和其他战术组合运用是难点，一般是通过兵力的联系性寻找对方兵力结构的弱点。

【例局 1】兑子赚卒

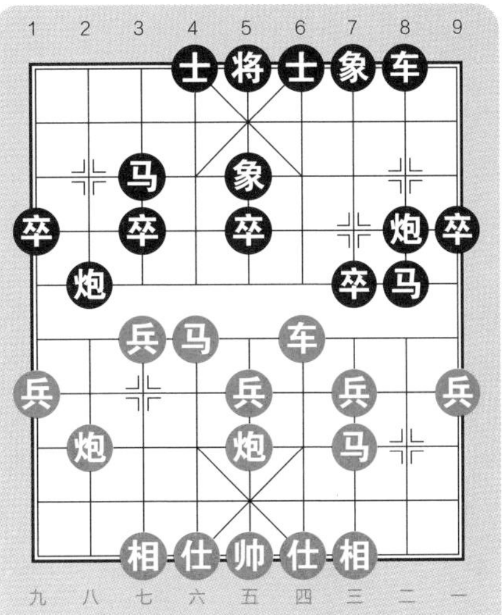

如图 3–1，红方先行。双方兵力相等。黑方中路薄弱，红方可用兑子赚卒的技巧谋取便宜，确立优势。

①马六进五　马 3 进 5

②炮五进四　士 6 进 5

③车四进一　炮 2 退 2

④车四平三

至此，红方净多双兵并先手捉马，优势明显。

图3–1

【例局 2】兑子赚象

如图 3–2，红方先行。双方兵力相等，战斗集中在黑方左翼，黑方边马联系性、灵活性较差，肋道黑炮打车。红方可用兑子赚象战术谋取便宜，确立优势。

①马四进五　象 7 进 5

②车一进六

至此，红方兑马赚象，盘面已呈优势。

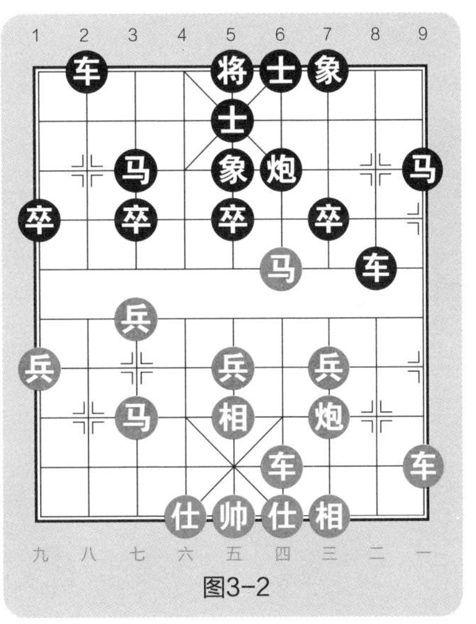

图3–2

【例局 3】兑子捉双

如图 3–3，红方先行。双方兵力相当，红方攻中路，黑方攻红方右翼。黑前方车马炮配置有弱点，红方可运用兑子捉双战术得子。

①炮五进三　车 7 平 5　　②马五进三

至此，红马捉双，必得一子。

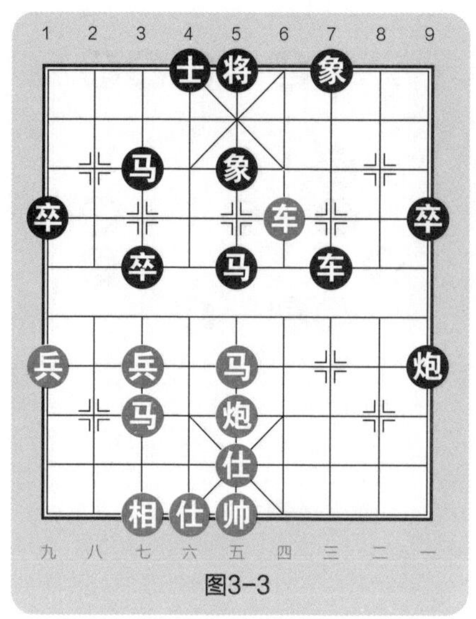

图3-3

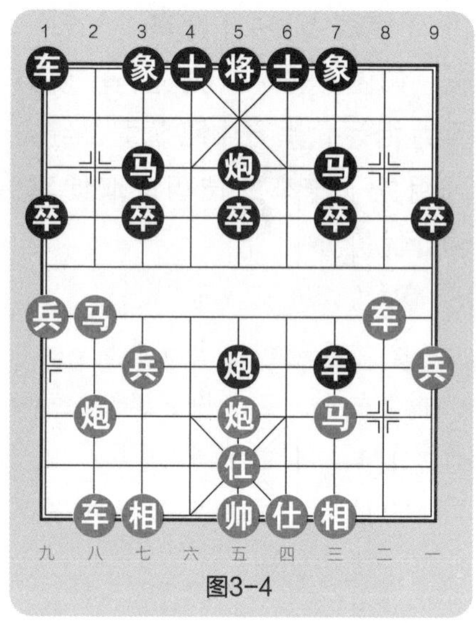

图3-4

【例局 4】兑子牵制

如图 3-4，红方先行。当前双方在中路对峙，黑方的弱点是前方车炮和后方车双马炮脱节，且双马灵活性差，右车尚未出动。红方兵力均衡出动，左马冲击力强。红方可实施兑子战术造成牵制得子。

① 马八进六　马 3 退 1　　② 马三进五　炮 5 进 4

③ 炮八进一

至此，红方中路牵制炮卒、兵行线牵制车炮，同时马炮双捉黑炮，黑方中炮必失。

如图 3-5，红方先行。

① 车二平八　车 2 退 1

黑方如车 2 平 3，则马三进五，车 3 进 1，炮三进一，黑车必失。

② 马七进八

至此，红马捉双，必得一子。

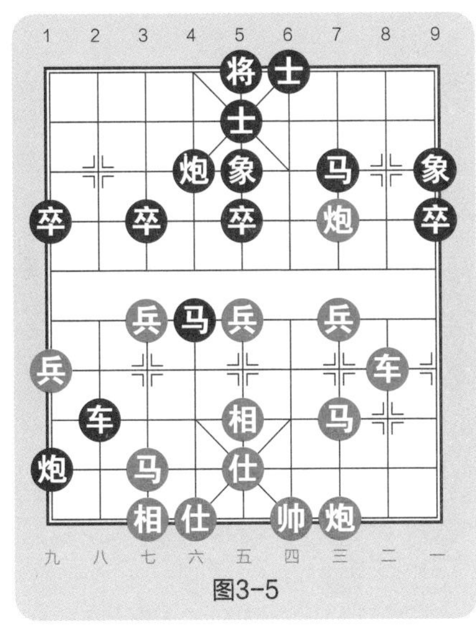
图3-5

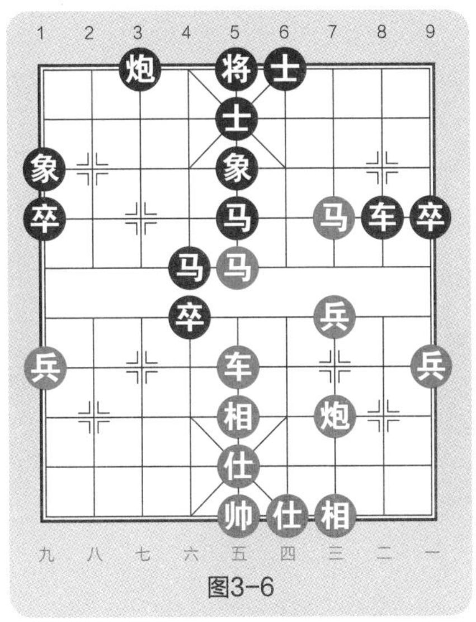
图3-6

如图3-6，红方先行。

①马三进五　马4退5　　②马五进三　前马进3

黑方如改走后马进7，则车五进三得马并牵住黑方车马，红方仍能多得一子。

③车五进四

红方兑马得象并伏捉边象，优势明显。

如图3-7，红方先行。

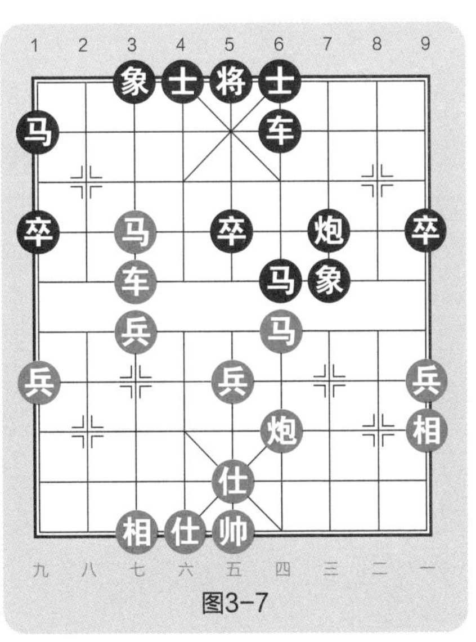
图3-7

①马七进八　车6平2

黑方如改走士4进5，则车七平四得马。

②车七平四　士4进5

黑方如改走车2进1，则车四进四，将5进1，马四进三，黑方损失更为惨重。

③车四平三　炮7平8

④车三平二

至此红方形成围困捉子，黑炮必失。

如图 3-8，红方先行。

①炮四进一　炮 3 平 6

②马七进六　车 5 平 4

③马六退四　马 7 进 8

④马四退二

至此，红方形成围困捉马，黑马必失。

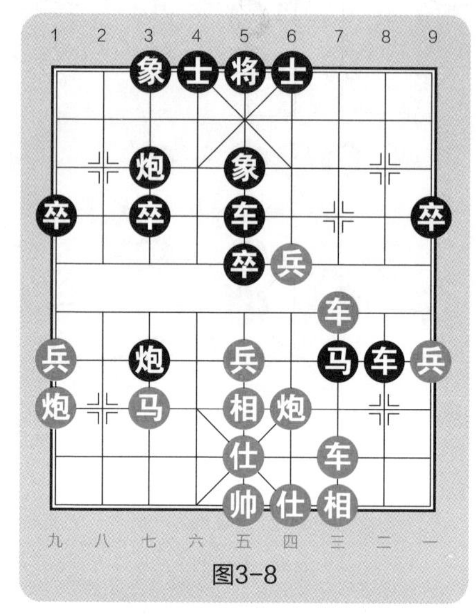

图3-8

如图 3-9，红方先行。

①车二平六　车 6 平 8

黑方如改走车 7 平 5，则车六进三，马 3 退 4，车七平五，闷杀胜。

②车六进三　马 3 退 4

③车三平五　将 5 平 6

④车五进一　将 6 进 1

⑤车五平二

至此，红方通过兑车多得双士。

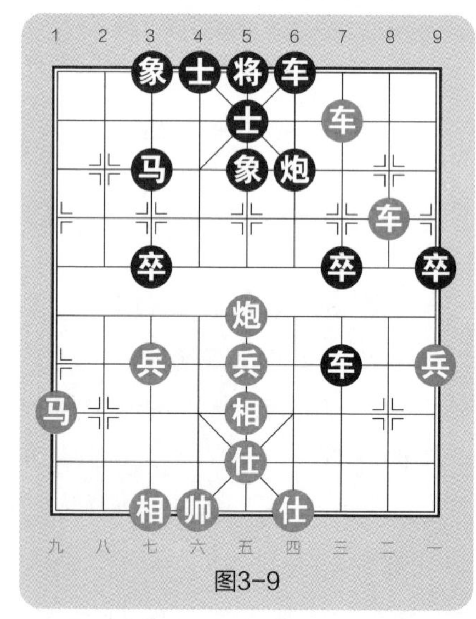

图3-9

如图 3-10，红方先行。

①车九平四　车 6 平 7

②车八平九　炮 7 进 7

③炮七退一　炮 7 进 2

④相五退三　车 7 进 1

⑤车九退一　车 8 退 1　　⑥马八进六

至此，红方多子多兵胜势。

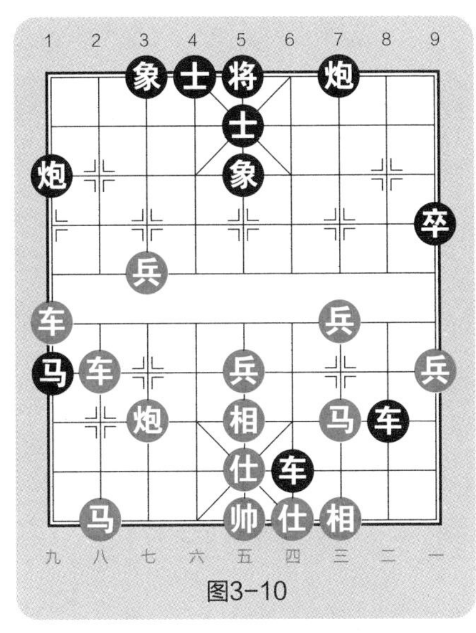
图3-10

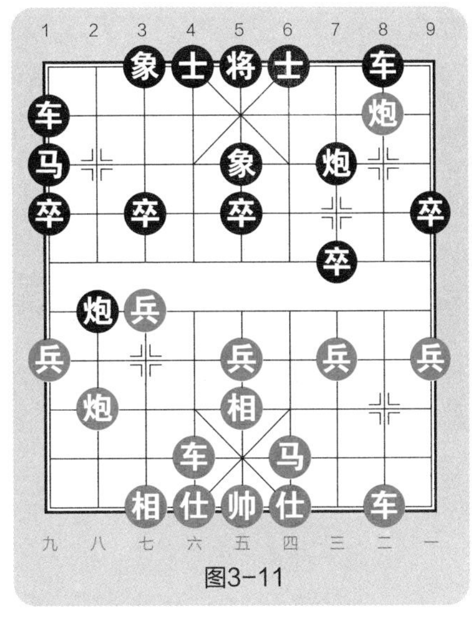
图3-11

如图 3-11，红方先行。

①炮二平五　车 8 进 9　②炮五退二　士 4 进 5

③马四退二　马 1 退 3　④车六进四　炮 2 退 2

⑤炮五平八　马 3 进 2　⑥车六进一　马 2 退 3

⑦车六平三

至此，红方多兵且兵力占位好，优势明显。

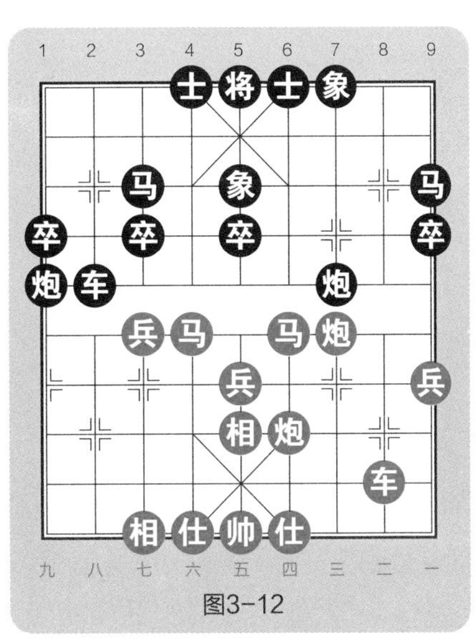
图3-12

如图 3-12，红方先行。

①车二进六　马 3 退 2

②马六进七　炮 7 平 5

③炮三进三　车 2 退 1

④马七退五　卒 5 进 1

⑤炮三平一　象 7 进 9

⑥车二平五　士 4 进 5

⑦车五平一

至此，红方运用兑子战术赚

双象，局面大优。

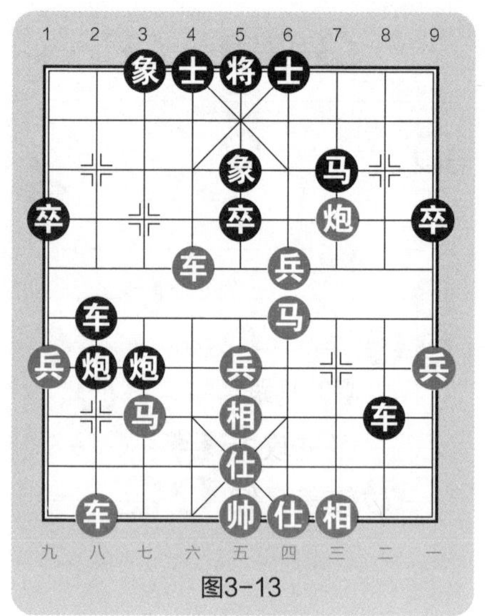

图3-13

如图 3-13，红方先行。

①炮三退三　车 2 平 6

②炮三平七　车 6 进 3

黑方如改走炮 2 退 1，则炮七进四捉双。

③车八进三　车 8 平 5

④炮七进四　马 7 进 8

⑤车八平七　士 6 进 5

⑥炮七平八　车 5 平 7

⑦车六进三（红方得子胜势）

二、兑子抢先

兑子抢先就是通过兵力的兑换取得战斗的主动权，一般表现为以下三个方面：一是通过兑子战术破坏对方防御体系；二是通过兑子战术利于己方兵力的出动和集结；三是创造较多的战术杀法应用的机会。

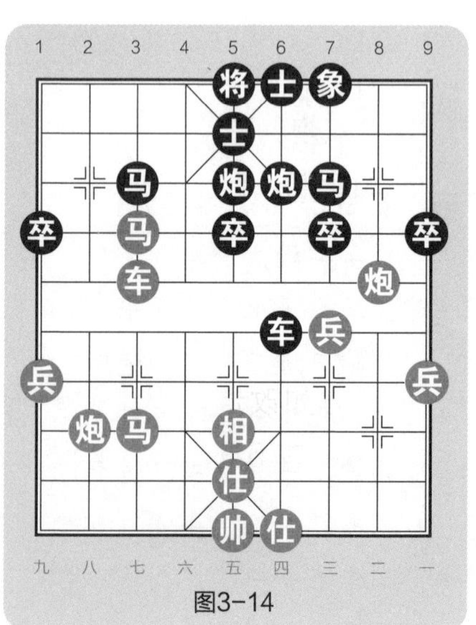

图3-14

【例局 1】破坏防御体系

如图 3-14，红方先行。黑方下 3 路线双炮双马组成一条防线，使红方左翼车、炮、双马难于突破，且黑中炮瞄住红中相的同时对红方后方的马炮也有牵制。此时红方借先行之利，可用兑子战术破坏黑方双炮双马组成的防线。

①前马进九　炮5平1　　②车七进二　象7进5

③车七平五　炮1平4　　④车五退一

至此，红车吃卒后控制中路及卒林线，并有八路炮沉底的攻势，红方大优。

【例局2】迅速集结兵力

如图3-15，红方先行。红方双兵过河、马踞河头、六路车控制要道，但进攻力量薄弱，后方车炮占位较差。红方可用兑子战术运炮左翼，攻击黑方空虚的右翼。

①车九平八　车2进4

②炮四平八

至此，红方用暗车换黑方明车，同时改善了炮的位置，集中兵力攻黑方右翼。

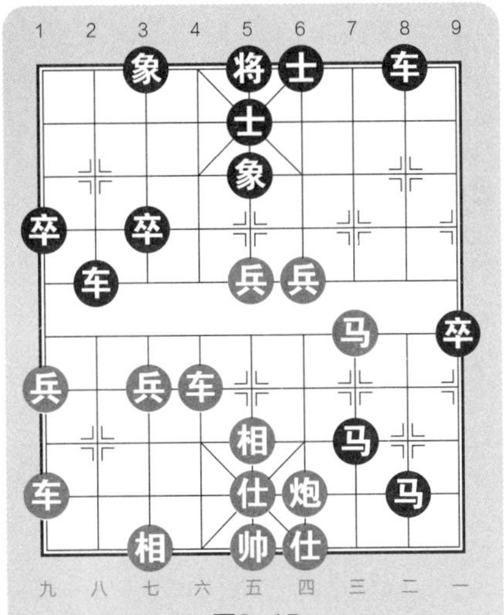

图3-15

【例局3】创造进攻机会

如图3-16，红方先行。红方双车、双炮、马与黑方车、双马、炮互相牵制。但红方沉底炮威力大，红方可用兑子战术创造进攻机会。

①马三进五　车7进2

黑方如改走车7平5，则车三平五，车5进2，仕四进五，红车捉双；又如改走炮8平5，则车七进二，马6进7，车四退四捉双。

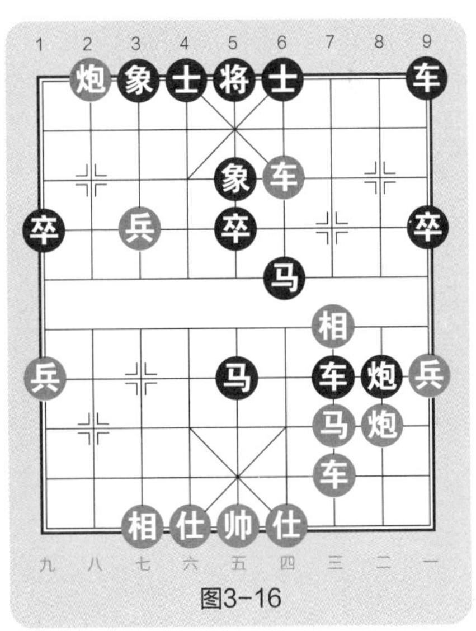
图3-16

②马五进四

至此，红方一车换双马后有车杀中象、马踏中象等后续手段。

如图 3-17，红方先行。

①车八平六　车 4 进 5

黑方如改走车 4 平 2，则兵六进一，炮 4 进 9，兵六平五，红方成大胆穿心。又如改走车 4 平 6，则兵六平五，象 7 进 5，车三平六，炮 4 进 9，帅五平六，红方成铁门栓杀。

②仕五退六

至此形成有车对无车，红方六路兵的冲击力立显。

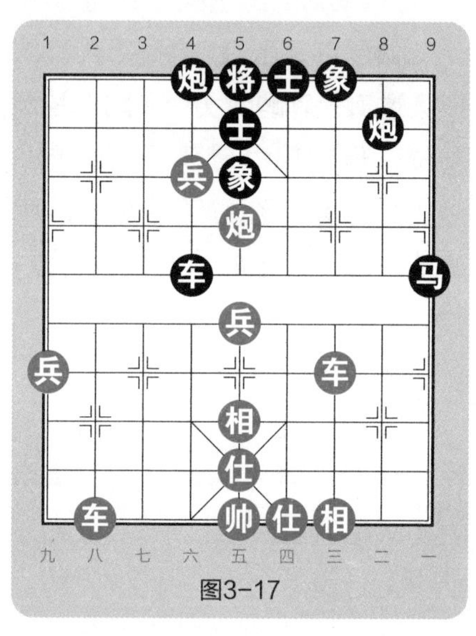
图3-17

如图 3-18，红方先行。

①马三进四　车 8 平 6

黑方如改走车 8 退 3，则马四进六捉马，红方攻势更凶猛。

②马四进五　车 6 退 5

③马五进四

至此兑换一车，红方净赚一卒，且红马到位，续有炮三平二的手段。

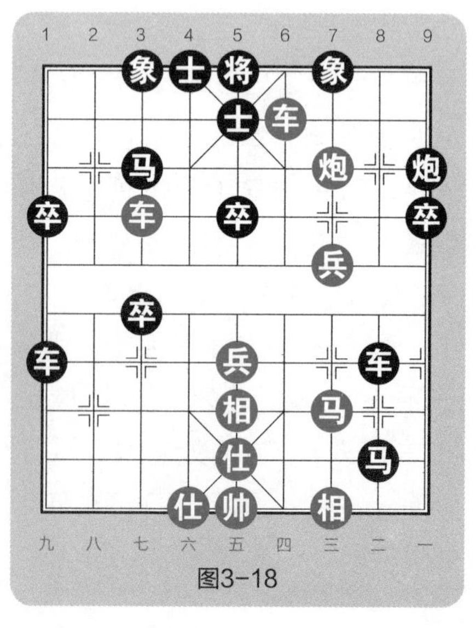
图3-18

如图 3-19，红方先行。

①炮二平八　车 8 进 2

②马三退二　车2平1

黑方如改走炮5进4，则仕六进五，车2平1，兵七进一，炮4进2，兵七平八，捉死黑马。

③马二进三

至此，红方兑车摆脱牵制，并把黑方2路车封回。红方续有车九平七亮车助兵进攻的手段。

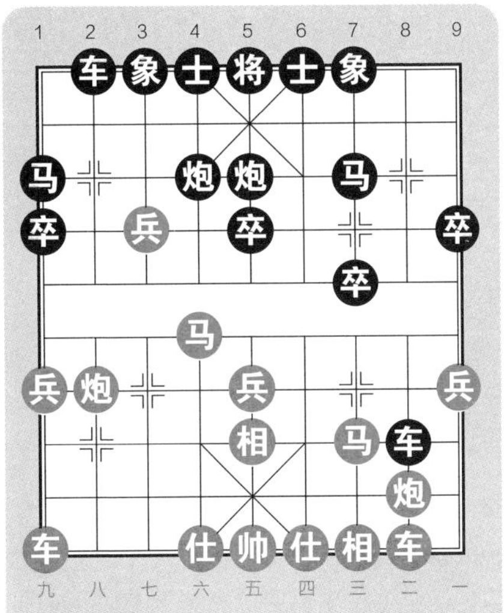

图3-19

如图3-20，红方先行。

①马六进七　车2平3

②车六进八

至此，红方兑换马炮后，黑方2路车由明车变暗车，红方六路车摆脱牵制，黑方7路马成攻击目标。

如图3-21，红方先行。

①车四平三　炮7进4　　②车一平七　车2退6

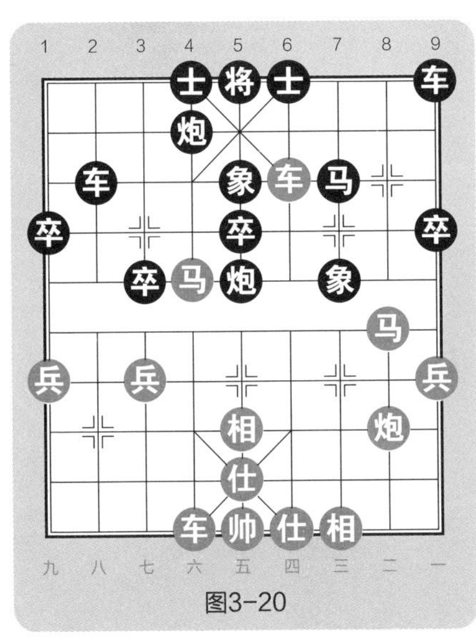

图3-20

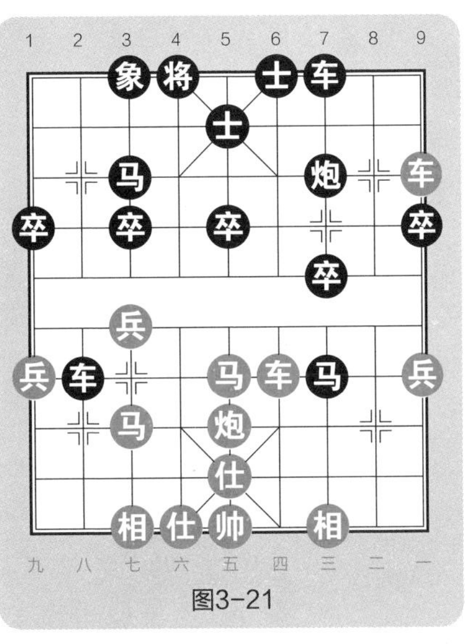

图3-21

③马七进六

至此，黑方双车均处暗处，双车炮的兵种配置差而且构不成有机联系。红方中路攻势强大，伏有车七退一及马六进五等进攻手段。

如图3-22，红方先行。

①马四进五　象3进5

②兵五进一　士4进5

③炮二进五　车2进2

④车二进二

至此，红方炮兵威胁黑方中路，右车牵制黑方左翼车马，左车防住黑方马卧槽并封将门，续有车二进六再平四塞象眼的进攻手段。

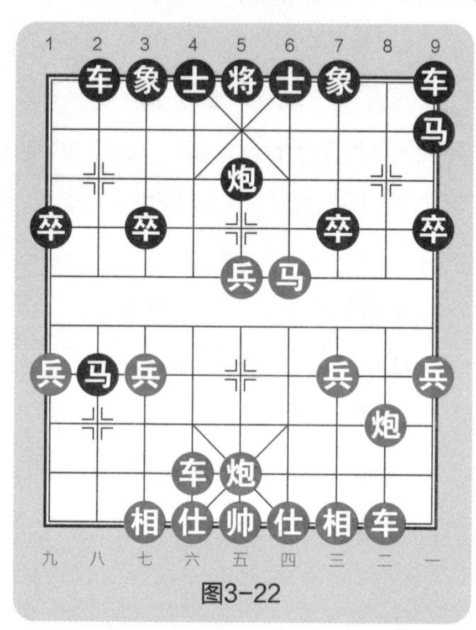

图3-22

如图3-23，红方先行。

①马七退五　炮5进4

②马五进四　车3进3

黑方如改走车8平7，则车七进三，车7进2，帅五进一，红方多子优势。

③炮八平二　车3退3

④马四进五

至此，红方抢先对黑方左翼发动攻势。

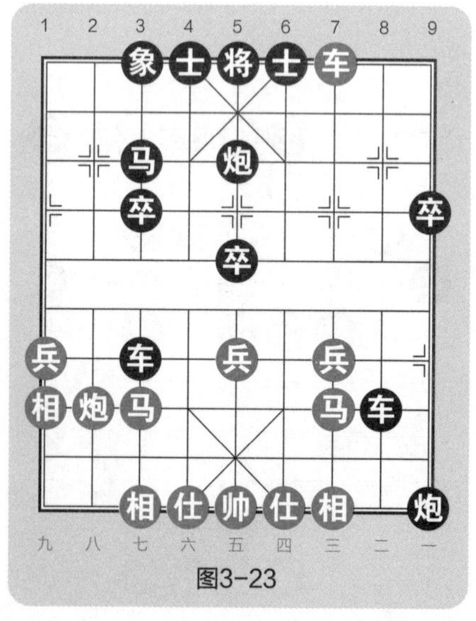

图3-23

如图3-24，红方先行。

①车四进一　士5进6

②车七进三　炮2退1

③车七进一　炮2进2

④炮五进四　象5进3

黑方如改走士6进5，则车七进一，车4退4，车七平六，将5平4，马七进六，将军抽马。

至此，红方一车换双，黑方中路洞开，阵形散乱。红方接下来有车七进一及马七进八等进攻手段。

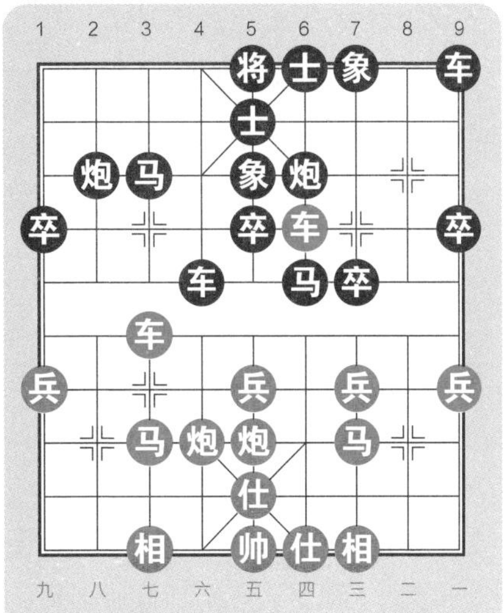

图3-24

如图3-25，红方先行。

①车八进三　炮8平2

②车二进九　车1进1

③炮三进七　卒5进1　　④仕四进五

红方补仕后有马四进五、炮五平一等手段，形成车马炮三子归边之势。

如图3-26，红方先行。

①车七进五　马1退3　　②马八进七　炮1平2

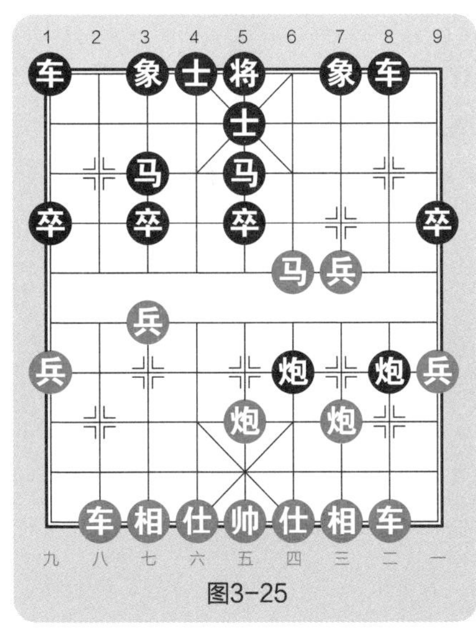

图3-25

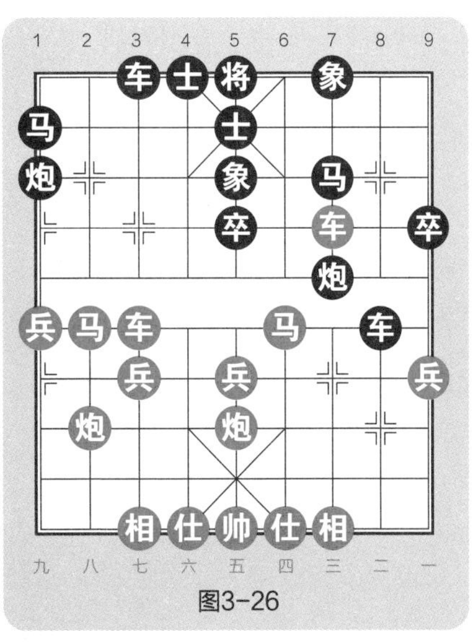

图3-26

③马四进五　马7进5　　④炮五进四

至此，红方安上中炮，车、马双炮控制要津且多三兵，优势明显。

如图3-27，红方先行。

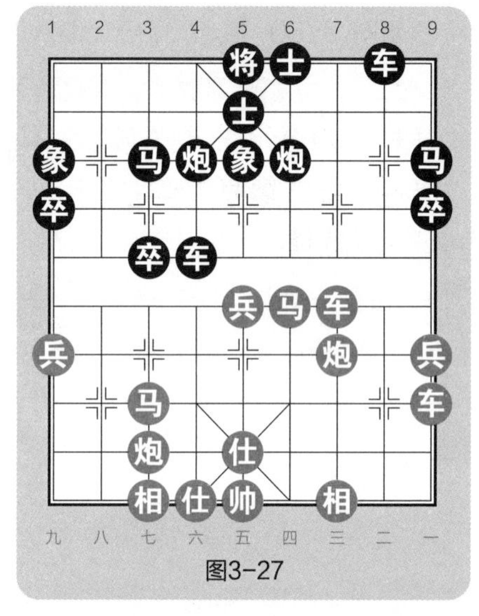
图3-27

①马七进八　卒3进1

②炮七进六　卒3平2

③炮七平五　将5平4

④兵五进一　车4进1

黑方如改走车4平5，则炮三平六，黑方形势立刻崩溃。

至此，红方攻破中路，中兵渡河威力强大，优势明显。

如图3-28，红方先行。

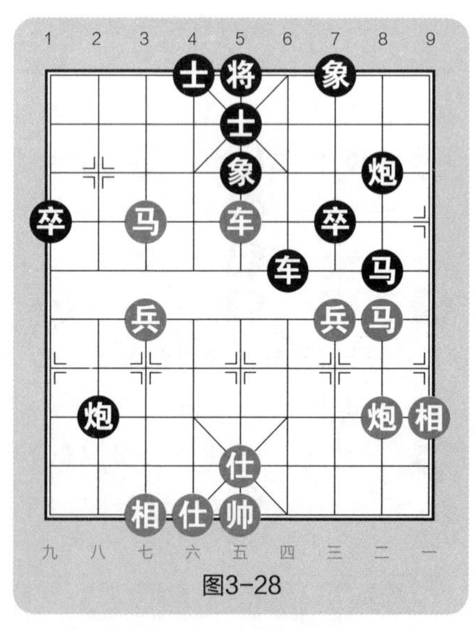
图3-28

①兵三进一　车6平7

黑方如改走车6进1，则马二退三，黑方要丢子。

②马二退四　车7进2

③炮二进五　车7平6

④炮二进二　象7进9

⑤车五平三

至此，红方兑换马炮后，右翼形成沉底炮攻势。

如图3-29，红方先行。

①车三进六　马8退7

②车七进一　士5退6

③炮八进四　士4进5

④马七进八　车6退1　　⑤车七平八

至此，红方一车换双后，形成三子归边，袭击黑方空虚右翼的局面。

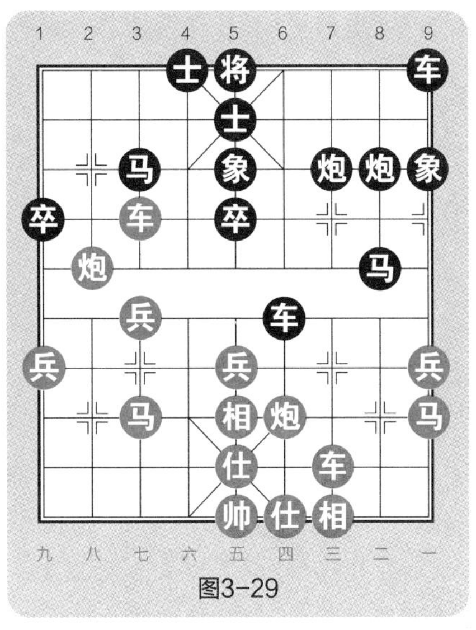
图3-29

如图 3-30，红方先行。

① 车二平八　炮 2 进 3

黑方如改走马 4 进 5，则车八进一，红方续有进底车或捉中马等先手选择。

② 马五进六　炮 8 平 4

③ 车六进二　炮 2 平 1

④ 车八进五　士 5 退 4

⑤ 兵六进一

至此，红兵冲入九宫，优势明显。

如图 3-31，红方先行。

① 车四平六　车 4 进 1　　② 马七进六　马 4 退 5

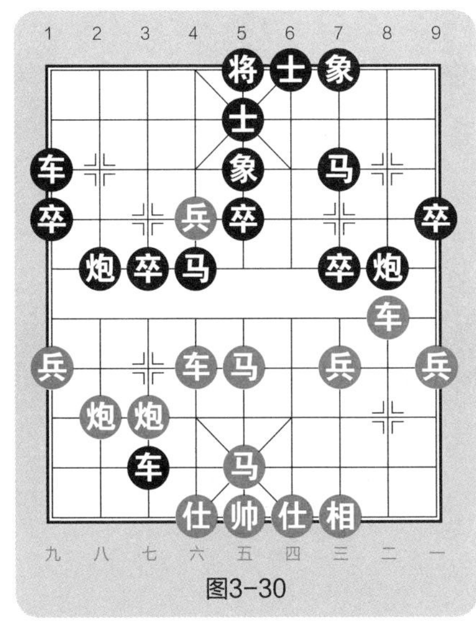
图3-30

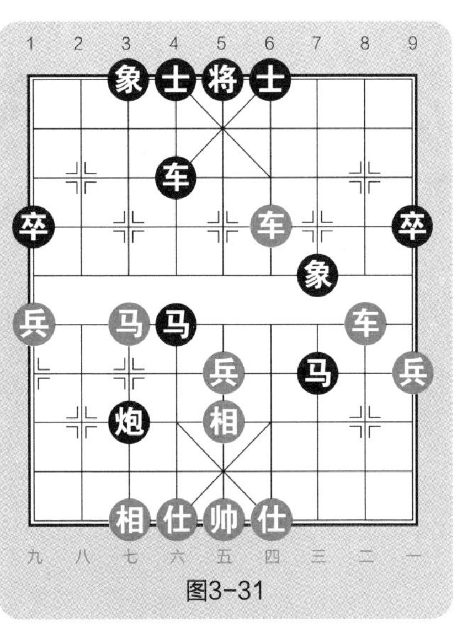
图3-31

③马六进七　马5退4　　④车二平六　将5进1

⑤车六平三

至此，红车捉双破象后，有车三进三的攻杀手段。红方胜势。

如图3-32，红方先行。

①车七平八　卒3平2

②相七进五　象1退3

③马四进六　车4平7

④马六进七　将4进1

⑤相五进三

至此，红方集结兵力指向黑方空虚的右翼，红方胜势。

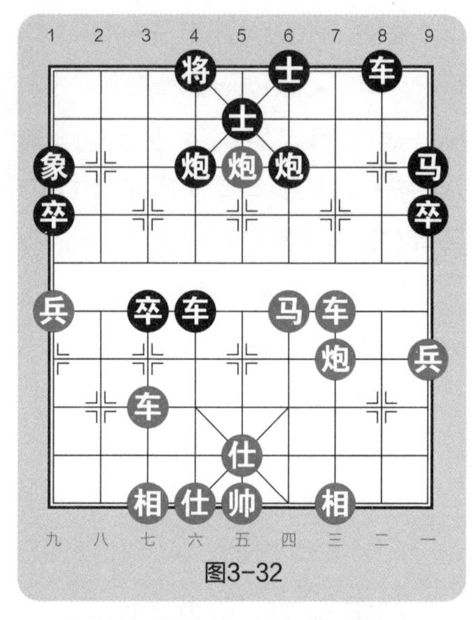
图3-32

如图3-33，红方先行。

①车一退一　马8进6

②炮九平四　车6平9

③马八进六　车9平6

④马六进七　车4退5

⑤兵七进一

至此，红方车一退一换双后，黑方两个车分别受卧槽马和肋炮牵制，窝心马无出路。红方有炮二退一再平四逐车的手段，大占优势。

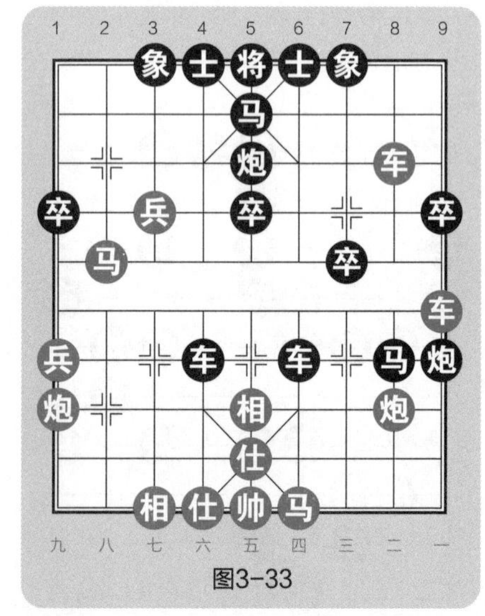
图3-33

如图3-34，红方先行。

①兵七进一　士5进4

黑方如改走象5进3，则马六退四，炮4平7，马七进六，红方胜势。

②兵七平六　炮7退7

③兵六进一　将4平5

④车五平二　马8进9

⑤车二进四

至此，红方巧渡一兵，并将突破黑方下3路线。

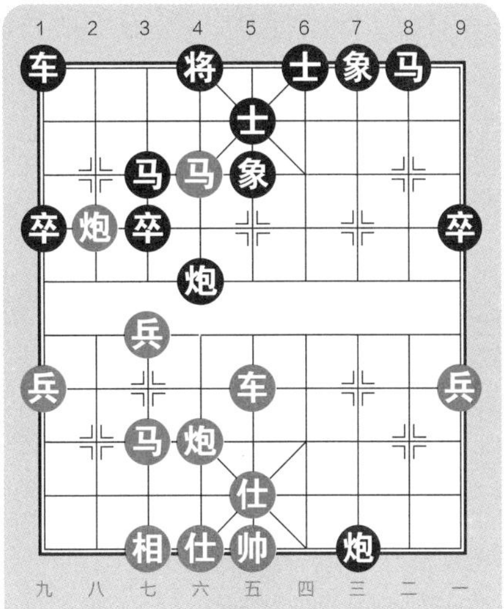

图3-34

如图3-35，红方先行。

①车八进五　车7进1

②车八平七　象3进5

③炮五进二　车7进2

④车四退六　车7平6

⑤帅五平四

红方以下形成马后炮或卧槽马的杀着，胜券在握。

如图3-36，红方先行。

①炮二平五　士6进5　　②车八进四　将5平6

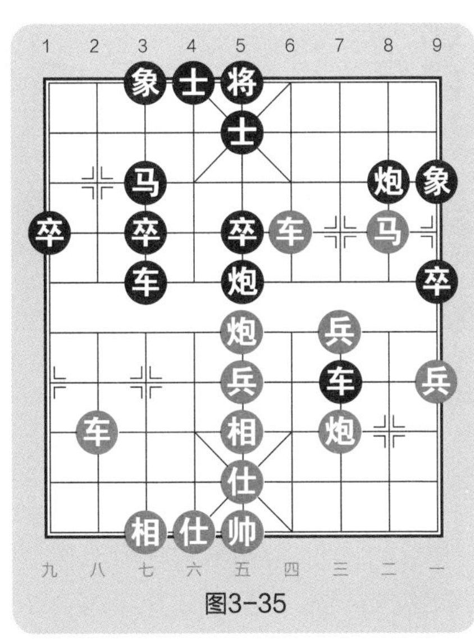

图3-35

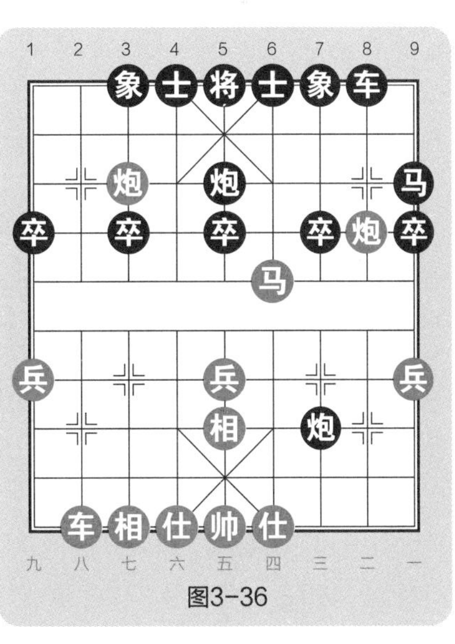

图3-36

黑方如改走炮7平9，则马四进六，将5平6，车八平四，炮5平6，炮五平四，炮6进3，炮七平四，将6平5，马六进七，红胜。

③马四进五　象7进5　　④车八平四　将6平5

⑤炮七平一（红方得子胜势）

三、兑子简化局势

兑子简化局势就是利用兑子手段使复杂局面简单化，矛盾冲突减缓，战术应用趋向单一，局面优劣之势明朗。

兑子简化局势的目的一般有三种：兑子取得残局优势、兑子消除弱点、兑子解危谋和。

【例局1】兑子取得残局优势

如图3-37，红方先行。局面形势较为紧张，红方多兵且双兵渡河，但兵种不全，二路车炮被牵。红方采用兑子战术简化局势，兑掉车、炮减少战术变化，显现多兵的物质优势。

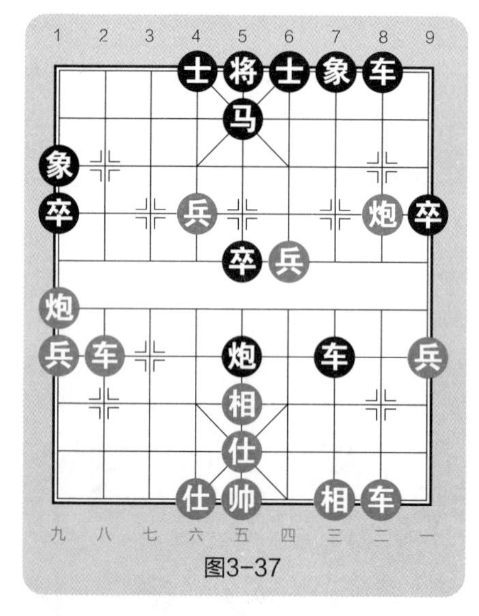

图3-37

①车八平五　车8进3

②车五平三　车8进6

③兵四平五

至此，红方兑掉黑方车、炮。红方有车、炮和4个兵，黑方仅剩车、马和双卒且窝心马受制。进入残局后，红方胜势。

【例局2】兑子消除弱点

如图3-38，红方先行。红方多一大子但缺仕，马、炮被黑方双车分捉，弱点较多。因此红方运用兑子简化局面、消除弱点，使多子局势明朗。

①车三平五　象7退5

②马四进三　士4进5

③马三退二　车3退1

至此，红方先手兑掉黑方车炮。红方现有车、马、炮三子。黑方只有车、马对红方构不成威胁。红方三子归边，同时消除缺仕怕双车的弱点，稳占胜势。

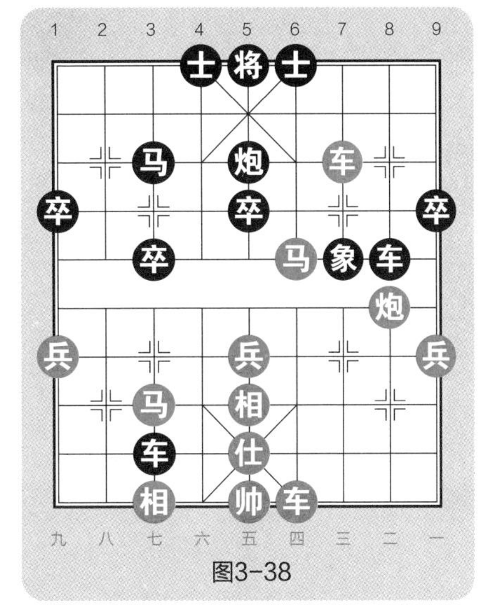

图3-38

【例局3】兑子解危谋和

如图3-39，红方先行。红方少一大子，黑方车、马、炮对红方的潜在威胁很大。红方需用兑子战术削弱对方进攻兵力，达到谋和的目的。

①马九退八　炮3平5

②马八进六　车9平4

③车四平五　炮5平3

④相七进九　车4进4

⑤兵七进一　车4平1

⑥兵七进一　象5进3

⑦相九退七

至此，形成单车仕相全例和车炮士象全的定式。

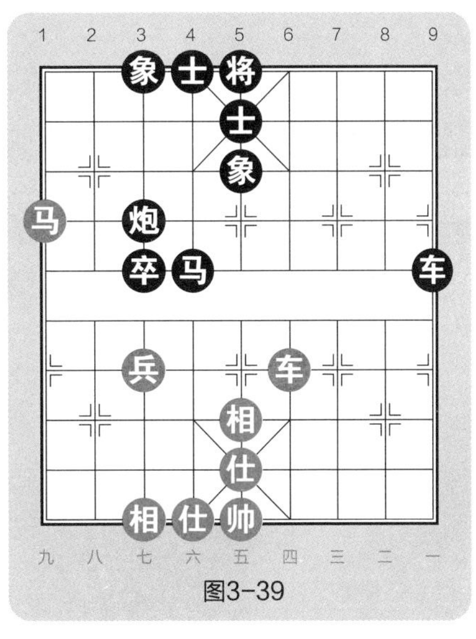

图3-39

练习题

如图 3-40，红方先行。

① 马三退一　炮 4 进 4

② 马一进二　炮 4 平 8

至此红方用防守的马兑换黑方 8 路进攻的马，消除了卧槽的弱点，稳操多兵之利。

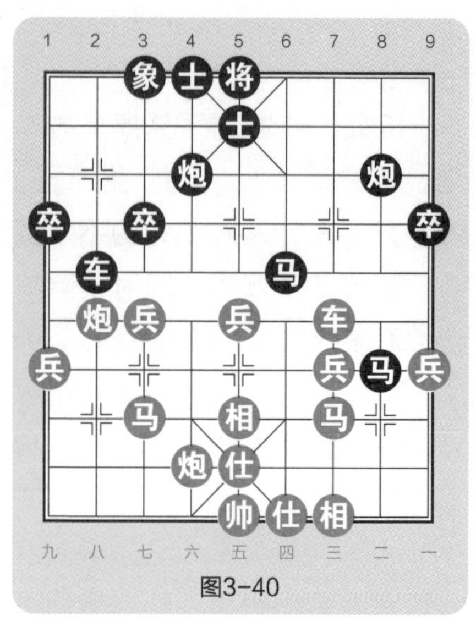

图3-40

如图 3-41，红方先行。

① 车六进八　士 5 退 4

② 马八退六　将 5 进 1

③ 马六退八

至此，双方兑掉主力车。红方马摆脱困境，局势平衡。

如图 3-42，红方先行。

① 前车进四　车 8 平 6　　② 车四进八　将 5 平 6

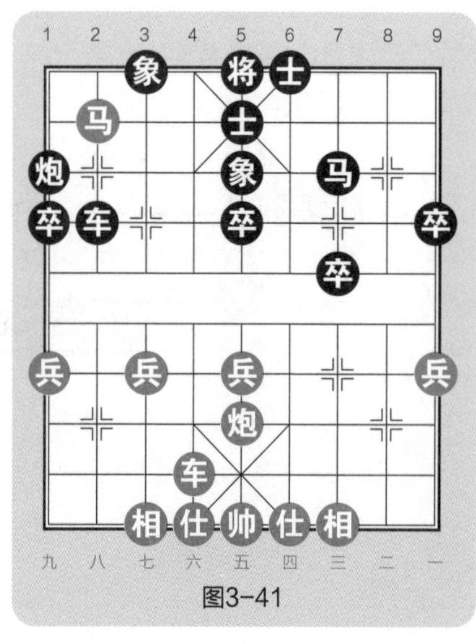

图3-41

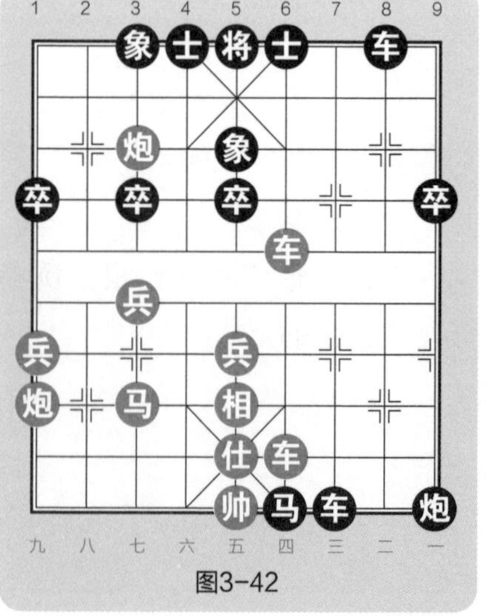

图3-42

③ 相五退三

至此，红方主动兑掉双车，解除右翼危险。黑方马、炮对红方没有威胁。红方双炮马多一子，已取得胜势。

如图 3-43，红方先行。

① 马八退六　车 4 退 6　　② 车七平八　将 5 平 4

③ 兵五进一

至此，红方稳占多兵之利，还牵制着黑方肋车的活动，优势明显。

如图 3-44，红方先行。

① 马六进四　车 8 平 2　　② 马四进二　将 6 平 5

③ 兵八进一

至此，双方兑车后，红方马双兵必胜黑方炮双士。

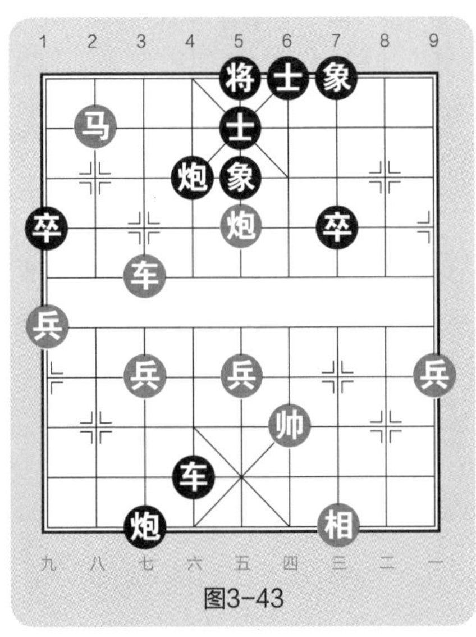
图3-43

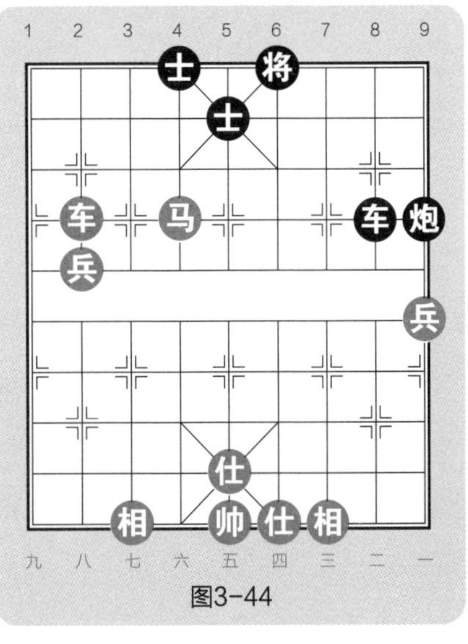
图3-44

如图3-45，红方先行。

①炮九平六　车4进1

②炮六进五　车4进4

③仕五退六　马7进8

至此，双方兵力消耗很大，只剩炮双兵对马双卒，和局已定。

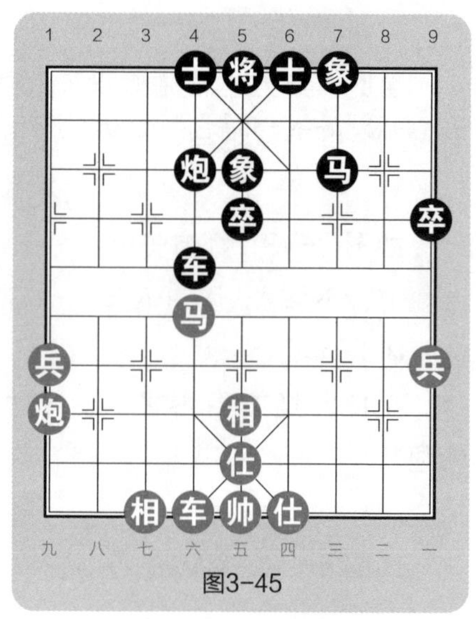
图3-45

如图3-46，红方先行。

①车四进八　将5平6

黑方如改走士5退6，则车六进三，将5进1，马五进三，将5平6，车六平四，红胜。

②马五进三　将6平5

③车六平二

至此，红方三子归边。黑方仅剩车炮，正如棋谚云：车炮无杀着。红方被捉双的弱点已消除，可放手发动进攻。

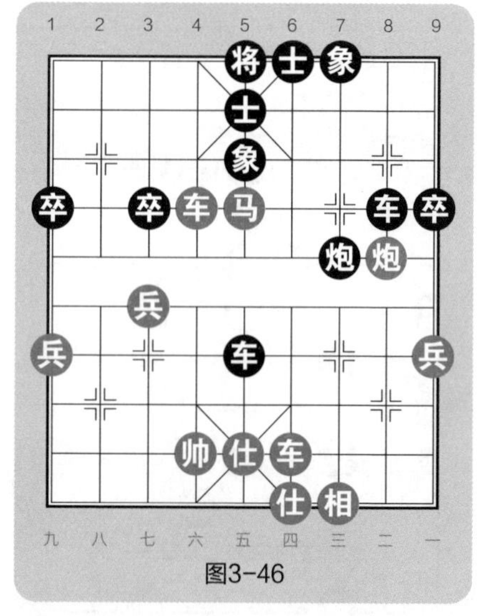
图3-46

如图3-47，红方先行。

①炮三平一

红方如改走车二平一，则炮6平9，相三进一，炮9进1，仕四进五，车9平8，黑方大占优势。

①……　车5平8　②炮一进三　马9进7

③炮一退五

至此，红方用兑子战术摆脱右翼车炮被牵的困境。

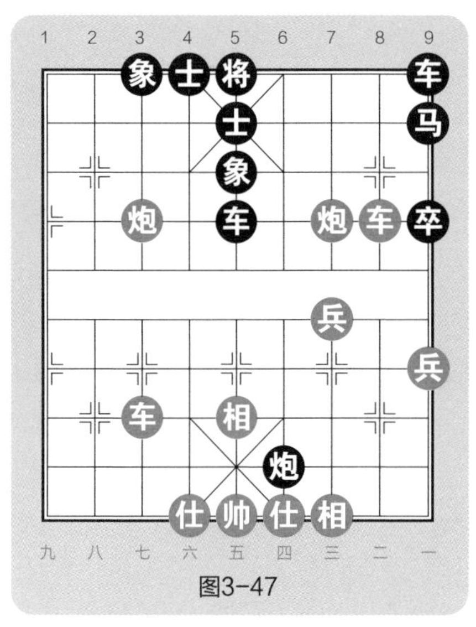
图3-47

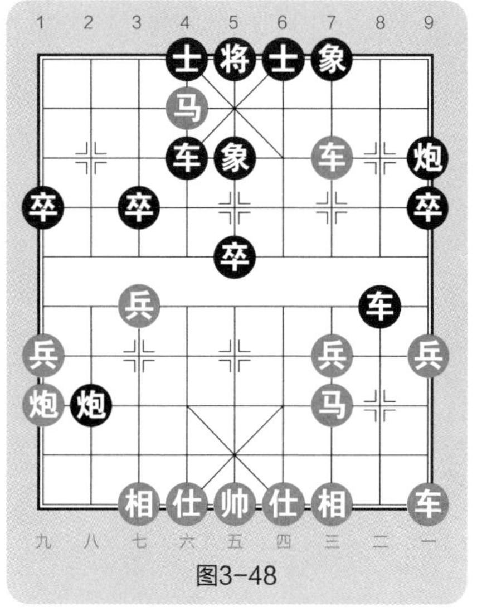
图3-48

如图3-48，红方先行。

①车三退三

红方如改走马六退四，则炮9平6，车三平四，车8平5，相三进五，炮2进2黑方大占优势。

①…… 车8退4 ②马六退四 车8平6

③马四退二

至此，被困的红马成功脱险，红方多子优势。

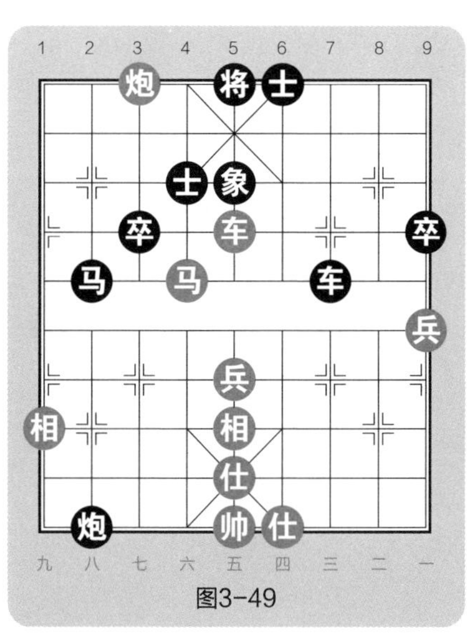
图3-49

如图3-49，红方先行。

①马六进五 士6进5

②车五平一 士5进6

③车一退一 车7平9

④兵一进一

至此，红方兑车后，带着马炮双兵仕相全对黑方马炮卒双士的绝对优势进入残局。

如图 3-50，红方先行。

①车二平四　车 6 进 6

②帅五进一　象 5 进 7

③车四退一　车 6 退 7

④车八进五

至此，红方主动兑去一车，消除黑方双车的严重威胁，同时左车牵住黑方车马，红方多子占优。

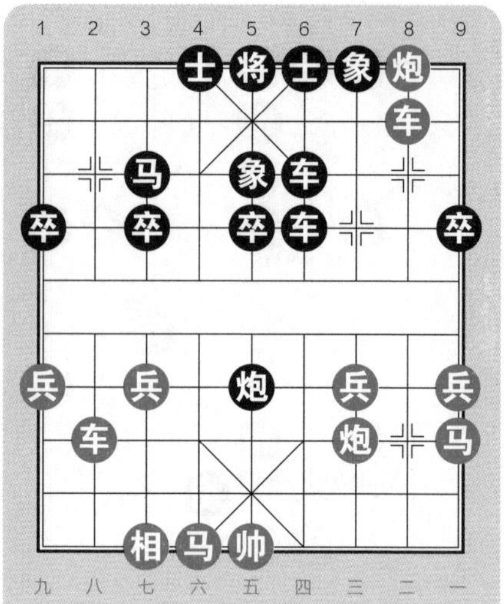

图3-50

如图 3-51，红方先行。

①马四进二　炮 6 进 5

②马二进三　车 6 退 2

③车二平六　车 6 平 7　　④仕五进四

至此，红方兑子脱困，形成和局形势。

如图 3-52，红方先行。

①炮五平六　将 4 平 5　　②车四平三　车 7 进 2

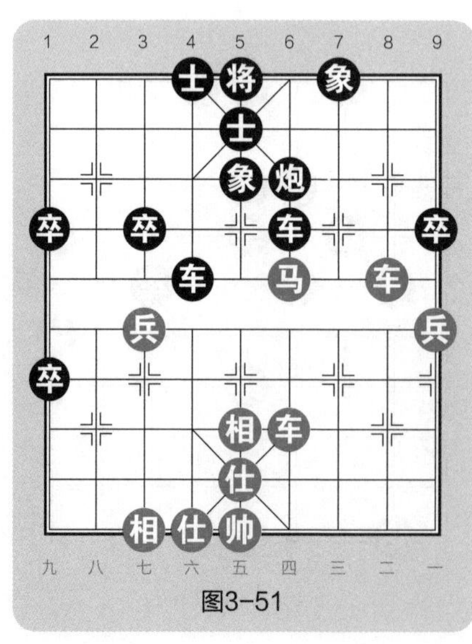

图3-51

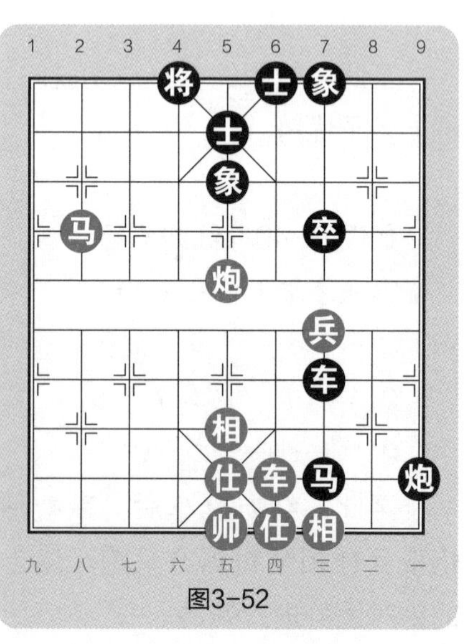

图3-52

③炮六退四　车7退2　　④炮六平一

至此，红方马炮兵仕相全对黑方车卒士象全，双方战斗力均已消弱，形成和局。

如图3-53，红方先行。

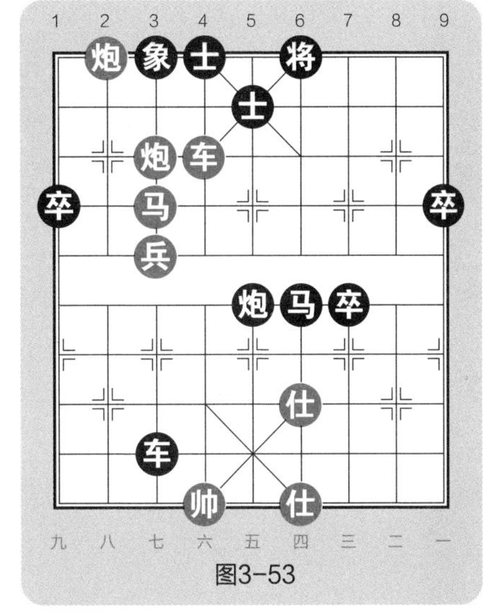

图3-53

①车六进二　将6进1

黑方如改走士5退4，则马七进五，将6平5，马五进七，将5平6，炮七退七，红方夺回一子。

②炮七进一　士5退4

③马七进六　士4进5

④炮七退七

至此，双方兑换一车，黑方马炮卒三子不足以威胁红方，红方多子优势明显。

如图3-54，红方先行。

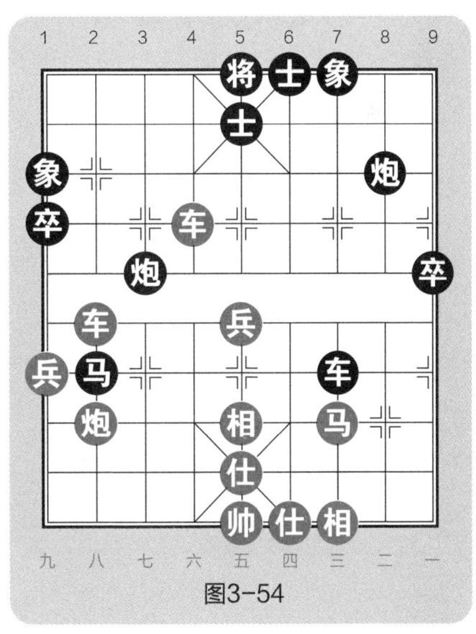

图3-54

①车六平八　马2进4

黑方如改走炮7进5，则后车退一，车7平2，车八退三，炮7平2，车八退一，黑方只剩单炮丧失战斗力，只有束手就擒。

②仕五进六　炮7进5

③后车退一　车7退2

④后车平五

至此，双方兑换马后，黑方已无战术选择，红方可在左翼从容组织进攻。

如图 3-55，红方先行。

①车二平四　车 1 平 4

黑方如改走士 4 进 5，则车四平三，将 5 平 4，车三进四，将 4 进 1，炮二退一，红方仍占胜势。

②马四退五　马 3 进 5　　③车四进四　将 5 进 1

④车四平五　将 5 平 6　　⑤车五退三

至此，形成红方车炮双兵仕相全对黑方车炮卒单缺士，红方胜势。

如图 3-56，红方先行。

①车六平三　车 1 平 5

黑方如改走马 7 退 9，则车三平五，黑方中路受威胁。

②车三退四　车 5 退 1　　③车三进六　卒 1 进 1

④车三平九　车 5 平 1　　⑤仕五进四

至此，红车牵死黑方车卒，和局已成。

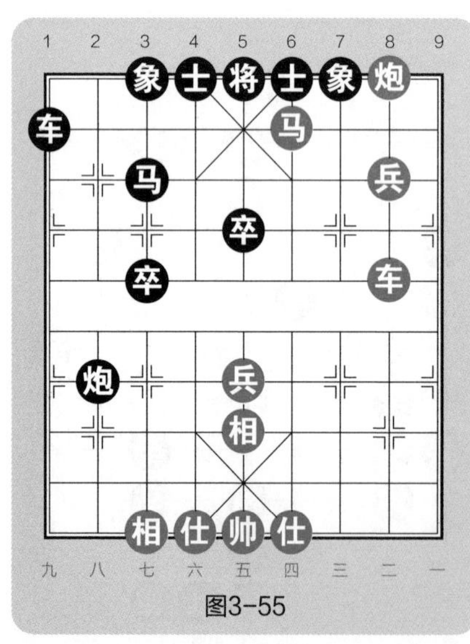

图3-55

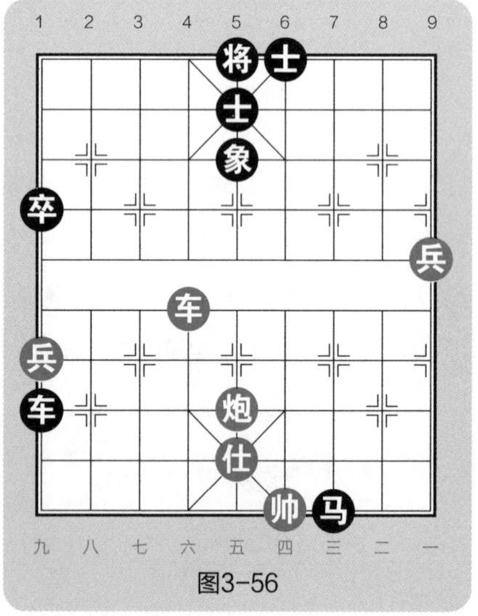

图3-56

如图 3-57，红方先行。

①相五进七 车 3 平 4

黑方如改走炮 1 平 5，则炮七进五，炮 5 进 3，兵五进一，车 7 进 1，兵五进一，红方优势更大。

②车九平六 车 4 进 6 ③仕五退六 车 7 进 1

④车五进二 炮 1 平 5 ⑤相七退五

至此，红方用兑子战术简化局势，消除弱点，夺得多兵优势。

如图 3-58，红方先行。

①车五平四 车 8 进 9 ②仕五退四 车 7 平 3

③后车平一 车 3 进 2 ④兵九进一 车 3 退 3

⑤马三退二 车 8 退 2 ⑥车一退二

至此，双方形成正和局面。

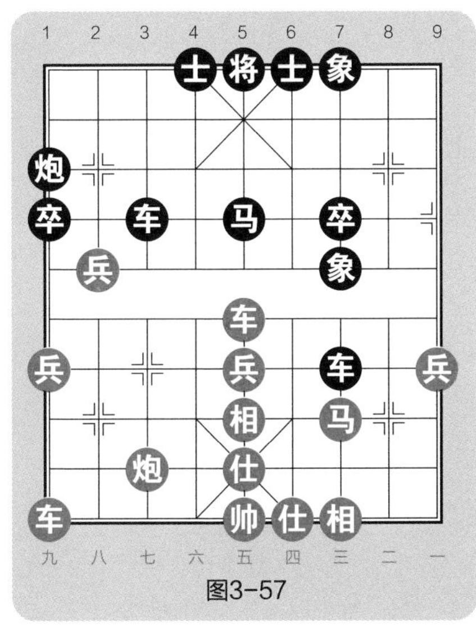

图3-57

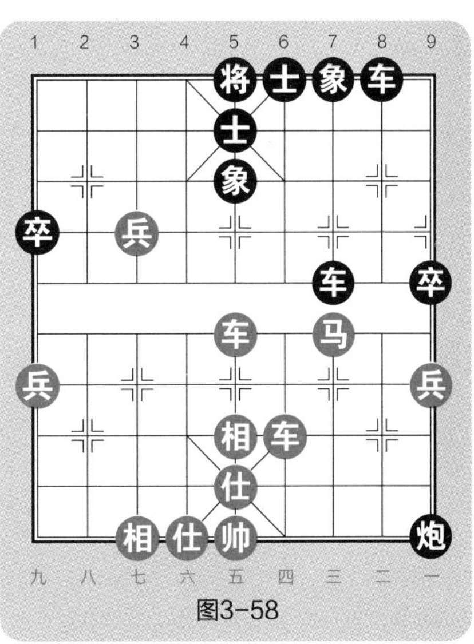

图3-58

如图 3-59，红方先行。

① 车八退一　卒 5 平 4
② 炮五退三　车 3 平 2
③ 炮五平八　卒 7 进 1
④ 炮八退一　炮 1 退 4
⑤ 马九进七　卒 4 平 3
⑥ 马七进五

至此，红马顺利跃出，红方胜券在握。

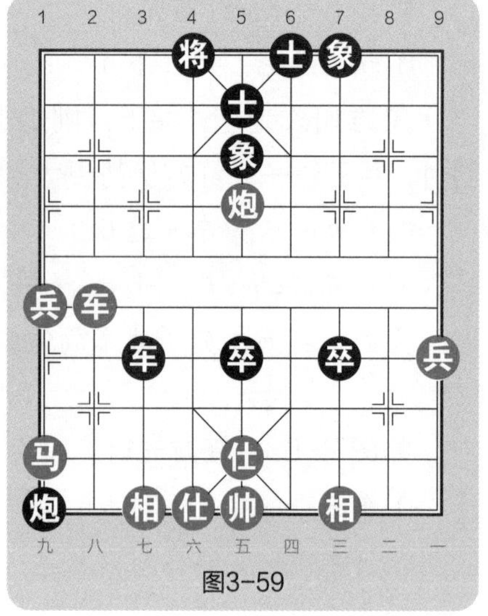
图3-59

第二单元　常用战术

常用战术有三种：抽、牵、拦。

常用战术的共同特点是：①常用战术一般是实施基础战术的前奏，是和基础战术组合运用的。②常用战术在中、残局运用较多，一般起助攻、助防作用，对局势发展、主战场的战斗起辅助推动作用。③常用战术的战斗激烈程度对比基础战术要缓和一些，一般是对对方的兵力起限制、管制作用。常用战术的技巧含量较大，学习常用战术可以使基础战术和杀法的构思更巧妙，培养创造和创新能力。

第4课　抽

抽是利用将军的机会吃掉对方子力或抢占有利位置的战斗过程。进攻方有两个兵力处于同一条线上，走动一个子后，造成一子将军、另一子用于攻防，这种战术叫抽将战术。

抽将有两种表现形式，分别是抽将得子和抽将迭位。

一、抽将得子

进攻方走动一个子后造成既将军又捉子的局面叫抽将得子。此种战术中车炮配合是重点，炮马配合技巧性较高是难点。另外，还有车马配合以及一种特殊抽将形式“背后抽将”。

【例局1】车炮配合

如图4-1，红方先行。黑方车双炮马比红方车炮多两子。红方如简单吃回黑方3路炮仍不能平衡局势。

此时红方车炮配合用抽将战术可夺回两子，扭转局势。

①车七退一　将5退1

②炮九进三　士4进5

③车七进一　士5退4

④车七退二　士4进5

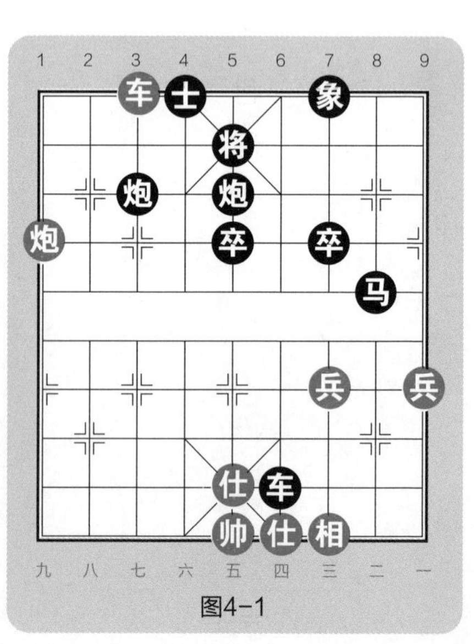

图4-1

⑤ 车七进二　士5退4　　⑥ 车七退四　士4进5

⑦ 车七平二

至此，红方用抽将战术掠去黑方马炮两子，盘面平衡。

【例局2】马炮配合

如图4-2，红方先行。双方大子数量相等。红方双马炮可借卧槽马实施抽将战术。

① 马七进六　炮3平4

② 马六进七　炮4平3

③ 马七退六　炮3平4

④ 马六进四　炮4平3

⑤ 马四进六　炮3平4

⑥ 马六进八　炮4平3

⑦ 马八进九（红方得车胜定）

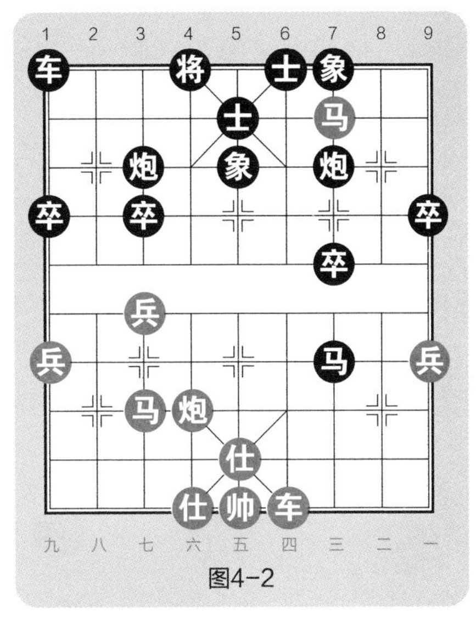

图4-2

【例局3】车马配合

如图4-3，红方先行。双方兵力相等。黑方车马炮三子已对红方完成钳形包围。红方必须凭借炮控中路，运用车马配合抽将得子解围。

① 车三进二　将6进1

② 车三退三　将6退1

③ 车三进三　将6进1

④ 车三退四　将6退1

⑤ 车三进四　将6进1

⑥ 车三平六　将6进1

⑦ 车六退六

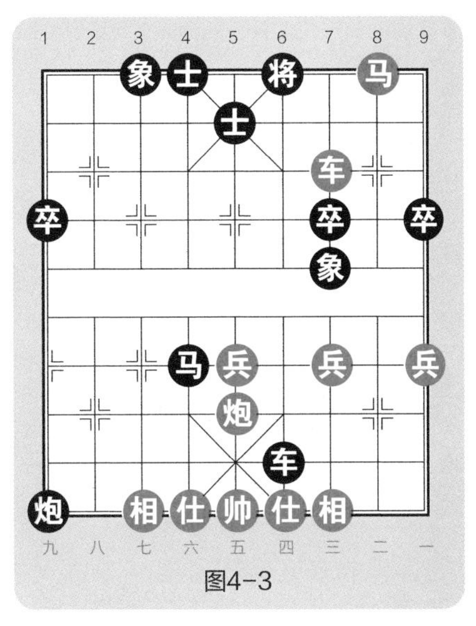

图4-3

至此，红方连续抽吃黑方卒、象、马三子，成功解围并多子占优。

【例局 4】背后抽将

如图 4-4，红方先行。红方多一大子，但仕相残缺，局势宜速战速决。红方可利用沉底炮选择背后抽将消灭黑车入局。

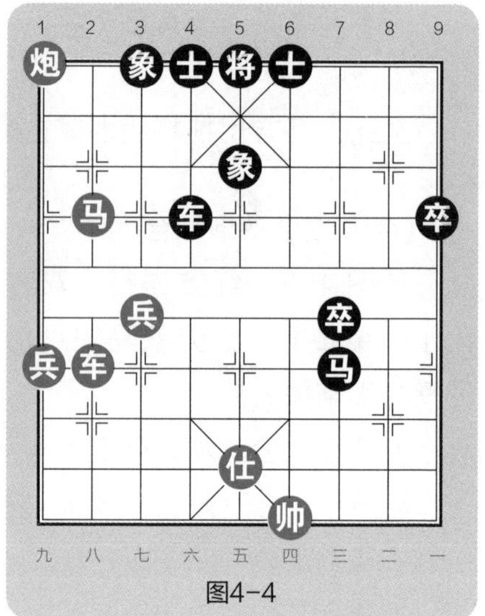
图4-4

① 马八进七　车 4 退 2
② 车八平六　车 4 平 3
③ 车六进六　将 5 进 1
④ 车六平四　象 3 进 1
⑤ 车四退一　将 5 退 1
⑥ 车四平七（红方得车胜势）

练习题

如图 4-5，红方先行。

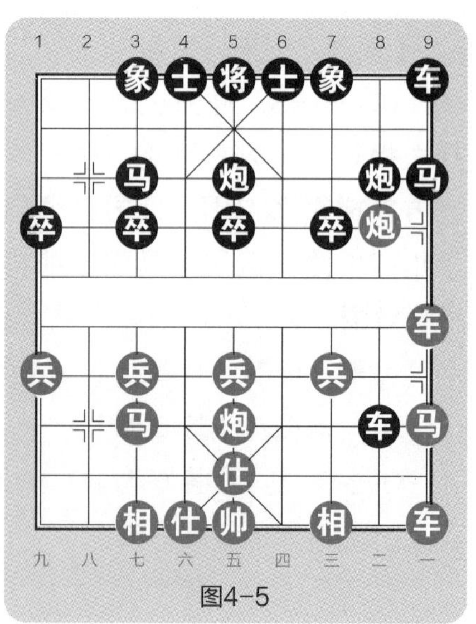
图4-5

① 马一进二　车 8 退 2
② 炮二平五　马 3 进 5
③ 前车平二

至此，红方用马炮换车并且形成中炮打马、二路车捉炮的局面，黑方必失一子。

如图 4-6，红方先行。

① 炮二进四　将 5 平 4
② 马三进四　将 4 进 1
③ 车三退八　车 2 平 6
④ 车三平四（红方得子）

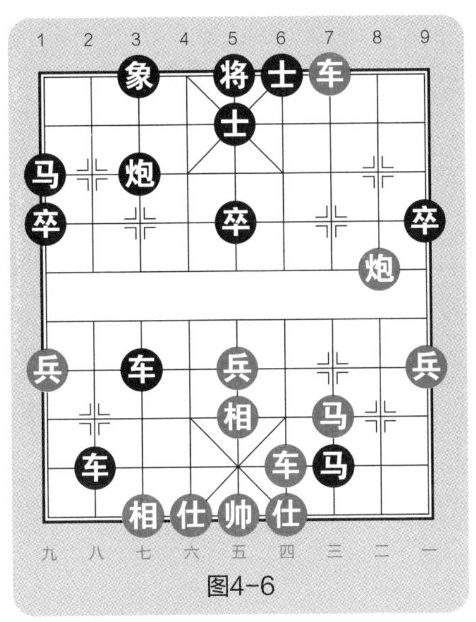
图4-6

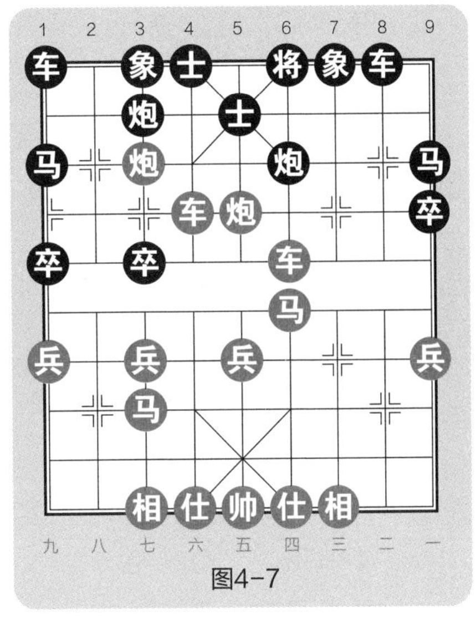
图4-7

如图 4-7，红方先行。

①炮七平一　象 7 进 9　　②车四进二　士 5 进 6

③车六进三　将 6 进 1　　④车六平二（红方得子胜势）

如图 4-8，红方先行。

①车七进三　象 5 退 3

黑方如改走车 4 退 2，则马八进七，炮 7 平 4，车七平六，将 5 进 1，红方白得黑方车象两子。

②马八进六　将 5 进 1

③马六退四　将 5 平 4

④马四进三

至此，红方用抽将战术以一车换黑方车、炮、象三子，确立胜势。

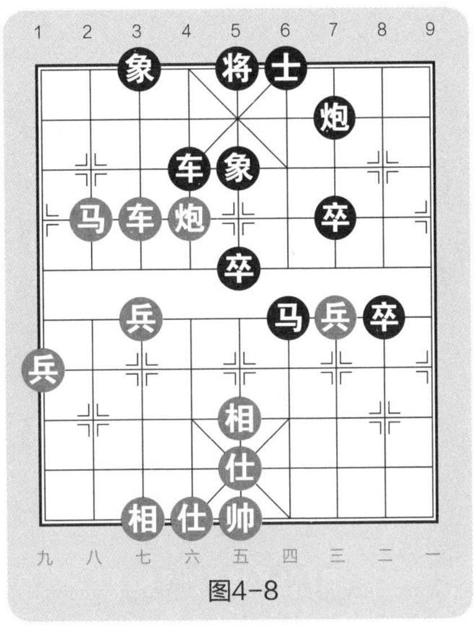
图4-8

如图 4-9，红方先行。

① 车八平五　将 5 平 4

黑方如改走士 6 进 5，则车五平六，车 4 平 5，马四进五，黑方失车。

② 炮五平六　车 4 进 3

③ 车五进七　将 4 进 1

④ 马四退六（红方得车胜定）

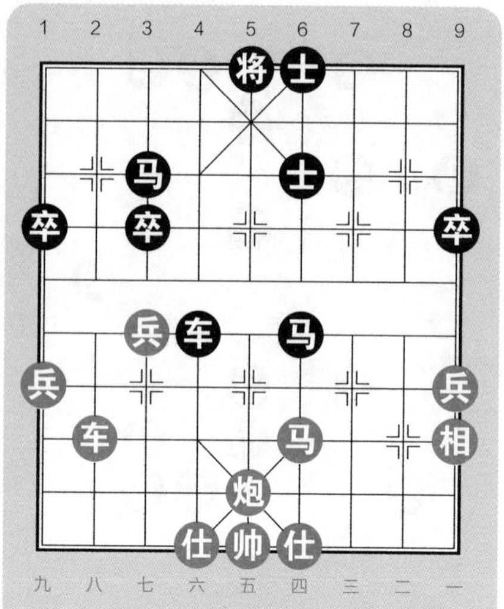

图4-9

如图 4-10，红方先行。

① 车四退二　炮 5 退 1

② 炮七平五　象 7 进 5

③ 车四平九　将 5 平 6

④ 车九进三　将 6 进 1

⑤ 车九平一（红方得车胜定）

如图 4-11，红方先行。

① 炮七平八　车 4 平 2

② 车七退一　将 5 平 4

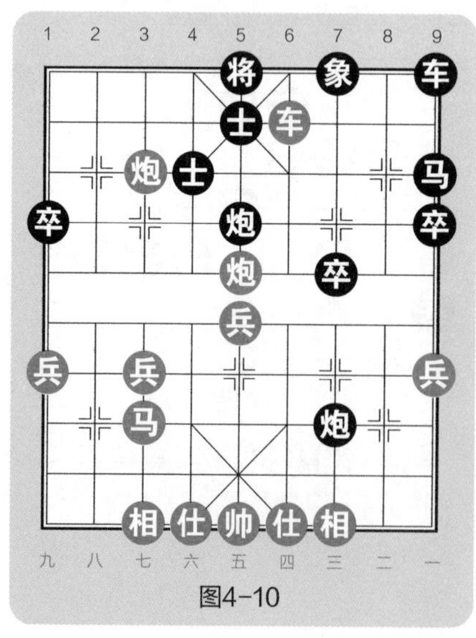

图4-10

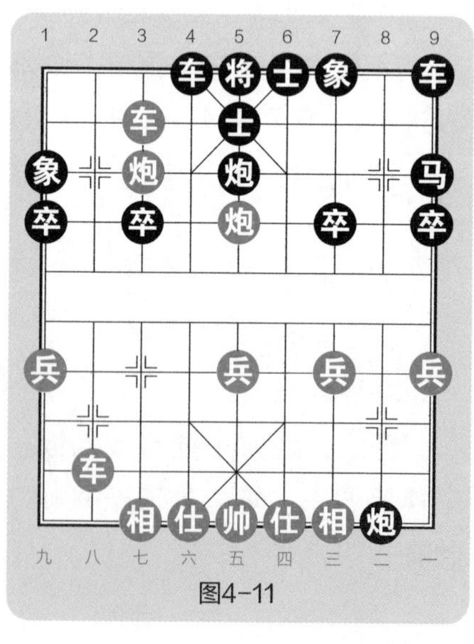

图4-11

③ 车八平六　将 4 平 5　　④ 炮八平五　象 7 进 5

⑤ 车七平五

至此，红方有中车抽将得子及肋车进七要杀手段，红方胜势。

如图 4–12，红方先行。

① 车八进三　象 5 进 7

② 炮九进二　将 4 平 5

③ 车八进一　士 5 进 4

④ 车八退二　士 4 退 5

⑤ 车八平六（红方得车胜定）

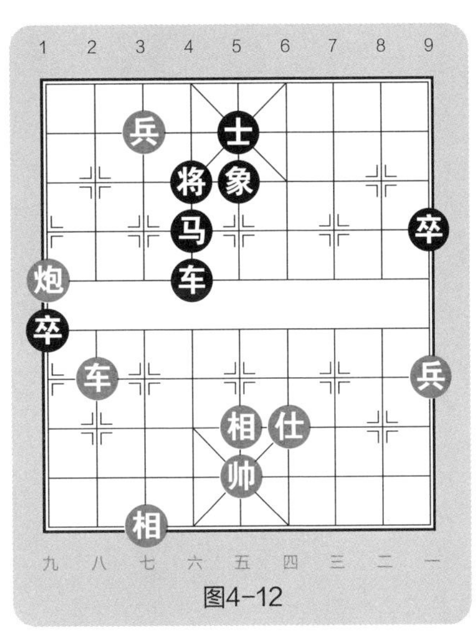

图4–12

如图 4–13，红方先行。

① 兵五平六　士 5 进 4

② 兵六平七　士 4 退 5

③ 马四进六　士 5 进 4

④ 马六进四　士 4 退 5

⑤ 马四退三（红方得车胜定）

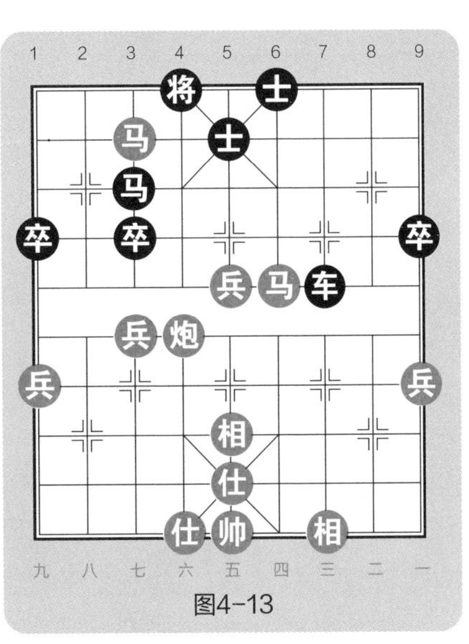

图4–13

如图 4–14，红方先行。

① 炮八进七　象 3 进 1

② 车七进五　将 4 进 1

③ 炮八退三　士 5 退 6

④ 车七退一　将 4 退 1

⑤ 车七平三（红方得车胜定）

本局红方借闷宫杀迫使黑方落士，使黑车和将处于同一横线，再退车将军抽吃黑车，这种背后将军抽子也是抽将的一种形式。

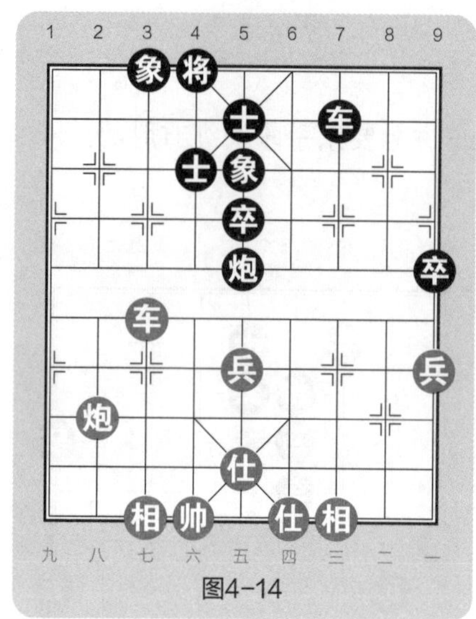
图4-14

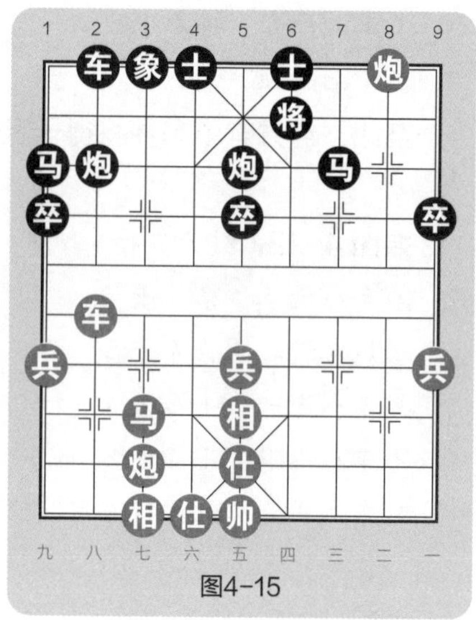
图4-15

如图 4-15，红方先行。

① 炮二平六　车 2 进 1　　② 车八平二　士 6 进 5

③ 车二进四　将 6 进 1　　④ 炮六退二　炮 5 进 4

⑤ 炮六平九　炮 2 进 2　　⑥ 马七进五（红方多子胜势）

如图 4-16，红方先行。

① 炮五平八　士 5 退 6

② 车四平七　车 8 平 7

③ 炮八进七　士 4 进 5

④ 车七进一　士 5 退 4

⑤ 车七退三　士 4 进 5

⑥ 车七平三

至此，红方抽吃黑马，并有车捉炮及马三进五要马后炮捉车的妙着。

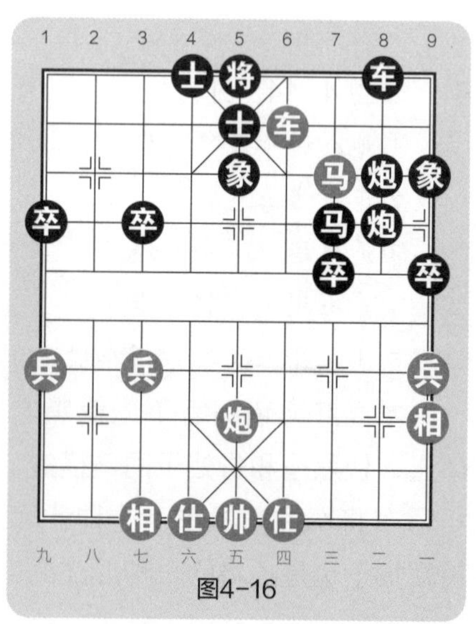
图4-16

如图 4-17，红方先行。

①车七进二 将6退1

②马三进五 将6平5

③炮九进一 士4进5

④车七进一 士5退4

⑤车七退四 将5进1

⑥车七退二（红方得车胜定）

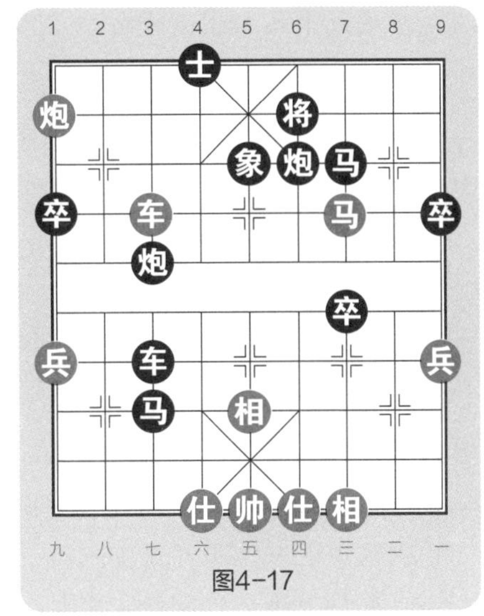
图4-17

如图 4-18，红方先行。

①车七进一 士5退4

②车七退二 士4进5

③炮六平九 将5平6

④车七进二 士5退4

⑤车七平六 将6进1

⑥车六退二（红方得车胜定）

如图 4-19，红方先行。

①马七进五 马4退5

②车二进七 车6退8

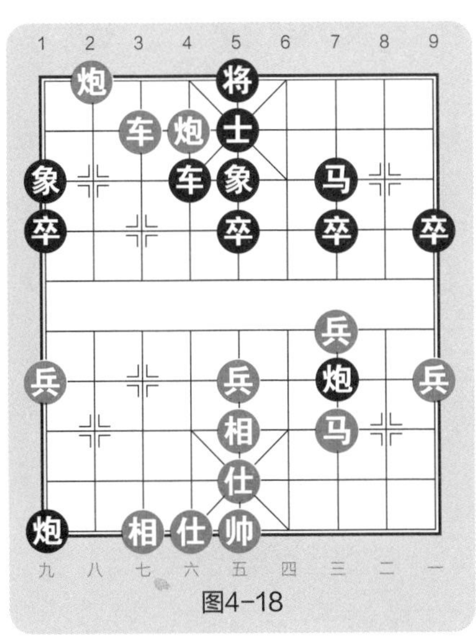
图4-18

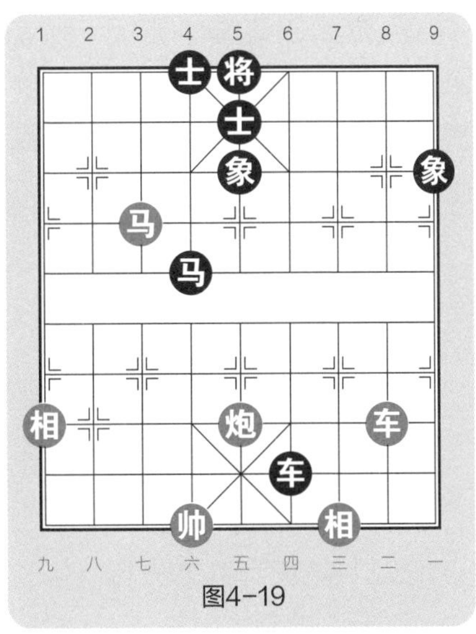
图4-19

③ 炮五平八　士5进6　　④ 炮八进七　士4进5

⑤ 炮八平四　士5退6　　⑥ 车二退二

至此，红方再得象后，可成单车必胜马双士残局。

如图4-20，红方先行。

① 炮五平四　炮6平8

黑方如改走炮6平7，则车七退三，将6进1，车七平四，炮7平6，车四平二，炮6平7，车二退一，红方得车。

② 炮四退一　车8进2

③ 车七退四　将6进1

④ 车七平四　士5进6

⑤ 车四平二　将6平5

⑥ 车二退二（红方得车胜定）

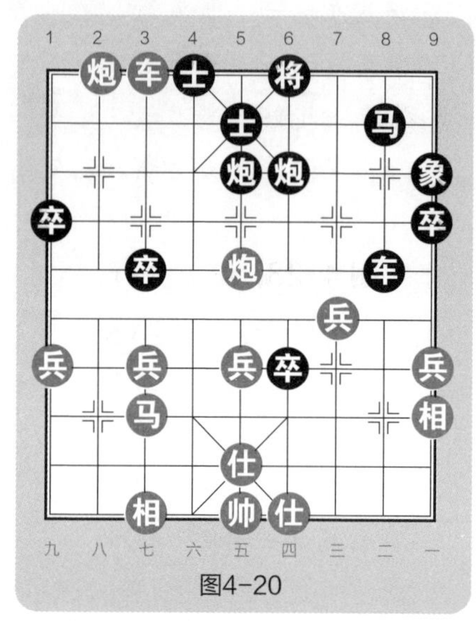
图4-20

如图4-21，红方先行。

① 炮二平六　车6进6

黑方如改走车4退5，则车四进六，士5进6，车二进七，将5进1，车二退一，将5退1，车二平六，黑方兵力几近全军覆没。

② 车二进七　士5退6

③ 炮六退四　将5进1

④ 车二退一　车6退7

⑤ 马七退六　将5退1

⑥ 车二平四（红方得子胜势）

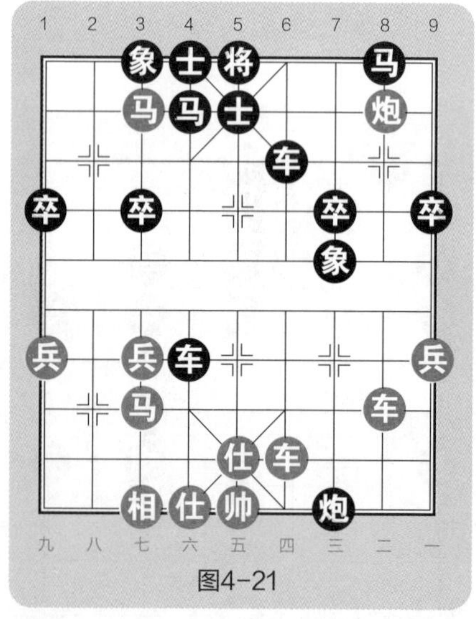
图4-21

如图4-22，红方先行。

① 车二进六　士5退6　　② 车二退八　士6进5

黑方如改走将5进1，则车二平四，车6进5，车三进四，车6退7，炮一退一黑方失车。

③车三进五　士5退6

④车三退八　士6进5

⑤车三平四　车6进5

⑥车二平四（红方得车胜定）

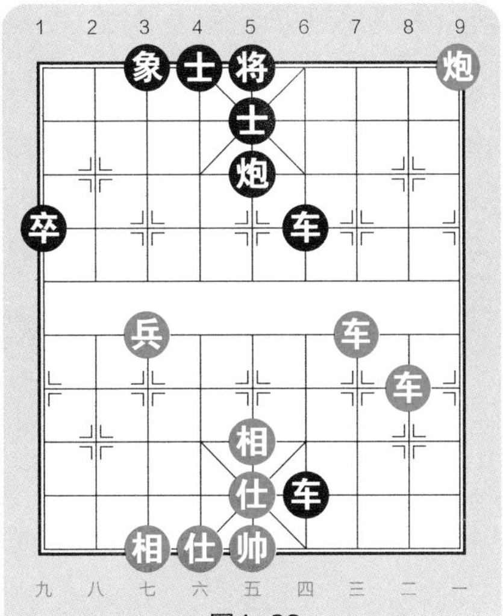

图4-22

如图4-23，红方先行。

①炮九进二　士5进4

②车六平八　炮9退1

③车八进四　士6进5

④车八平九　将5平6

⑤炮八进七　将6进1

⑥炮八退一　将6退1

⑦炮八平一（红方得炮占优）

如图4-24，红方先行。

①车七进四　士5退4

②车七退二　炮2退2

③车七平五　士6进5

④车五平九　马7退8

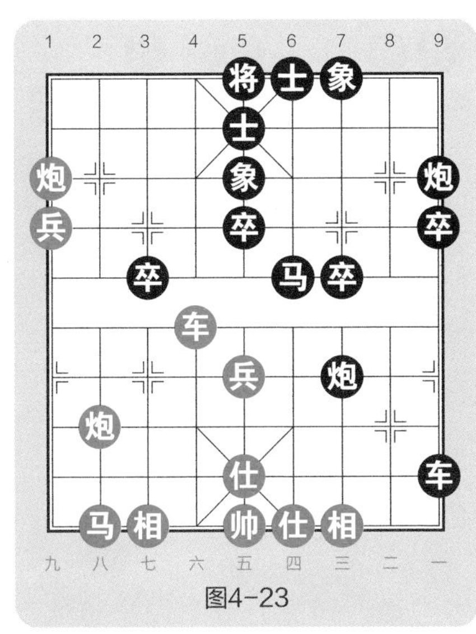

图4-23

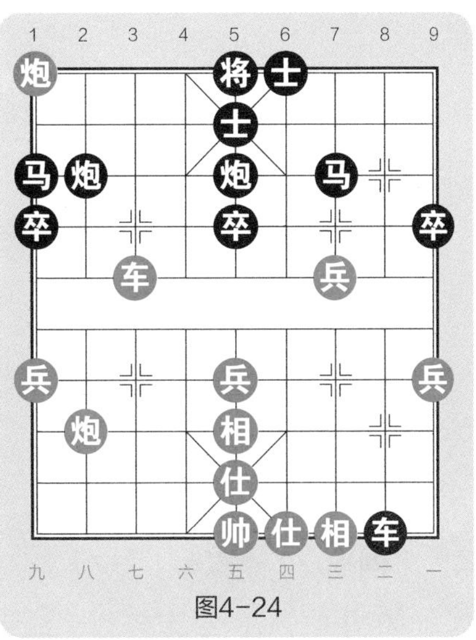

图4-24

⑤ 炮八平七　炮 2 平 3　　　⑥ 车九平七　炮 3 平 2

⑦ 车七平二

红方借闷宫杀捉车，黑车必失，红方胜势。

二、抽将选位

抽将选位就是通过抽将调整己方的兵力位置，使棋局形势朝有利于己方进攻或加强防守的方向发展。它的主要特点是通过抽将选位便宜一手棋，即在调整位置后还该自己行棋。这种抽将选位就其本质来说属于运子范畴，是顿挫战术的一部分。因此本节只简单介绍几种常见的抽将选位的形式。具体的规律特点在“顿挫战术”中详加介绍。

抽将选位应用较多的兵种配合是车炮配合和马炮配合。

【例局 1】车炮配合抽将选位

如图 4-25，红方先行。

黑方边车随时可借平 4 照杀捉炮，形成借杀捉子。但红方右翼车炮配合有抽将战术可用，以此可转守为攻。

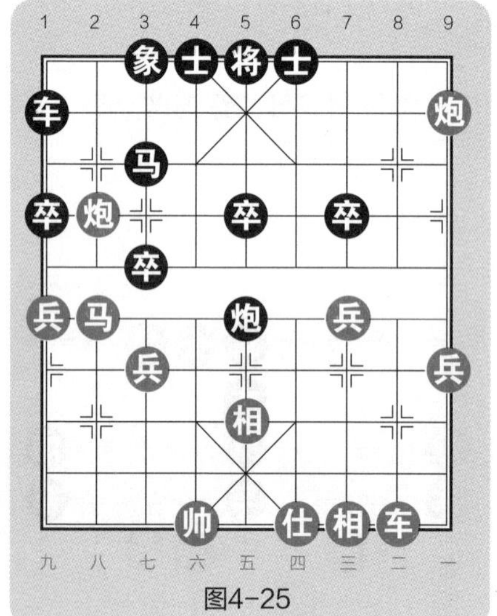
图4-25

① 炮一进一　士 6 进 5

② 车二进九　士 5 退 6

③ 车二退六

红方抽将选位至此，先手解除了黑方车 1 平 4 照杀的棋。

③ ……　　士 6 进 5

④ 炮八平三

至此，红方形成二路夹车炮之势。

【例局 2】炮车抽将选位

如图 4-26，红方先行。红方左翼空虚，但黑方双车炮暂时难有入局手段。红方在右翼双车炮配合可用抽将选位战术抢先入局。

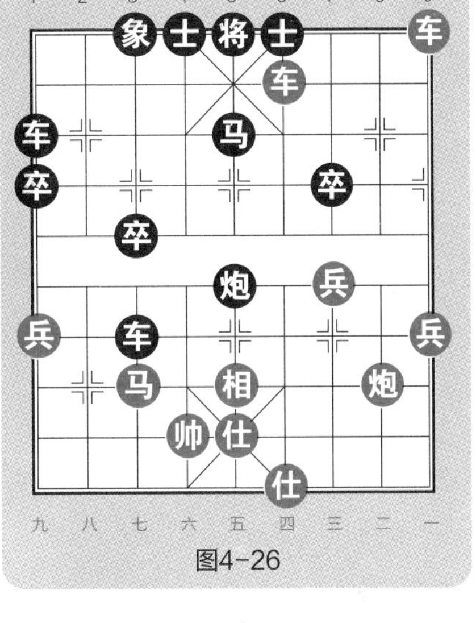
图4-26

① 炮二进七　士6进5

② 炮二退五　士5退6

③ 炮二平五　士4进5

④ 车四平五（红胜）

【例局3】炮马抽将选位

如图4-27，红方先行。

双方各攻一翼，黑方有卧槽马杀势。此时红方在右翼运用抽将选位战术抢先入局。

① 马四进二　炮6退2　　② 马二退三　炮6进2

③ 马三进四（闷杀，红胜）

【例局4】车马抽将选位

如图4-28，红方先行。黑方此时右车沉底可立即成杀，红方必须运用抽将选位战术抢先做成卧槽马杀势。

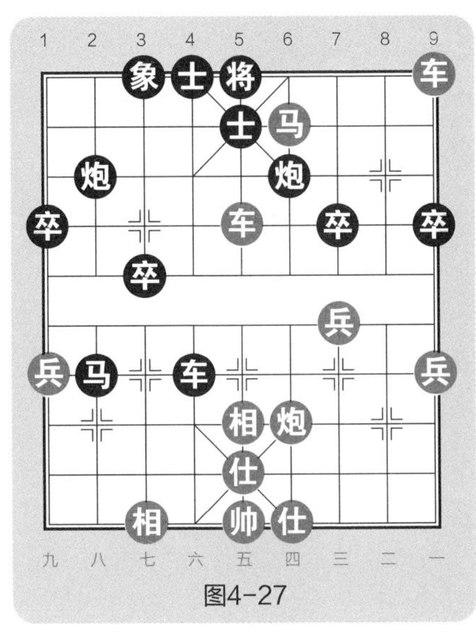
图4-27

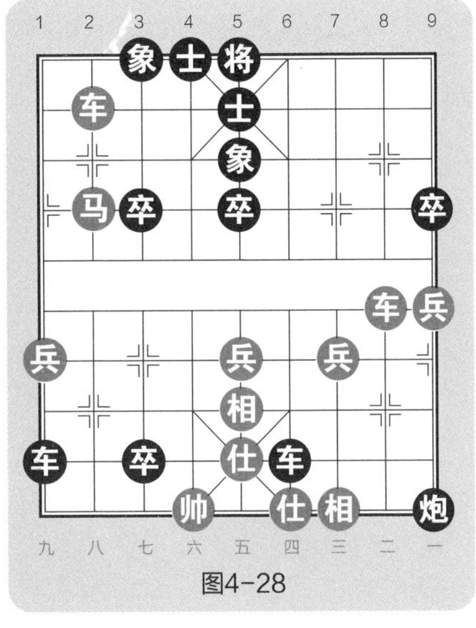
图4-28

①车二进五　士5退6　　②马八进七　将5进1
③马七退六　将5退1　　④车八平五　士4进5
⑤马六进七（红胜）

练习题

如图4-29，红方先行。

①车五平四　士5进6　　②车四平三　士6退5

黑方如改走将6平5，则车三进二，将5退1，马五进四，红胜。

③马五进四　将6进1
④车三平四（闷杀，红胜）

如图4-30，红方先行。

①车二进六　士5退6　　②炮三进一　士6进5
③炮三退二　士5退6　　④马六进四　将5进1
⑤车二退一（红胜）

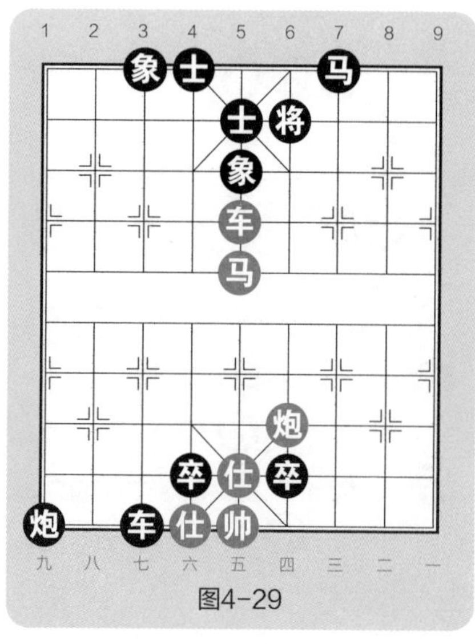

图4-29

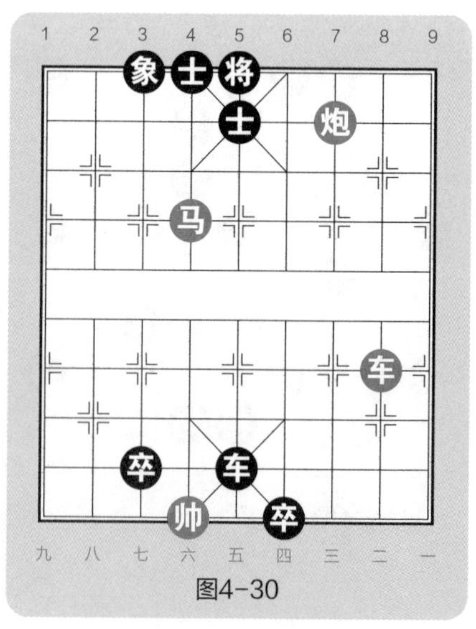

图4-30

如图 4-31，红方先行。

① 炮九平六　炮 4 进 7

② 马七退六　士 5 进 4

③ 马六进四　士 4 退 5

④ 车四平六　士 5 进 4

⑤ 车六进二（红胜）

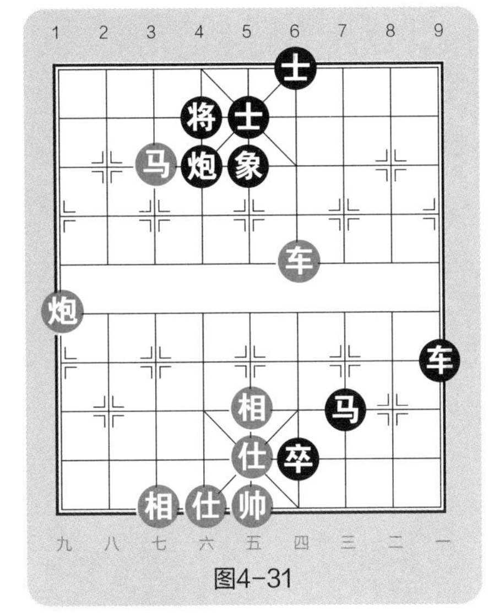

图4-31

如图 4-32，红方先行。

① 炮九平六　将 4 进 1

② 车三平六　炮 3 平 4

黑方如改走士 5 进 4，则车六平八，士 4 退 5，马三退四，炮 9 平 6，马四进六，将 4 进 1，车八平六，红胜。

③ 车六平八　炮 4 平 2　　④ 马三退四　士 5 进 6

⑤ 车八进一（红方得炮胜定）

如图 4-33，红方先行。

① 马一进二　象 5 退 7　　② 马二退三　象 7 进 5

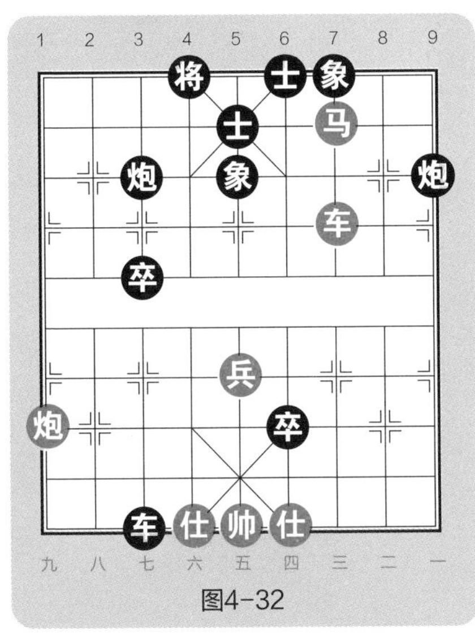

图4-32

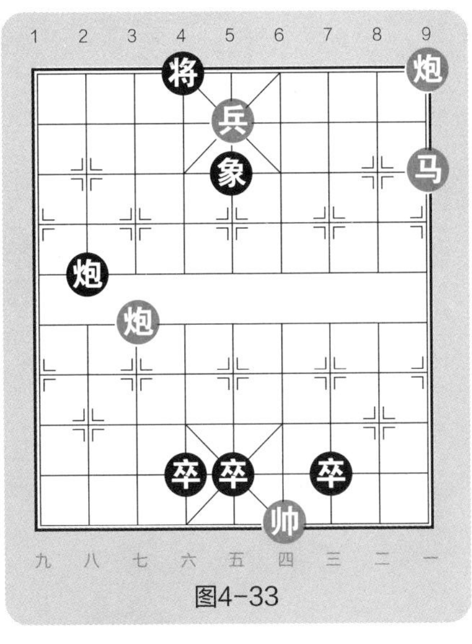

图4-33

③马三进四　象5退7　　④马四退六　象7进5
⑤炮七平六　炮2平4　　⑥马六进八　炮4平5
⑦马八退七（红胜）

如图4-34，红方先行。

①车四进五　将5平6　　②马三进二　将6进1
③车八进八　士4进5　　④炮七进二　士5退4
⑤炮七退一　士4进5　　⑥马二退三　将6退1
⑦车八进一　士5退4　　⑧车八平六（红胜）

如图4-35，红方先行。

①车三进一　将6进1　　②马二退三　将6进1
③车三退二　将6退1　　④车三平二　将6退1
⑤马三进二　将6进1　　⑥车二平四　士5进6
⑦前炮平四　士6退5　　⑧炮五平四（重炮杀，红胜）

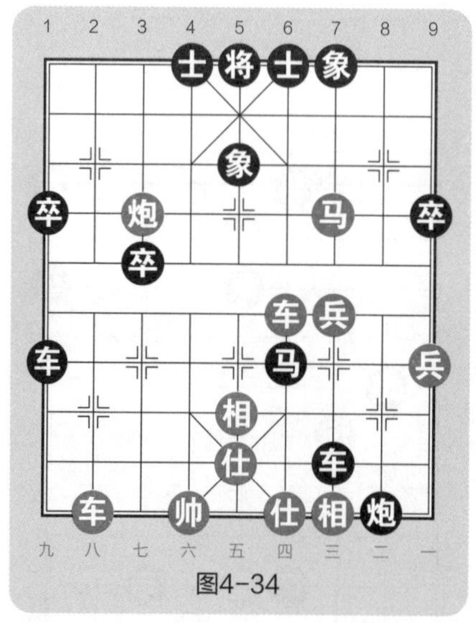

图4-34

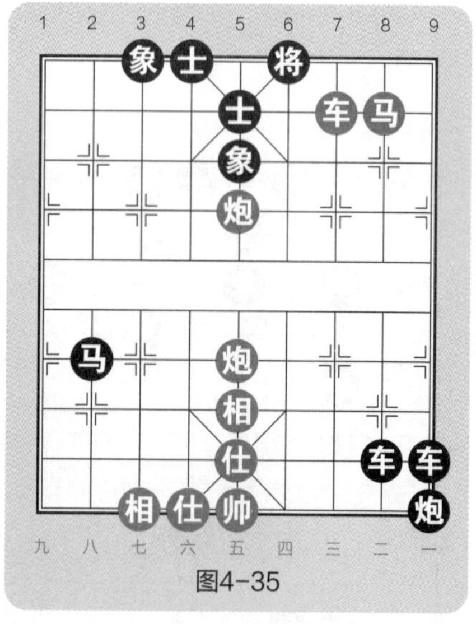

图4-35

第5课 牵

用己方较少的或者是次要的兵力，限制对方较多的或者是主要的兵力的活动范围，叫牵制战术。

实施牵制战术的目的有两个：一是组织己方兵力围歼对方被牵制之子；二是利用对方兵力被牵制的机会，集中优势兵力攻击其薄弱部位，进而取得全局战斗的主动权。

牵制战术的手段和方式是多种多样的。进攻性兵力如车马炮可以牵制对方兵力；防守性兵力如士象（仕相）甚至将（帅）也可以牵制对方兵力。可以单兵种牵制对方兵力，也可以多兵种联合牵制对方兵力。

牵制战术以炮的运用最为广泛、牵制方式最多；车和其他兵力牵制运用较为简单。

一、牵制得子

牵制得子就是通过对对方兵力的牵制，使之失去部分行动自由，再组织己方其他兵力消灭被牵制之子。

1. 用炮牵制

用炮牵制，按牵制的目标分有三种情况：牵制车，牵制将，牵制象。

【例局1】牵制车

如图5-1，红方先行。黑方主要的弱点是4路河头马灵活性极差，2路车进退维谷。现红方针对这一弱点，实施牵制战术发起进攻。

①兵七进一　车2退2

②炮二进二

至此形成牵制。红方有兵七进一、马三进四等进攻手段。

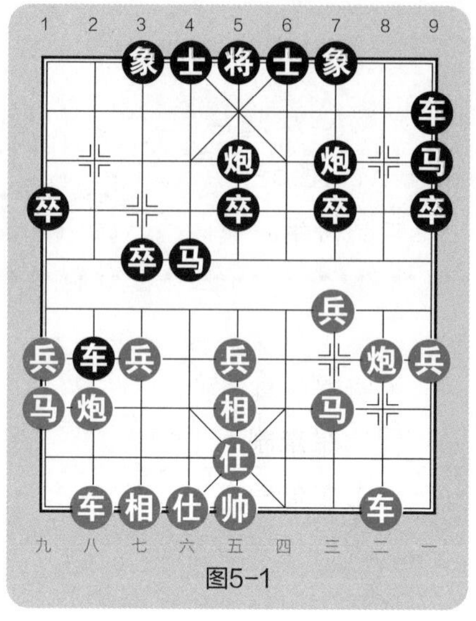

图5-1

【例局2】牵制象

如图5-2，红方先行。黑方弱点是3路底象，红方七路炮隐射黑方底象，红方兑车后，可用牵制战术得子。

①车七退一　车8平3

②炮八平七　将5平6

黑方如改走马3退1，则前炮进五，车3退4，炮七进七，马1退3，黑方丧失主力车，红方占优；又如改走象3进1，则前炮进三，车3退2，炮七进五，炮6平3，黑方损失更加惨重。

③前炮进三　车3平6

④前炮平四　士5进6

（红方得子占优）

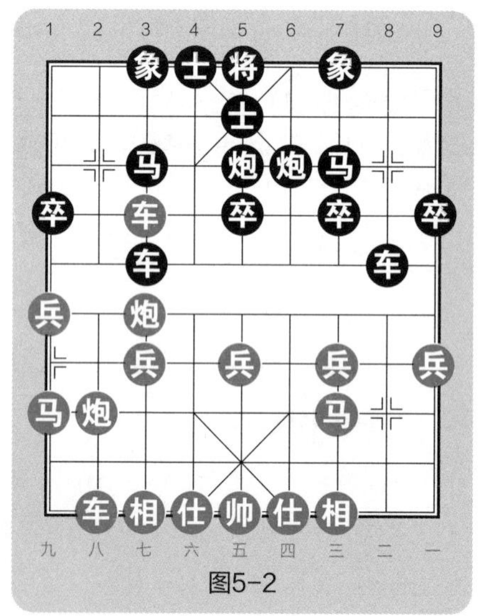

图5-2

【例局3】牵制将

如图5-3，红方先行。红方中路集中车双马炮四个大子，有卧槽马攻势。黑方攻红方左翼，也已有卧槽马，但投入兵力尚少，而且前后脱节，暂无威胁。红方此时借攻杀可形成牵制得子。

①马四进三　将5平4

②炮九平六　炮5平4

黑方如改走马3退4，则马六进七，炮5平4，炮五平六，仍是牵制得车。

③炮五平六（红方牵制得车）

注：本局双方牵制和反牵制的战术值得认真体会。

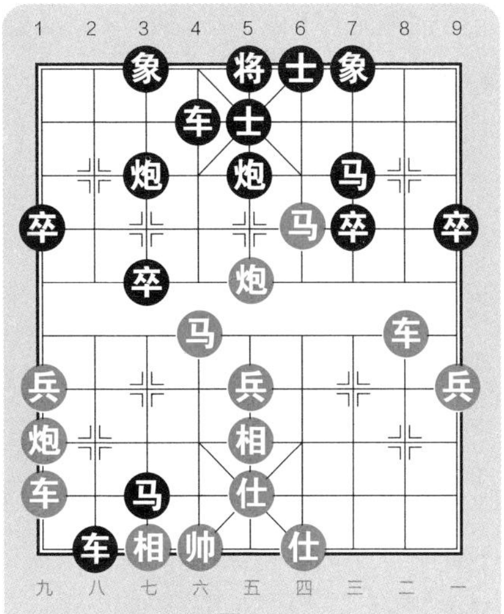

图5-3

2. 用车牵制

用车牵制一般只牵制对方两个子，牵制方式比较简单。进攻方式是打击牵制目标的前一个子。

【例局4】牵制车、炮

如图5-4，红方先行。黑方兵力活动空间被压缩。红方二路车压制黑方车马炮三子，红方以马兑炮即可形成牵制。

①马四进三　炮3平7

②车九平二　炮8进6

③车二进三　士5退6

④车二退八（红方得子）

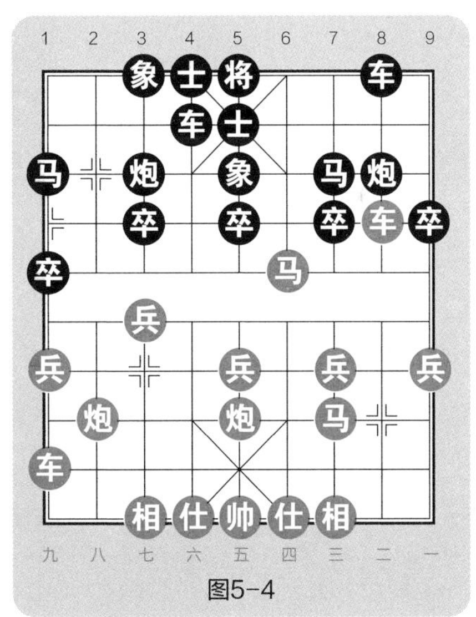

图5-4

3. 马相牵制

以上用车用炮牵制均属单个兵力在“一条线”上进行牵制。马和相两个子配合可形成在“一个面”上牵制对方两个子。

【例局 5】马相牵制

如图 5-5，红方先行。当前局面已入残局，红方多一兵。但黑马所处位置灵活性差，只有踏中相看似凶狠，但红方马七退六可形成马相牵制。

①车九退二　马 3 进 5

②马七退六

至此，红马和三路底相配合牵制黑方车、马两子。红方以下可兵五进一后，再车九平五捉死黑马。

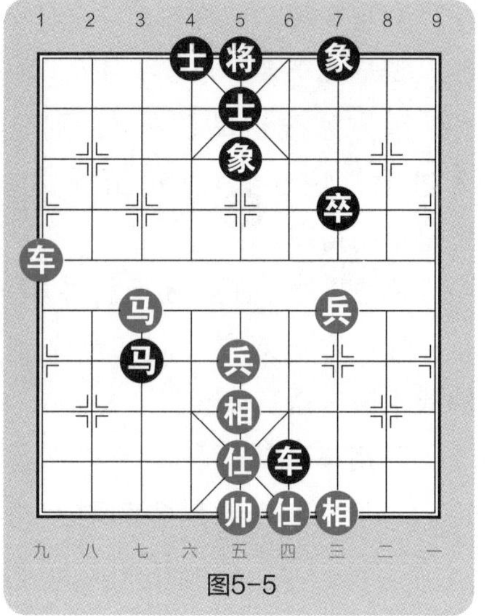
图5-5

练习题

如图 5-6，红方先行。

①马三进五　车 2 平 5

黑方如改走将 5 进 1，则马五进七捉车，红方还伏有炮七平五，将 5 平 4，车一平六的杀着。

②炮七平五

至此，黑方车、将被牵，黑车必失。

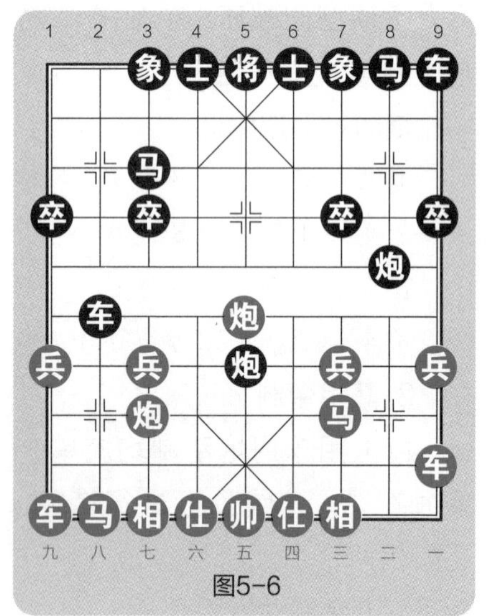
图5-6

如图 5-7，红方先行。

①兵五进一　卒 5 进 1

②马五进六

至此，黑方 3 路马被捉死。

注：黑方下 3 路线炮双马也可看作被红方三路车牵制。

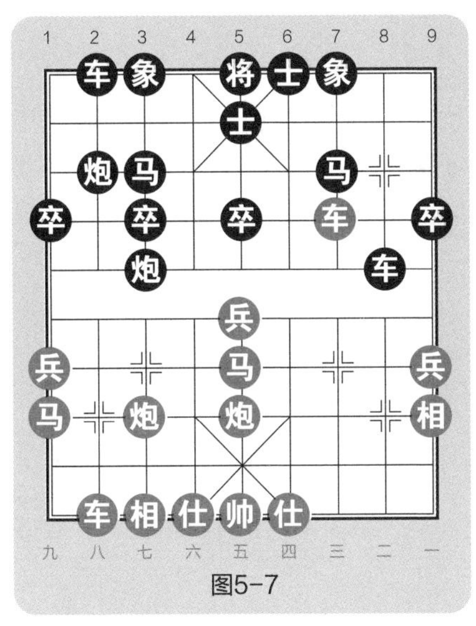
图5-7

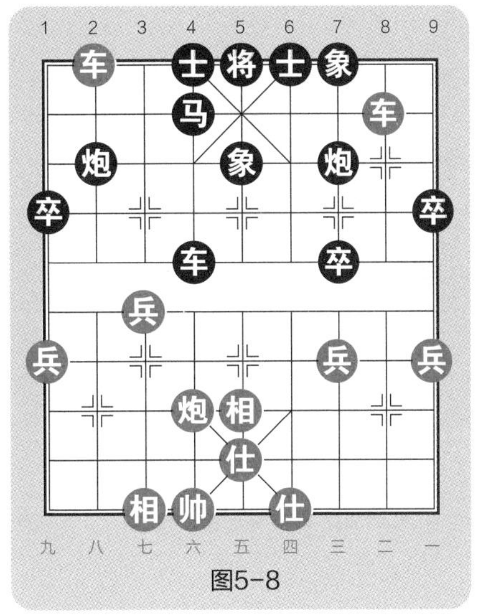
图5-8

如图 5-8，红方先行。

①车八平六　将 5 平 4　　②车二平六　将 4 平 5

③车六退三（红方得车胜势）

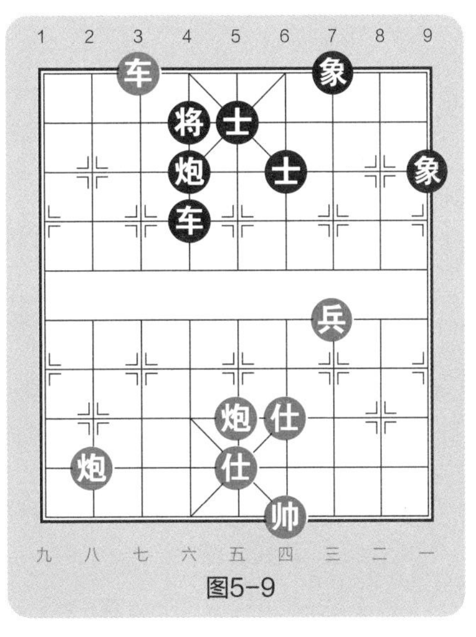
图5-9

如图 5-9，红方先行。

①炮五平六　炮 4 进 5

②炮八平六　车 4 退 1

③仕五进六

至此，黑车被捉死，红方胜势。

如图 5-10，红方先行。

①炮五退一　后车平 2

黑方如改走前车平 2，则炮九进七，车 2 进 5，车八退八，红方胜势。

②前车进一　马 1 退 2　　③车八进九

至此，红方得马并有炮五平九逐车的手段。

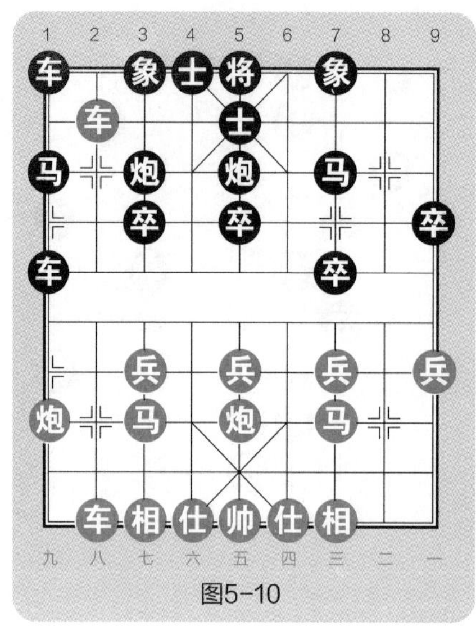
图5-10

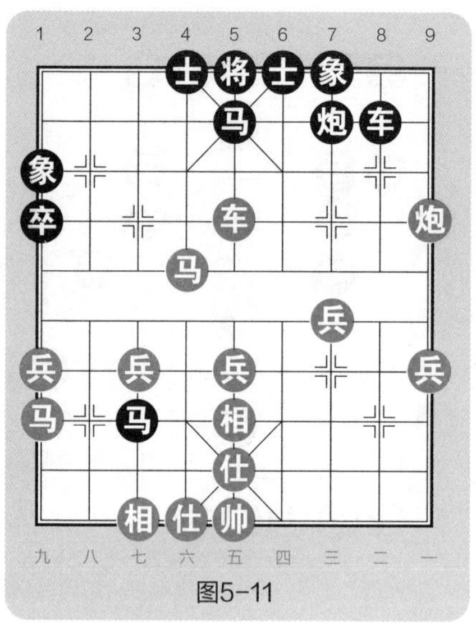
图5-11

如图 5-11，红方先行。

① 马六进八　车 8 进 1　　② 车五进一　车 8 平 5

③ 炮一平五

至此，红方马挂角和卧槽必得其一，胜定。

如图 5-12，红方先行。

① 车二进三　车 1 平 4　　② 炮八平六　炮 2 进 1

③ 马八进六　车 4 平 3　　④ 炮六平七

至此，黑方车马象三子被红炮牵制，黑马必失，红方大优。

如图 5-13，红方先行。

① 车八进三　炮 5 平 9

黑方如改走炮 5 退 2，则红方炮二平五后，黑方中马也保不住。

② 炮二平五　象 3 进 5　　③ 车八进三　车 7 退 4

④ 马六进五（红方必得马）

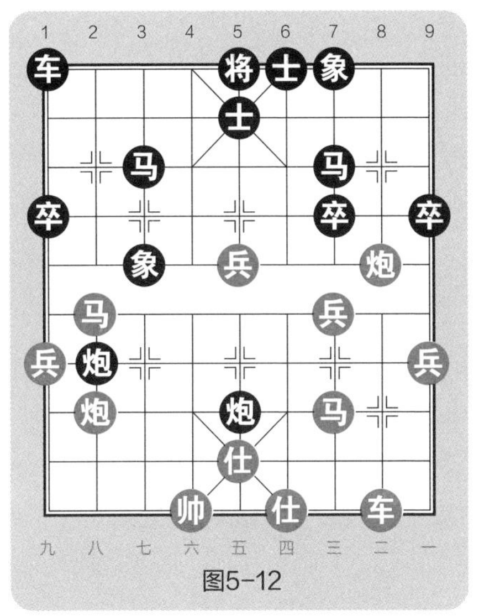

图5-12

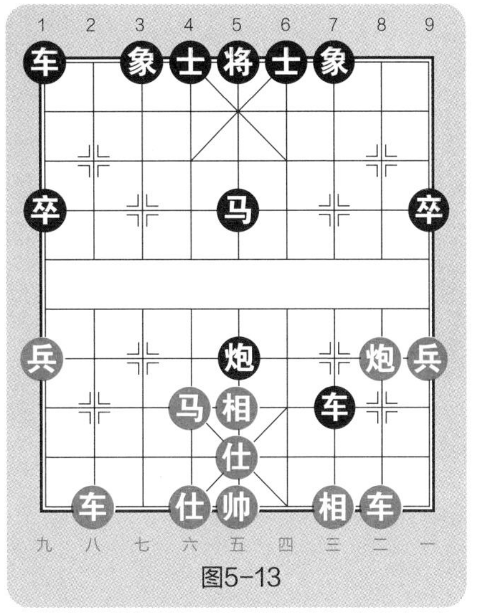

图5-13

如图 5-14，红方先行。

①兵九进一　车 1 进 1

②炮六平九

红方如改走炮六进四，则卒 7 进 1 兑炮解围。

②……　　马 2 进 1

③炮五进一　炮 2 平 1

④车六平九

至此，红方续走炮九进二即可得马。

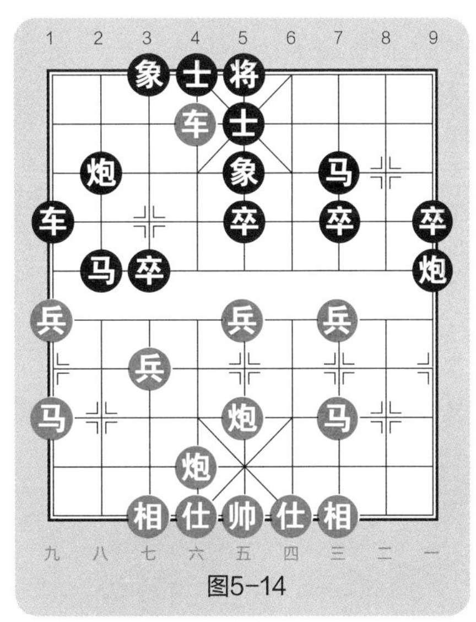

图5-14

如图 5-15，红方先行。

①炮七进二

红方进炮妙着！既控制黑 7 路马出路又有炮七平八后进沉底炮的攻势。

①……　　马 7 进 6

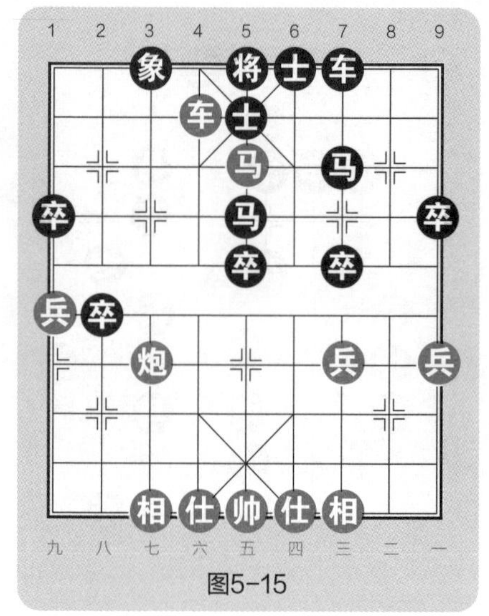

图5-15

黑方送马无奈之着，如改走马5进3，则马五进七，士5进4，车六平三抽车，红胜。又如改走马7进8，则炮七平八，车7进2，炮八进四，象3进1，车六平七伏抽将，黑方难以应对。

②炮七平四　车7进2

③炮四退三　车7平5

④炮四平五

至此，红方下一着车六退二得马。

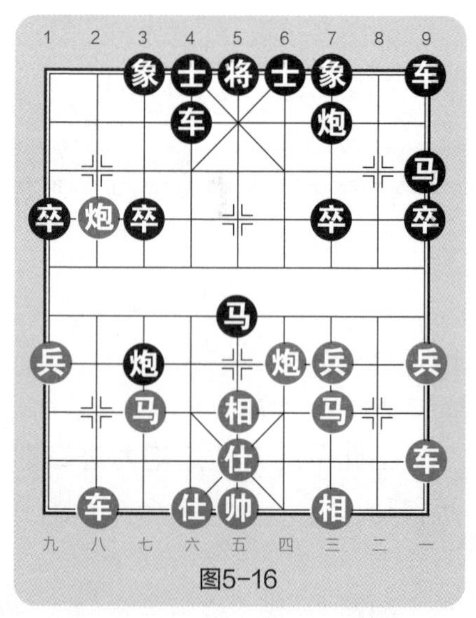

图5-16

如图5-16，红方先行。

①炮四平五　炮7平5

②车八进四　炮5进5

黑方如改走车4进5，则炮五进五，士6进5，车八平五，红方多得一子。

③车八平五　车4平5

④车五进四　士6进5

⑤马三进五（红方得子）

如图5-17，红方先行。

①车八平七　车4平3

②炮九平七　卒5进1

黑方如改走车3平4，则炮七进七，象3退5，车三进六，红胜。

③炮七进五　卒5进1　　④炮七平一　车9平5

⑤炮一进二（红方胜势）

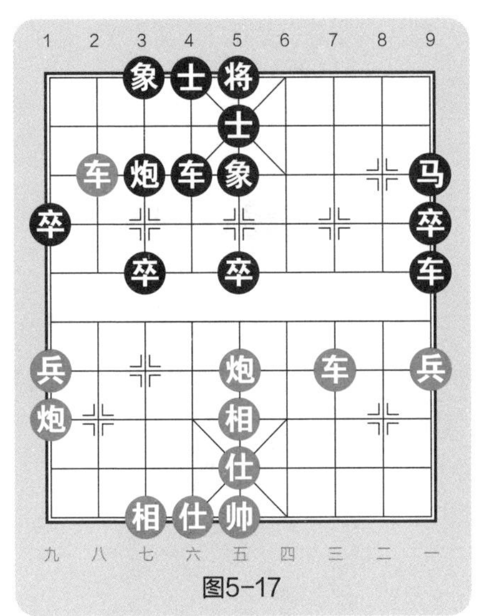

图5-17

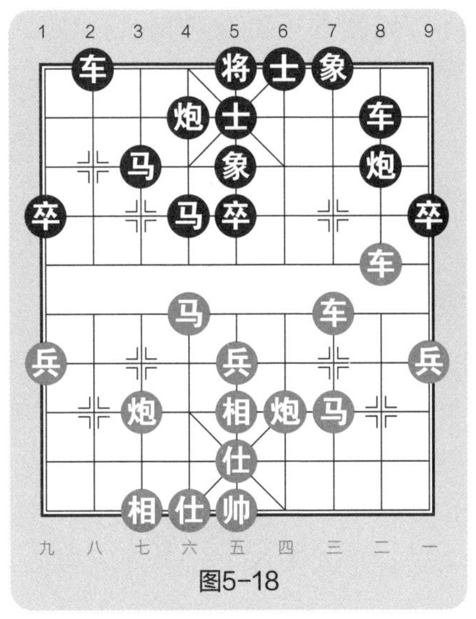

图5-18

如图 5-18，红方先行。

①炮七平六　炮 4 进 4

黑方如改走车 2 进 3，则炮四进四，红方仍呈牵制之势。

②车三平六　车 2 进 4　③车二进一　马 4 退 2

④马三进四　马 2 进 3　⑤车六平七

至此，黑方左翼车炮被牵，红方有炮四平二及马四进三等进攻手段。

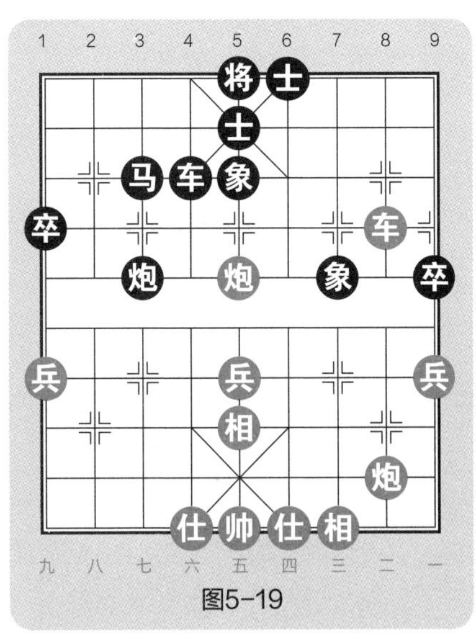

图5-19

如图 5-19，红方先行。

①车二平六　将 5 平 4

②炮二平六　炮 3 平 4

③车六平七　马 3 退 2

④炮六进六　士 5 进 4

⑤车七平六　士 6 进 5

⑥车六退一（红方胜定）

如图 5-20，红方先行。

① 车四进三　马 7 退 9

黑方如改走马 7 进 8，则车四平二，马 8 进 7，兵五进一，至此红方有回车捉死马和继续兵五进一的手段。

② 兵五进一　炮 2 进 1

③ 车四平一　象 5 退 7

④ 兵五平四　车 4 进 1

⑤ 车一平五　士 6 进 5

⑥ 车五平八（红方得炮胜势）

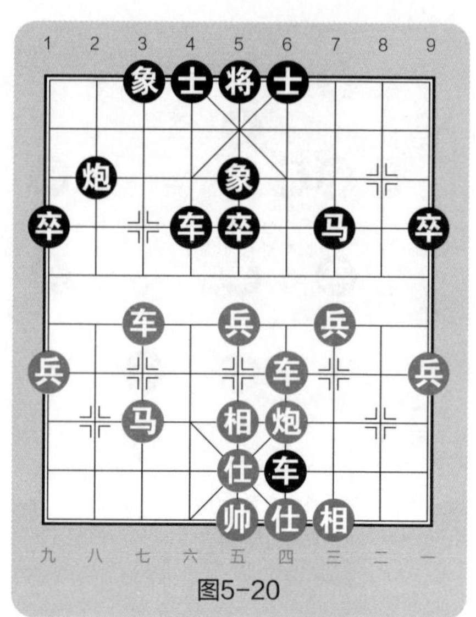
图5-20

如图 5-21，红方先行。

① 前炮平二　炮 9 平 7

黑方如改走炮 9 平 8，则炮二进一牵，黑方势必丢马。

② 炮二进五　炮 7 退 2

③ 炮三进七　象 5 退 7

④ 炮二退四　车 2 进 3

⑤ 车六进一　车 2 平 3

⑥ 车六平三

至此，黑方 7 路底象也被捉死，红方借牵破黑方双象。

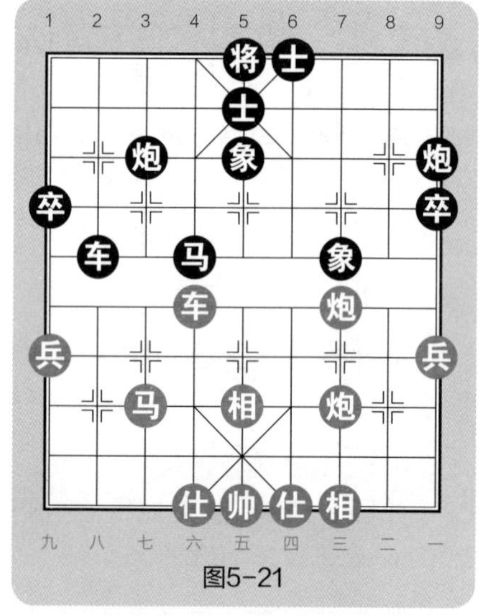
图5-21

如图 5-22，红方先行。

① 炮三进七　马 6 退 7　　② 马四进三　车 6 退 3

③ 炮九进二　炮 4 进 1

黑方如改走士 5 进 4，则车八平五，士 4 退 5，炮九平四得车。

④ 车八进三　车 6 平 7　　⑤ 车八平七　士 5 退 4

⑥炮九平三

至此，红方以马炮换黑方车双象，以呈胜势。

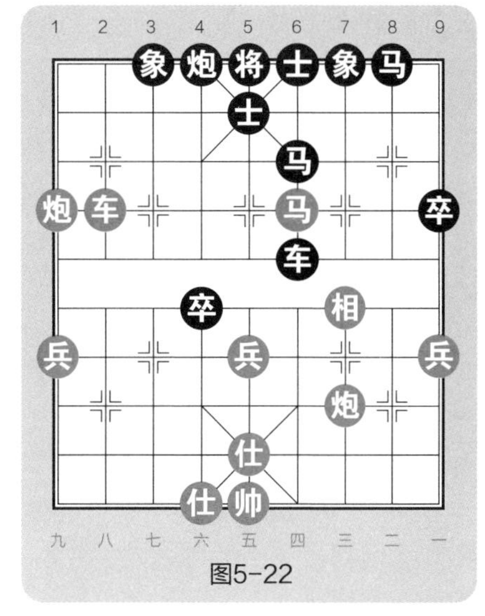
图5-22

如图 5-23，红方先行。

①马四进六　车 7 进 1

②炮六退一　马 8 进 6

③车四进二　炮 9 平 4

④车七退一　车 2 退 1

黑方如车 2 进 1，则炮二进七，士 6 进 5，车七平四要杀，黑方难以应对。

⑤炮二进七　士 6 进 5　　⑥车七进二

至此，红方得马并伏卧槽马攻势。

如图 5-24，红方先行。

①车八进一　士 5 退 6　　②车八平四　车 8 平 6

③马六进五　炮 7 平 5　　④兵七进一　士 6 进 5

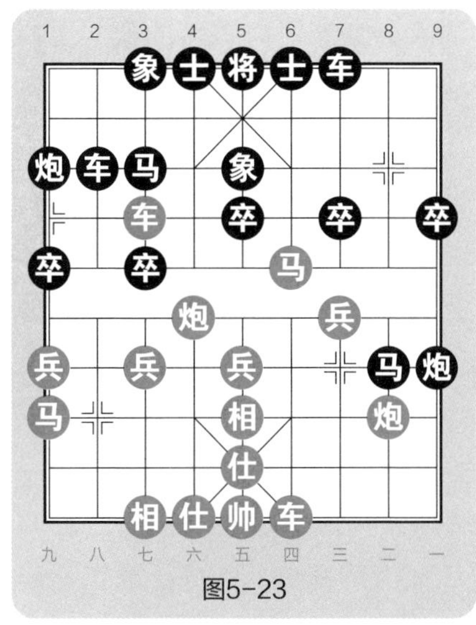
图5-23

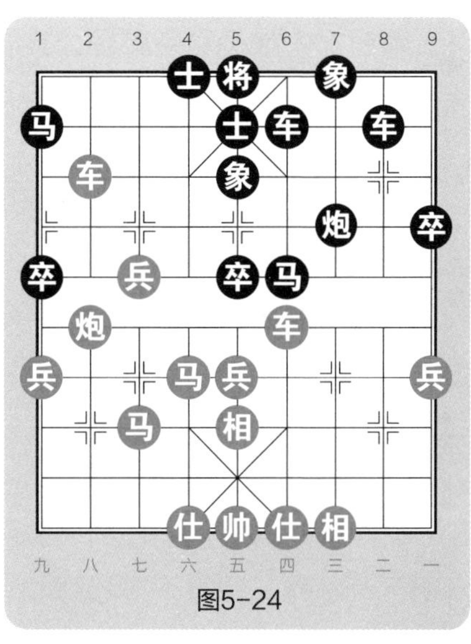
图5-24

⑤兵七平六　炮5平8　　⑥炮八进一　炮8进1

⑦兵五进一

至此，红方下一着可车四进一得马。

如图5-25，红方先行。

①炮七进二　炮8进1

②炮五平七　炮8平5

③相三进五　车3进1

黑方如改走车8进5，则后炮进二，象3进5，前炮平八，红方不但得子，还有要杀的手段。

④车二进五　车3进1

⑤车二平三　象7退5

⑥车六退三　车3平4

⑦仕五进六（红方胜势）

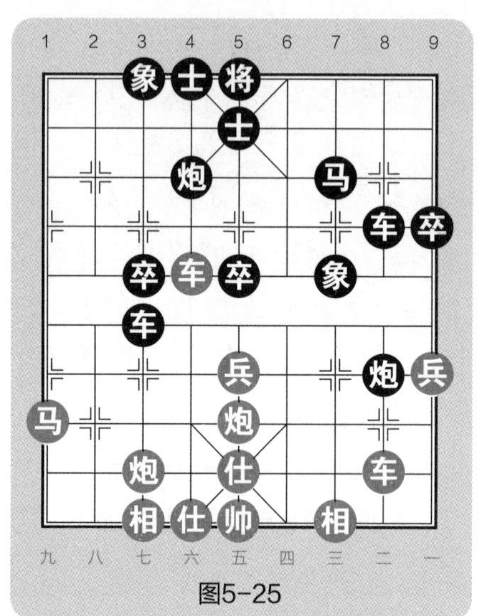

图5-25

二、牵制抢先

牵制抢先就是利用较少的或次要的兵力牵制对方较多的或主要的兵力，从而使己方可以集中优势兵力攻击对方薄弱部位，采取以多打少的办法取得优势或胜势。

实施牵制抢先一般要达到的目的有三个：一是使对方暴露弱点，以便己方有针对性地组织攻势；二是利用牵制转换局势，反夺主动；三是利用牵制困住对方兵力，再集结兵力在局部形成以多打少，速战速决。

【例局1】使对方暴露弱点

如图5-26，红方先行。红方双车炮云集黑方右翼。黑方3路马承受巨大压力，依靠下3路线双炮保马，似可支撑。红方此时可用牵制战术，使黑方的防线暴露弱点。

①车八平四

至此，红方用车牵制黑6路车炮，造成3路马被捉。黑方如逃马走马3进4，则炮五进四打中卒后形成入局机会；黑方如不逃马，则炮七进五得马后，黑方中路和右翼仍面临严重威胁。因此在红方车八平四牵住黑方车炮后，黑方右翼的弱点明显，阵形崩溃。

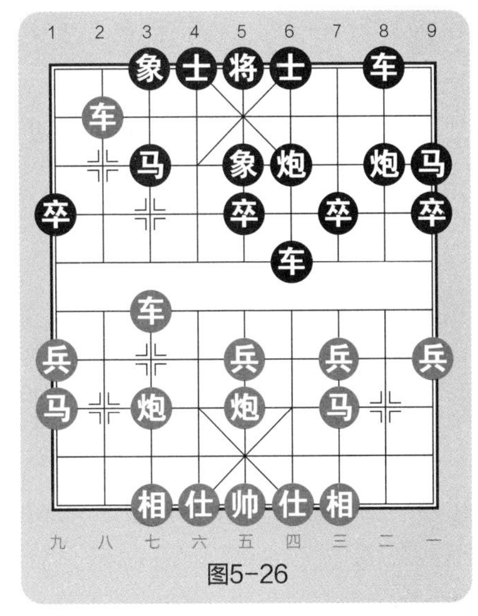
图5-26

【例局2】牵制转换

如图5-27，红方先行。双方兵力各攻一翼。盘面焦点是红方三路车处于被捉死的状态，但红方可用牵制战术转换局势。

①炮七平八　前炮平7

黑方如改走后炮进5，则车三进一，双方交换马炮后，黑方中路及左翼空虚，红方优势。

②炮八进七　马1退2

③马二进三

至此，双方兑车炮后，红方有三路马捉象或踏边奔袭卧槽及车四平八捉炮的手段，红方已反夺主动。

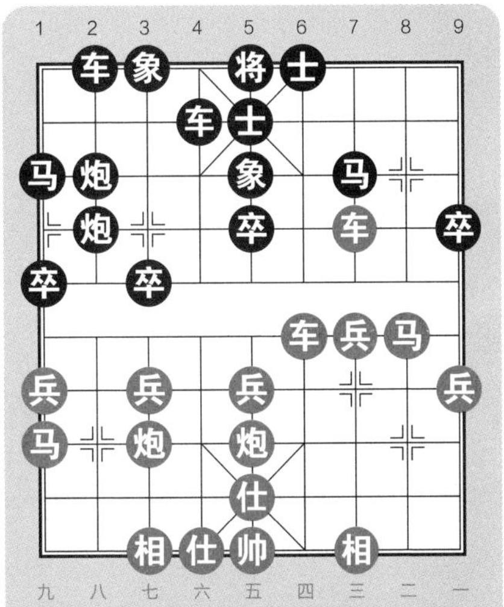

图5-27

【例局3】牵制困子

如图5-28，红方先行。局面战斗已入残局。双方兵力消耗很大，兵种均已不全。红方在进攻子力上仅多一兵，却巧妙借此微弱优势，用牵制困子战术将优势转化为胜势。

①车九平七　象3进1

②车七平六　车6平5

③帅五平六　炮8平4

④兵三进一

至此，黑方4路炮被帅牵制、中车不能离开中路。红方三路兵可长驱直入，消灭9路卒后，红方必胜。

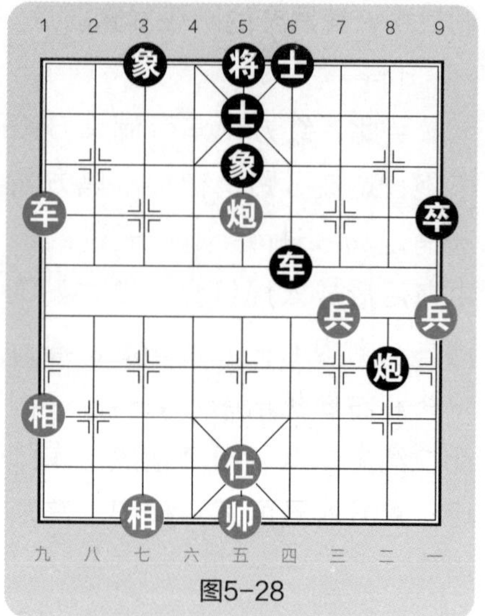

图5-28

练习题

如图5-29，红方先行。

①帅六进一　炮2退3

②帅六平五　炮2平5

③仕五进六

红方支仕预防黑方车3进1将军，摆脱牵制。

③……　　车3平1

黑方如改走将5进1，则炮五平二，黑方仍无法摆脱牵制。

⑤炮五平二

至此，红方反而牵住黑方车炮并续有炮二退四反捉黑炮，保持多子优势。

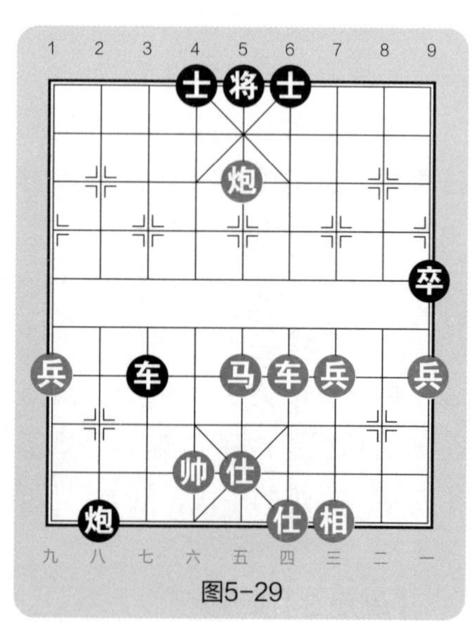

图5-29

如图 5-30，红方先行。

① 炮八退一　车 3 平 2

② 炮八平七　卒 3 进 1

③ 马六进五　象 3 进 1

④ 马五进七　炮 6 平 3

⑤ 前炮进五

至此，红方借牵制黑方底象之机得马，并有强烈攻势。

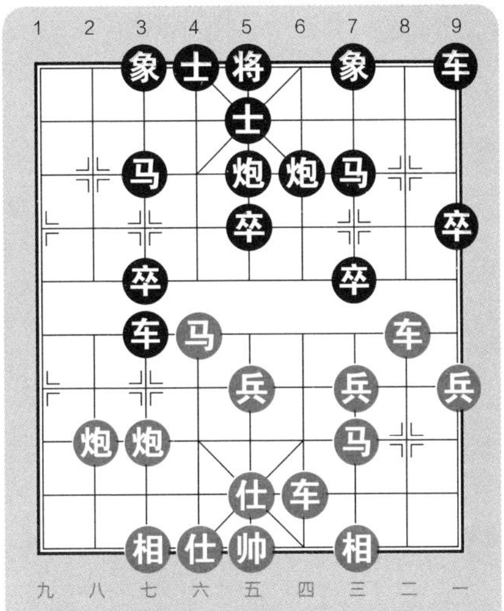

图5-30

如图 5-31，红方先行。

① 炮二进一　车 2 平 3

② 炮二平五　车 3 进 1

③ 炮八进四　炮 9 平 5

④ 炮八平五　士 6 进 5　　⑤ 车一平四

至此，红方有车四进八再车八进九等进攻手段，优势明显。

如图 5-32，红方先行。

① 前炮平八　车 1 平 2　　② 炮九平六　炮 7 退 1

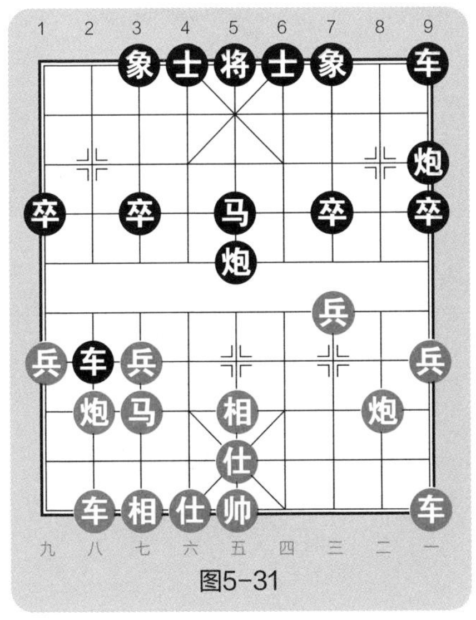

图5-31

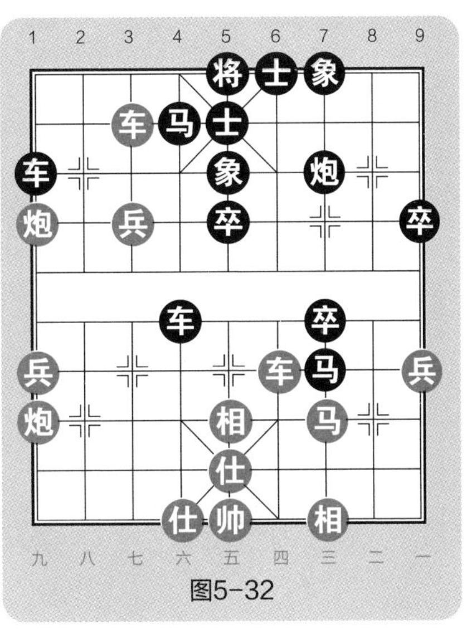

图5-32

③ 车七进一　士5退4　　④ 车七平六　将5进1

⑤ 车四进六（红方胜势）

如图5-33，红方先行。

① 车三进四　士5退6　　② 车三退一　车8退1

至此，黑方8路车暂时被牵，红方二路底车解除危险。

③ 车三退四　车8平9

黑方如改走炮5退4，则马七进五，黑方要失车。

④ 车三平五　士6进5　　⑤ 车二进五

至此，黑方边炮必失，红优。

如图5-34，红方先行。

① 炮五退一　炮7平2　　② 车六平八　车3平2

③ 炮五进一　炮2退3　　④ 马七进六　炮2进1

⑤ 车七退三　炮2退1

至此，红方通过兑炮牵制黑方车炮，已控制全局。

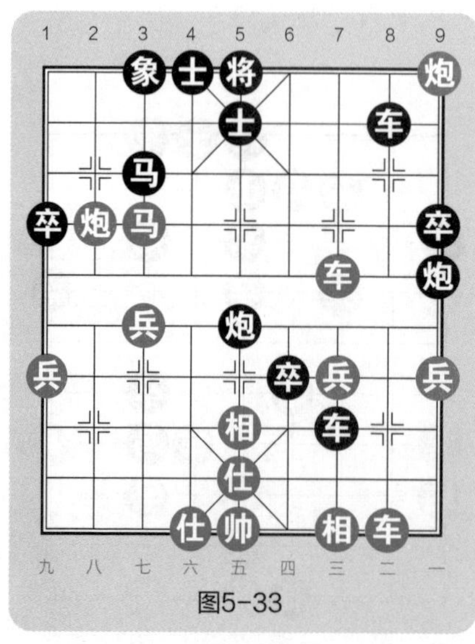

图5-33

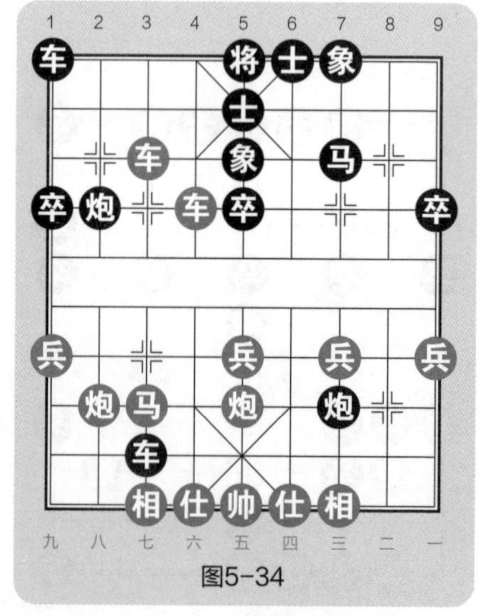

图5-34

如图 5-35，红方先行。

①兵六进一　车 3 平 2

②兵六进一　象 7 进 5

③兵一进一　炮 5 退 3

④炮八退三　炮 5 进 3

黑方如改走炮 5 平 2，则兵七平八后，红方形成车炮四兵必胜黑方车马士象全。

⑤兵一进一

至此红方利用黑方车马炮被困的弱点，边兵长驱直入奠定胜局。

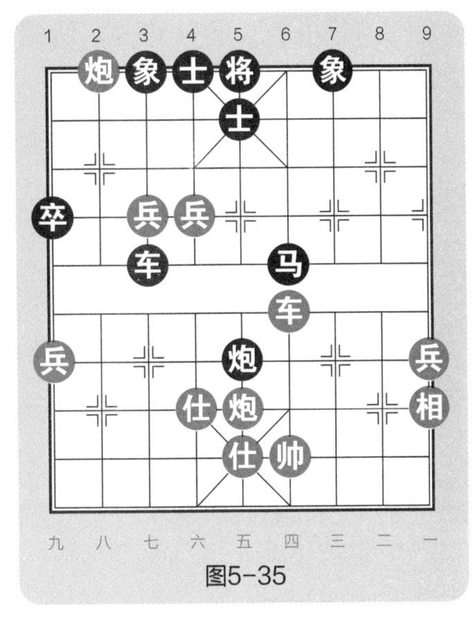
图5-35

如图 5-36，红方先行。

①车八退四　后马进 5

黑方如改走车 8 进 5，则炮九进三，炮 4 进 2，车八进四，炮 4 退 2，帅五平六，红胜。

②兵三进一　马 5 进 3

③炮九进三　炮 4 进 2

④车八进四　炮 4 退 2

⑤兵三进一　车 8 平 7

⑥相七进五

至此，红方得一马并有抽将之势，大占优势。

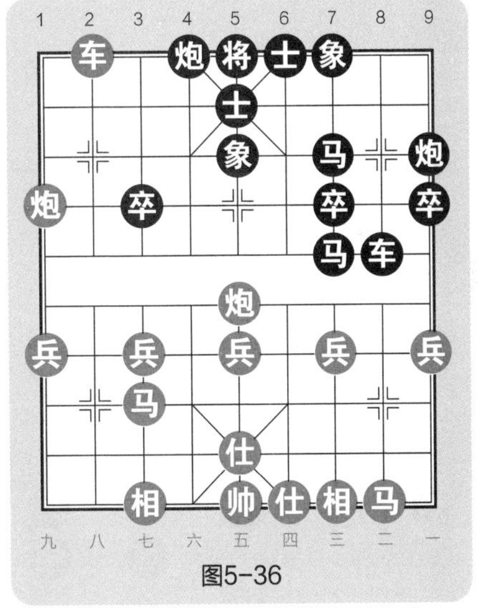
图5-36

如图 5-37，红方先行。

①炮八平三　象 7 进 9　　②车四平二　炮 6 平 7

黑方如改走士 5 退 4，则前炮平五打死车；又如黑方改走将 5 平

4，则前炮进五，将4进1，后炮平六，与原变着法大同小异。

③车二退一　炮7平6

黑方如改走车5平6，则后炮进五得炮后，仍有炮打边象及兵七进一捉马之着。

④车二平一　将5平4　　⑤前炮进五　将4进1

⑥炮三平六

至此，黑方下3路线车炮被牵、将不安于位，红方续有进七兵的着法，大优。

如图5-38，红方先行。

①车六平四　车6退3　　②车四进六　将6平5

③车四平五　象3进5　　④炮八进四　卒3进1

⑤兵六平七　将5平6

⑥前兵平六

至此，黑方车马炮三子被困住，红方可从容组织兵力进攻。

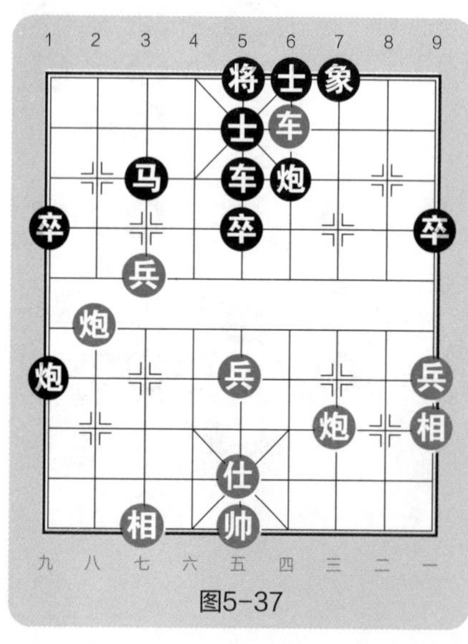

图5-37

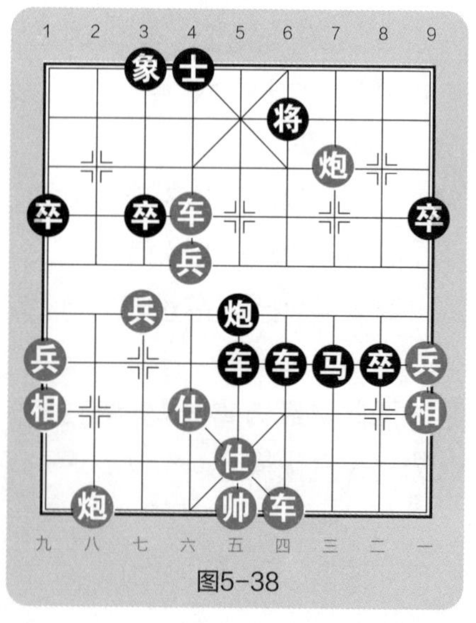

图5-38

如图 5-39，红方先行。

① 兵七进一　象 3 进 1

黑方如改走卒 3 进 1，则马八进九，马 3 退 1，炮八进六，卒 3 平 4，马九进七红方攻势强烈。

② 兵七进一　象 1 进 3

③ 马八进九　象 3 退 1

④ 马九进七　炮 5 平 3

⑤ 炮八进七　炮 3 退 2

⑥ 车八进七

至此，红方形成沉底炮攻势。

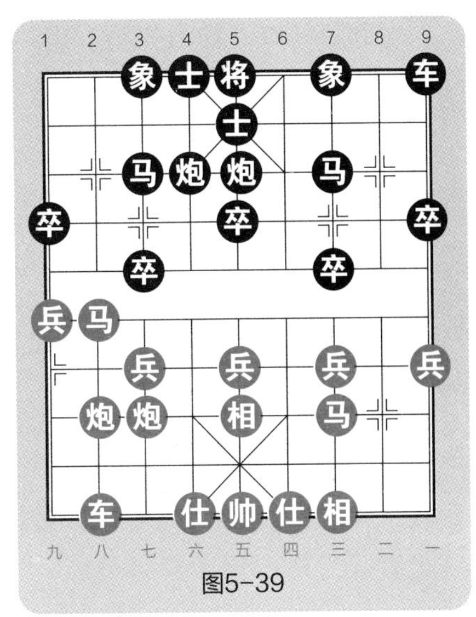

图5-39

如图 5-40，红方先行。

① 车九进二

精妙之着！牵住车马将三子，为一路边车进底作杀创造条件。

①……　　　卒 8 进 1

② 车一进三　车 5 平 8

③ 车九进一　马 5 进 4

黑方如改走马 5 进 3，则车一平四，将 6 平 5，车四平七后仍能捉住黑马。

④ 车一平四　将 6 平 5

⑤ 车九平五　将 5 平 4

⑥ 车五平六　将 4 平 5

⑦ 车四平五　将 5 平 6

⑧ 车六退三（红方得马胜势）

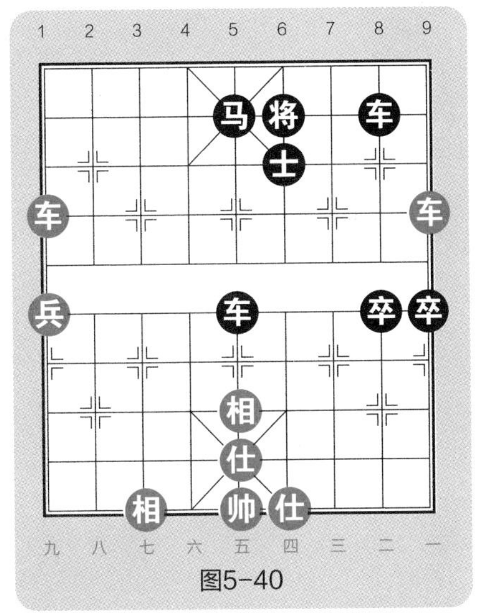

图5-40

如图 5-41，红方先行。

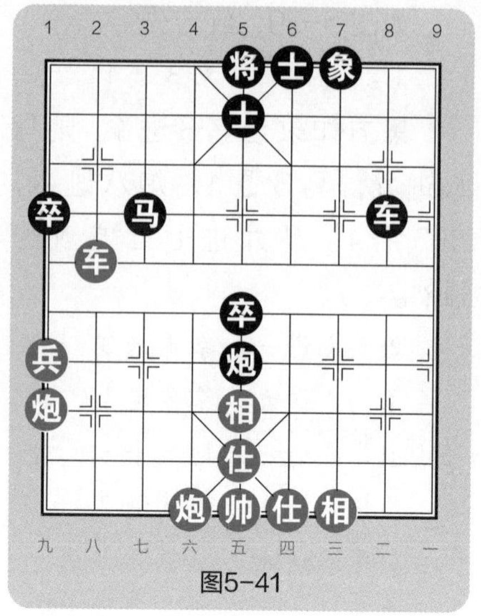

图5-41

①车八进四　士5退4

②车八退三　炮5平9

③炮九进四　炮9退3

④炮六进八　卒5进1

⑤炮九平七　炮9平3

⑥炮六退六　卒5平4

⑦炮六平九　卒4平3

⑧兵九进一

至此，红车牵死黑方车炮，红兵渡河可欺黑炮，红方胜势。

第6课 拦

拦就是阻拦和截断的意思。在象棋攻防战斗中，拦既可用于防守又可用于进攻。进攻时，拦常出其不意切断对方兵力联系，阻碍对方子力运动，形成歼灭被困之子或夺先入局的机会。此种战术类似军事上的“围点打援”战术。防守时，拦的运用也很广泛，但方式比较简单。

拦一般有以下三种目的：一是拦截得子；二是拦截抢先夺势；三是拦挡解危谋和。

一、拦截得子

拦截得子就是切断对方兵力之间的联系，或者利用拦挡使对方防守兵力失去作用，从而得到谋子或实施杀法的机会。

拦截得子入局通常有两种手段：①利用拦切断对方兵力之间的联系；②利用拦使对方防守兵力失去作用。

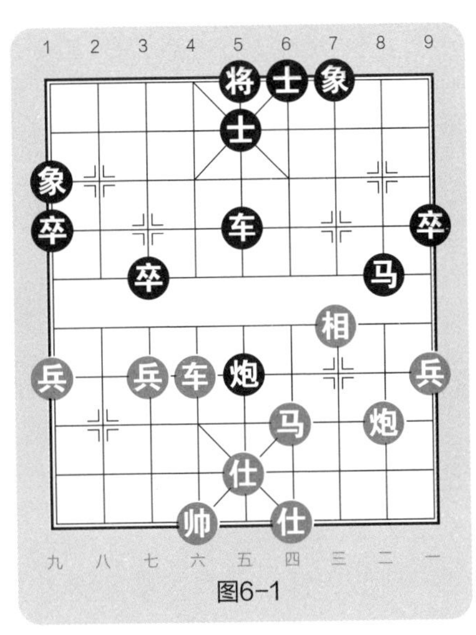

图6-1

【例局1】切断子力联系

如图6-1，红方先行。双方兵力基本相等，红方缺一相。战斗焦点在中路，红肋车封住将门，铁门栓杀法已具雏形。红方可用拦的战术制造威胁，得子占优。

①马四进五　炮5进1

黑方如改走车5进2，则炮二平五后，黑车必失。

②马五进六　士5进4　　③相三退五（红方得炮）

本局首着马四进五为切断子力联系，使黑炮失去了车的保护。

【例局2】使防守兵力失去作用

如图6-2，红方先行。双方兵力相等。红左马有卧槽之势，攻防要点是黑方3·2位，红方可用拦的战术制造杀势，从容得子。

①车四进二　士5进6

②车四平一　马7退9

③马八进七　将5进1

④马七进九

至此，红方用拦的战术多得一子。

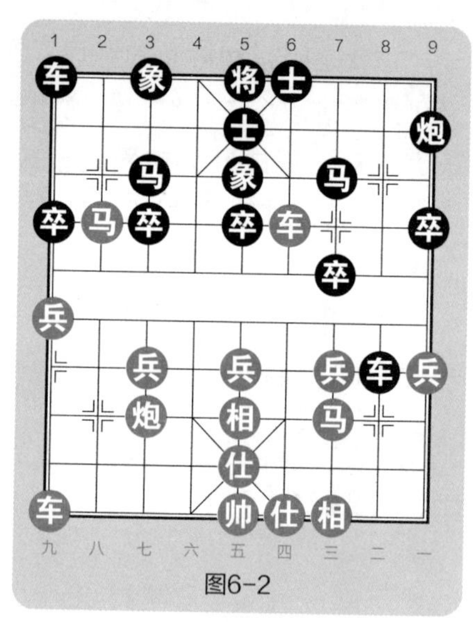

图6-2

如图6-3，红方先行。

①炮八进五　车2进2

黑方如改走车2进1，则马五进七，车2平3，炮八平五，士5进6，车六平五双将杀，红胜。

②马五进七

至此，红方伏车六平五绝杀，黑方无法解救。

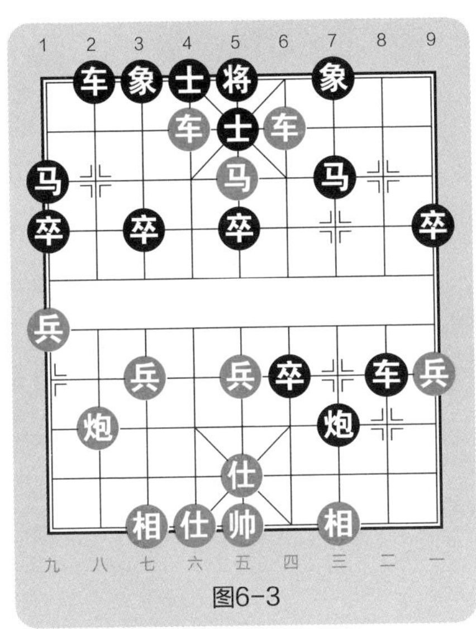
图6-3

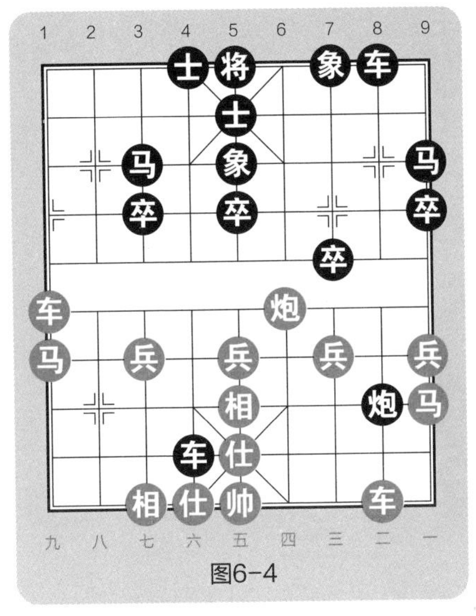
图6-4

如图 6-4，红方先行。

①炮四平二　炮 8 平 7　　②炮二进三　士 5 进 6

③车九平二

至此，红方下一着可走后车平三，围困捉死黑炮。

如图 6-5，红方先行。

①车一平九　将 5 平 4

②炮五进一

红方进炮拦车捉马，并为四路车平八或平六双车错创造条件。

②……　　车 3 退 4

黑方如车 3 平 5，则车九进三，将 4 进 1，车四平八，成双车错杀势。

③车四进一（红方得马胜势）

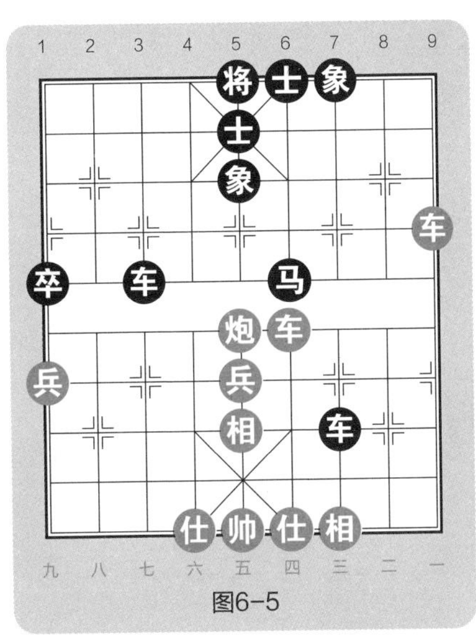
图6-5

如图6-6，红方先行。

①相三进五　车4进4

黑方如改走将5平4，则车八进一，红方得炮胜势。

②车八进一　车4退7

③车八进七　炮8退3

④车五退一

至此，红方伏有炮五平六，士6进5，马四进六，将5平6，炮六平四，黑方无法防御。

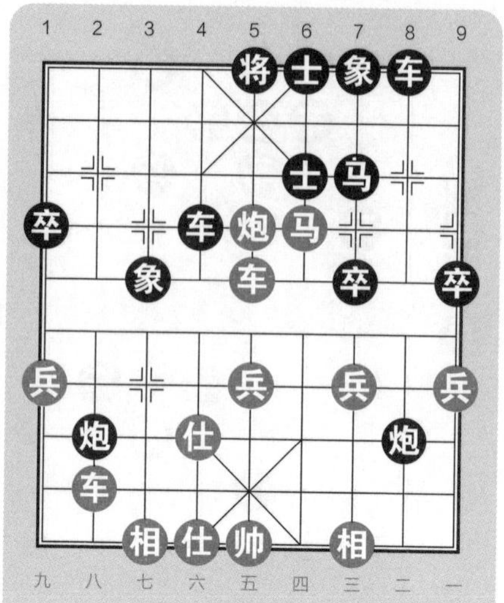

图6-6

如图6-7，红方先行。

①帅五平六　车7进4　②炮五退一　马6进5

③车二平六　前马进3　④马九退七

至此，黑方无法防御红方车六进三的闷杀。

如图6-8，红方先行。

①马五进三　炮7平6　②车四退一　马8退7

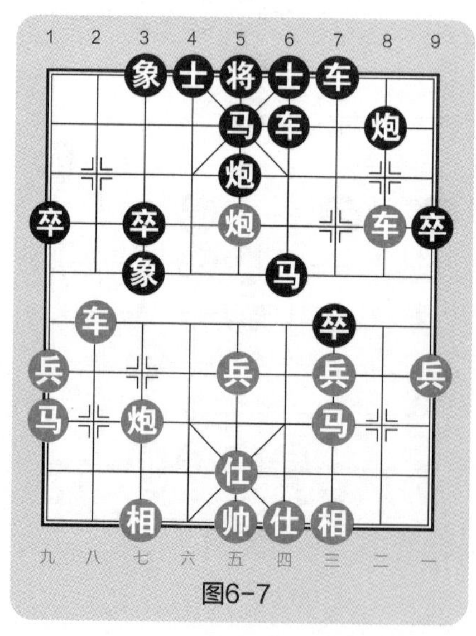

图6-7

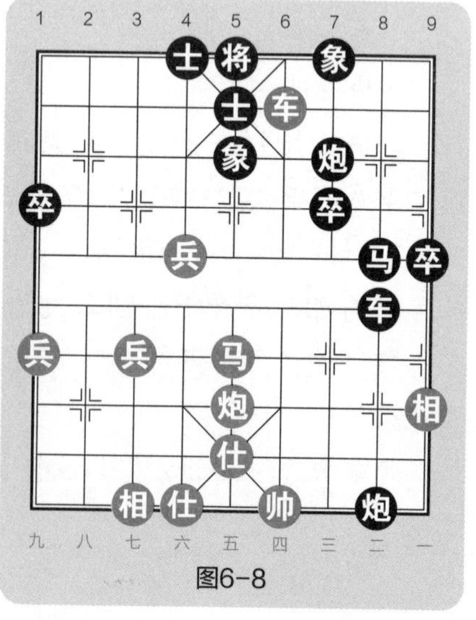

图6-8

③车四平三　车 8 退 5

④马三进二

至此，红方下一步马二进三，卧槽马杀。

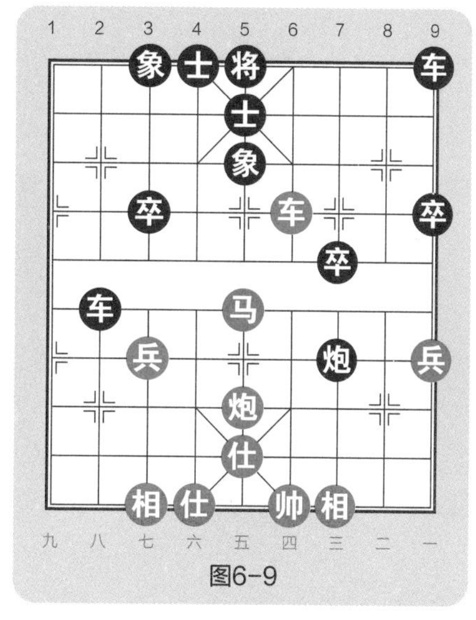

图6-9

如图 6-9，红方先行。

①马五进六　车 2 平 4

②马六进四　将 5 平 6

③马四进三　将 6 平 5

④车四进三（红胜）

如图 6-10，红方先行。

①兵七进一　卒 3 进 1

黑方如改走车 2 平 3，则炮五平七，黑方仍失子。

②马五进四　马 3 退 4

③车三进一　象 3 进 5

④车三退一　卒 3 进 1

⑤马四退五

至此，红方得一马并在中路形成攻势。

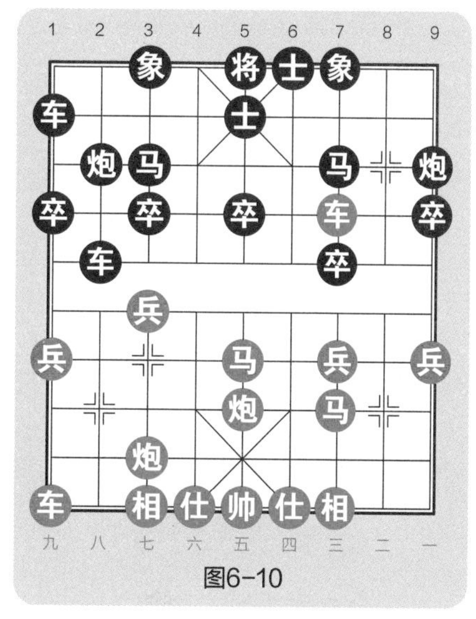

图6-10

如图 6-11，红方先行。

①马三退四　后炮平 6

②车五退一　炮 6 进 7

③相五进三　炮 6 平 9

④相三退五（红方得子）

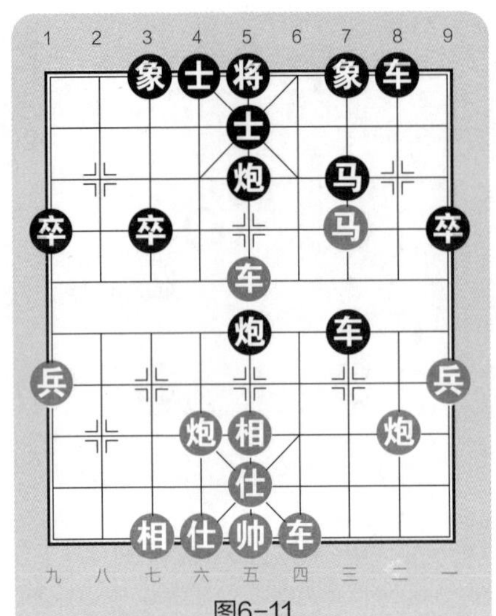
图6-11

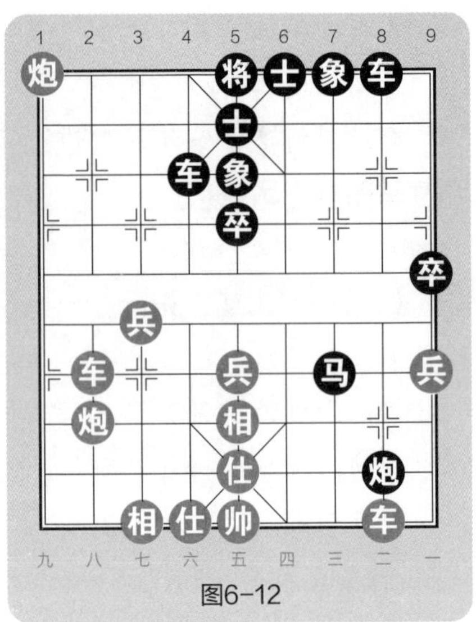
图6-12

如图 6-12，红方先行。

①车八进六　士 5 退 4　　②车八退二　士 4 进 5

③车八平七　士 5 进 6

黑方如改走将 5 平 4，则炮八进七，将 4 进 1，车七进一，红胜。

④车七平六（红方得车胜定）

如图 6-13，红方先行。

①车八平六　士 5 进 4

②炮八平六　士 4 退 5

③炮六平四　士 5 进 4

④马三退四　将 4 平 5

⑤车六平五（红胜）

图6-13

如图 6-14，红方先行。

①马六进八　炮 7 退 2

②车四进二　车 6 平 4

③车九平六　马 3 进 5

④马八进七　车4退5

⑤车六进六（红方胜定）

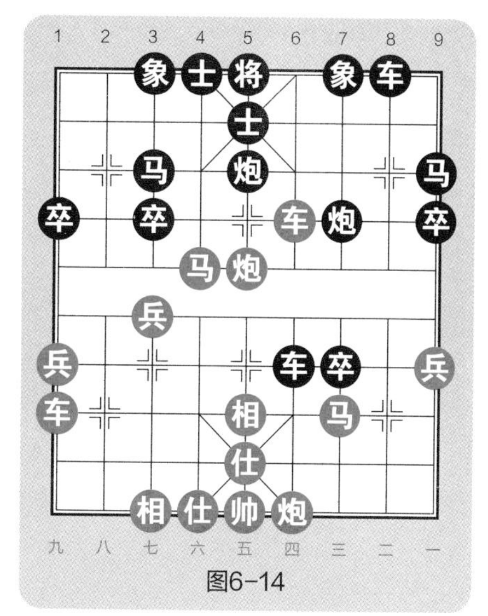
图6-14

如图6-15，红方先行。

①车六进六　马3进2

黑方如改走马3退1，则炮三进七，车8平7，车二进三，炮9退1，红方兑炮赚象，中路攻势强烈。

②炮五平二　炮8平6

③车二进三　马2进3

④炮三平七　炮9退1

⑤车二平四（红方得子）

如图6-16，红方先行。

①马五进七　卒3进1　　②兵五进一　士5进4

黑方此着本意是解红方潜在的马七进八，将4进1，炮五平九的马后炮杀。

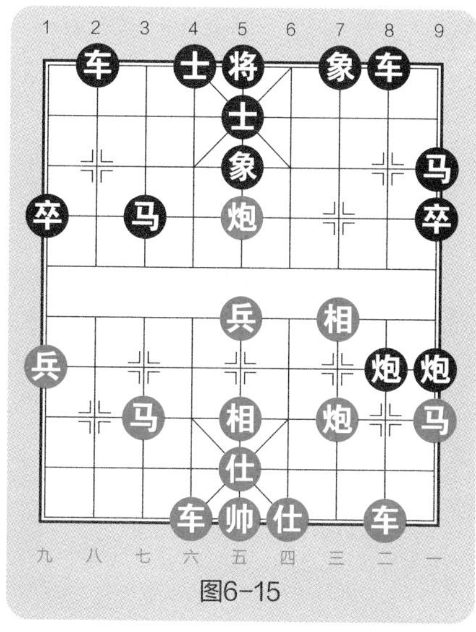
图6-15

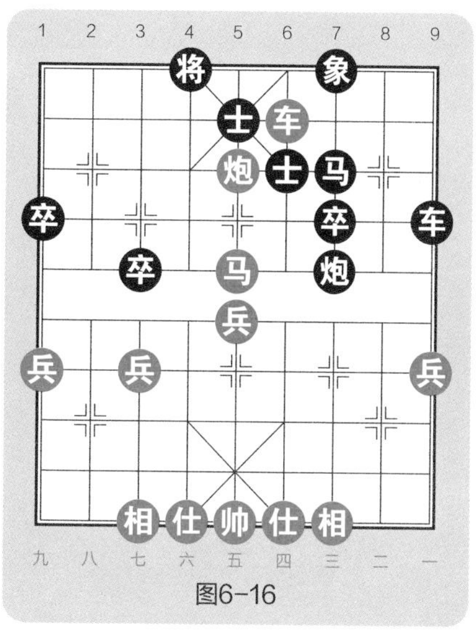
图6-16

③马七进八

红方也可走车四平五，士4退5，马七进八，将4进1，炮五平九，仍维持原构思杀法。

③……　　将4平5　　④马八退六　将5平4

⑤炮五退一

至此，红方下一着炮五平六，马后炮胜。

如图6-17，红方先行。

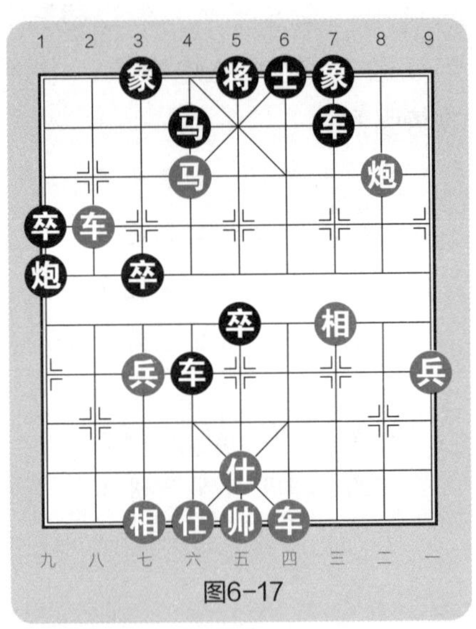

图6-17

①炮二进二

红方接下来伏有车四进九，将5进1，车四平五闷杀的手段。

①……　　车4退4

②车八平五　将5平4

③车五进二

精妙之着！弃车拦马要杀。

③……　　车7平5

④车四进九　车5退1

⑤车四平五（红胜）

如图6-18，红方先行。

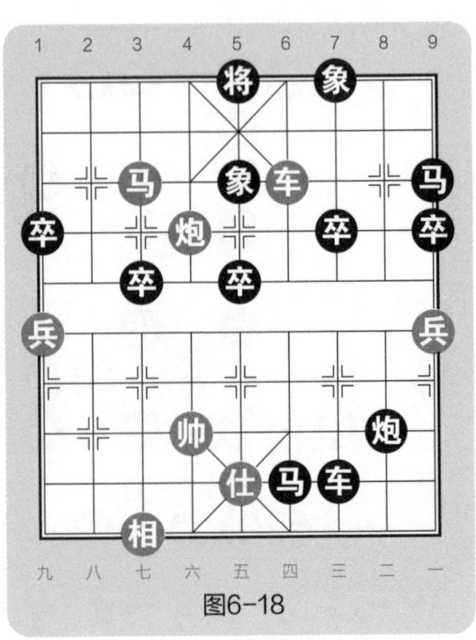

图6-18

①炮六平五　象5退3

②马七进六　炮8退4

黑方如改走车7退1，则帅六退一，马6退5，炮五退三，象3进5，马六退五，象7进5，车四平五，将5平6，车五平四，红胜。

③车四退一　将5进1

④车四进二　将5退1

⑤马六退五　炮8平5　　⑥马五进七（红胜）

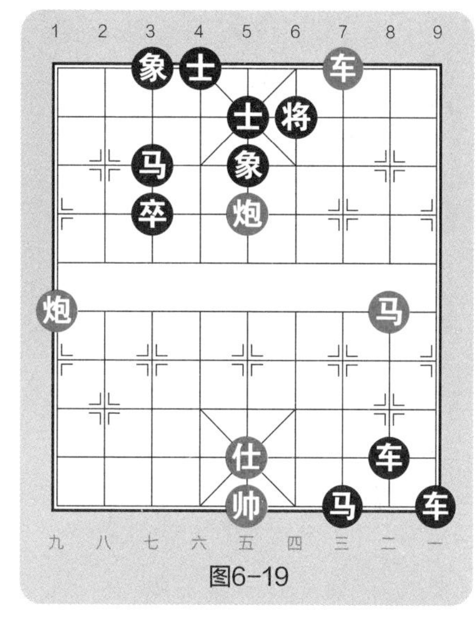

图6-19

如图6-19，红方先行。

①马二进三　将6进1
②车三退二　将6退1
③车三平二　将6退1
④马三进二　将6进1
⑤车二平四　士5进6
⑥炮九平四　士6退5
⑦炮五平四（红胜）

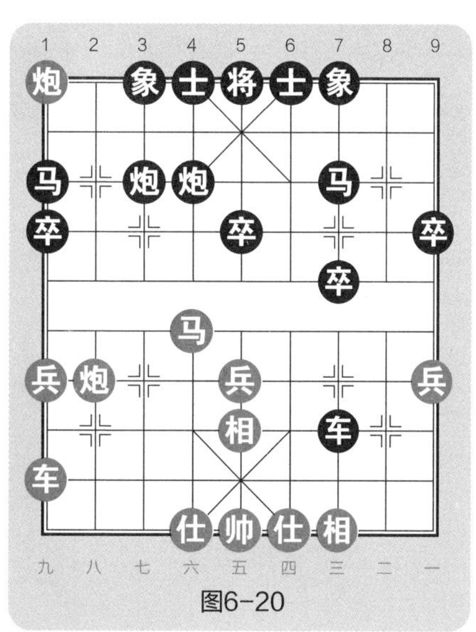

图6-20

如图6-20，红方先行。

①车九平七　炮3退1
②炮八进四　马7进8
③车七进七　象7进5
④车七平六　士6进5
⑤炮八平五　将5平6
⑥炮五平九（红方得子胜定）

如图6-21，红方先行。

①车六进三　炮1退4
②马九进八

红方跃马拦炮，防止黑方炮1平7解杀。

②……　　　炮1退1
③马八进六　卒3进1
④车五平三　炮1平4
⑤车六平四　车6退5
⑥车三进一（红胜）

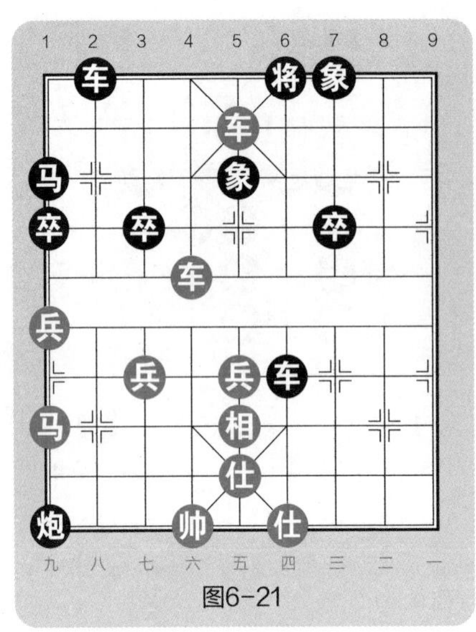
图6-21

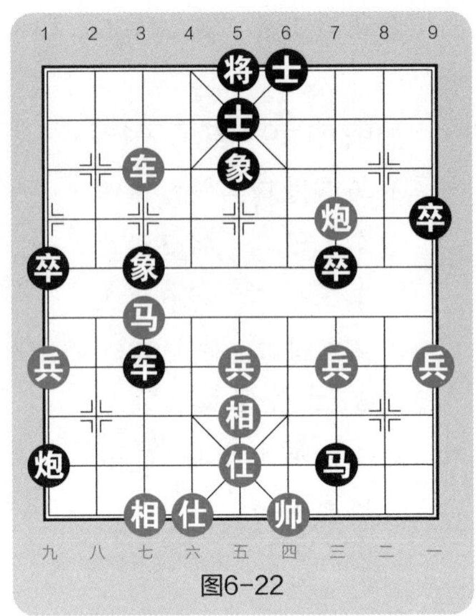
图6-22

如图 6-22，红方先行。

①马七进五　炮 1 平 4　　②仕五进六　象 5 退 7

黑方如改走马 7 退 5，则帅四平五，象 5 退 7，车七进二，士 5 退 4，马五进四，将 5 进 1，车七退一，将 5 进 1，车七平四，将 5 平 4，炮三进一，象 3 退 5，马四退五双将杀，红胜。

③车七进二　士 5 退 4　　④马五进四　将 5 进 1

⑤车七退一　将 5 进 1　　⑥炮三进一（红胜）

二、拦截抢先夺势

拦截抢先夺势主要有两种方法：一是延缓对方兵力进攻速度，使己方在进攻速度上快于对方；二是阻挡对方兵力增援，使己方在局部战斗中集中优势兵力夺取主动。

【例局 1】延缓对方进攻速度

如图 6-23，红方先行。观枰可知，红方在左翼有炮七进七再炮七平九进行沉底的进攻路线，但黑方也有马 5 进 4 奔卧槽及炮 5 进 4

取中兵的手段。这时速度是决定主动权归属的关键。因此红方可运用拦截的手段延缓对方的进攻速度，从而夺得主动权。

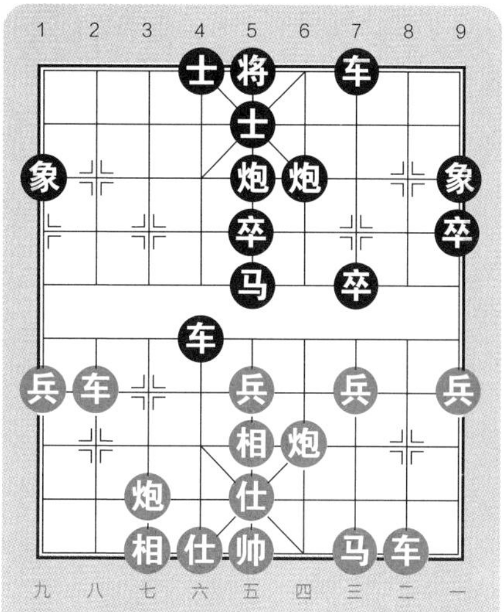

①兵五进一　车4平5

②炮七进七　马5退3

黑方如改走车5平4，则车八进五，士5退6，炮七进一，士4进5，炮七平九，红方成沉底炮抽将之势。

图6-23

③车八进三　炮6进1

④车二进六　炮6平7

⑤炮四进四　马3进4　　⑥车八进二

至此，红方牢牢掌握主动权。

【例局2】阻挡对方增援兵力

如图6-24，红方先行。红方双车炮集中于左翼威胁黑方底线，黑方双车炮配合在中路有捉相突破防线之着。红方可用阻挡增援兵力的办法夺取主动。

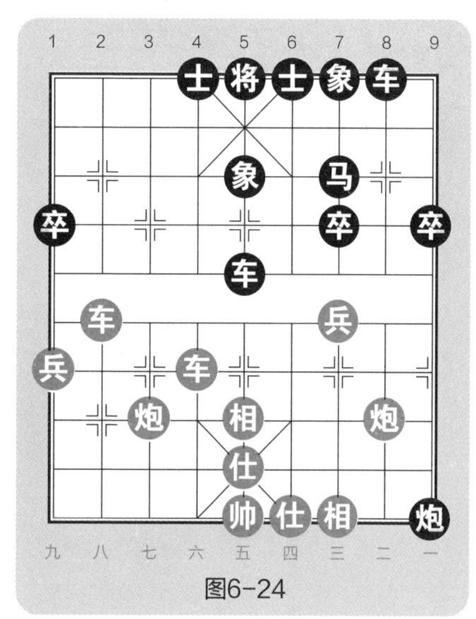

图6-24

①车八进五　士6进5

②炮七平六　马7进5

黑方如改走车5平3，则车六进五，黑方形势危险。

③车六进三　车8进2

④炮六进七　象5退3

⑤车八平七　士5进4

⑥炮六平三　将5进1　　⑦车六退四（红方优势）

练习题

如图6-25，红方先行。

①兵五进一　卒5进1　　②车八进五　马4退3

③车八平五

至此，红方逼退黑方河沿马并控制中路，多兵占优。

如图6-26，红方先行。

①炮五进一　炮7退2　　②兵五进一　车4退1

黑车被迫后退，否则红方续走兵五平四捉炮及炮五进四抽车，黑方要失子。

③兵五平四

至此，红方中兵渡河有连续捉子的手段。

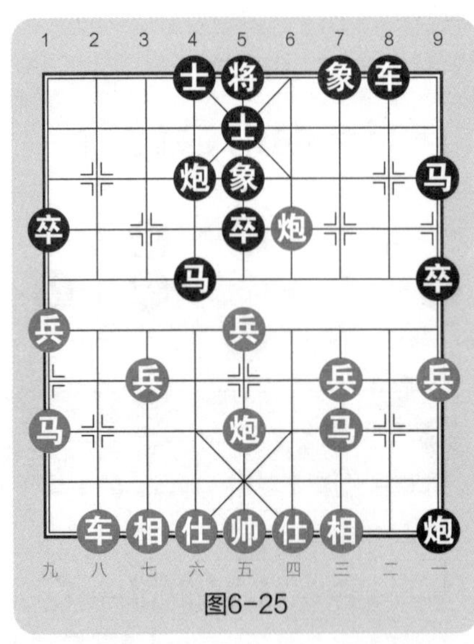
图6-25

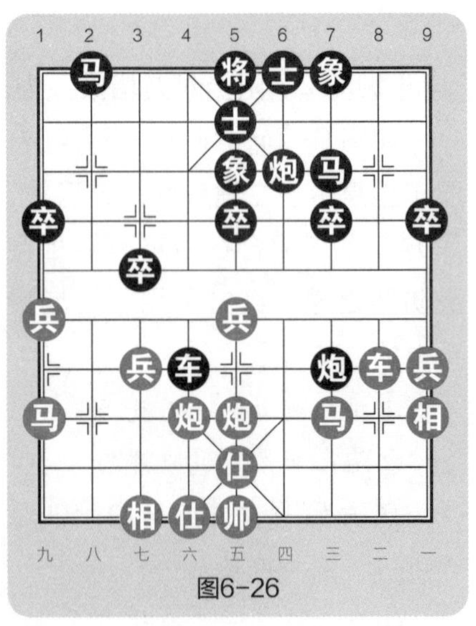
图6-26

如图6-27，红方先行。

①马二进四　车5平3　　②相三进五　车3平5

③车二平四　将5进1　　④车一进四（红方胜势）

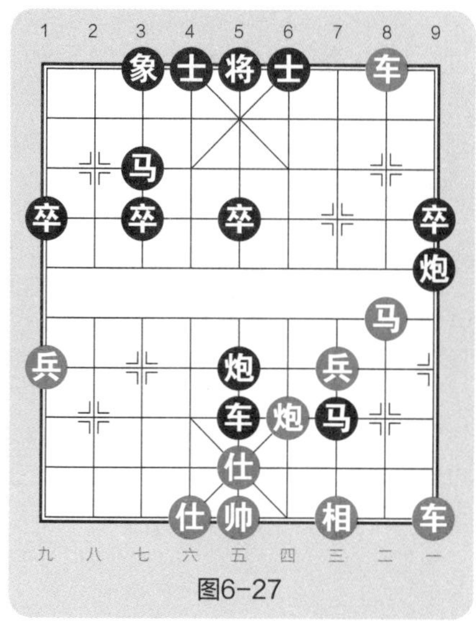

图6-27

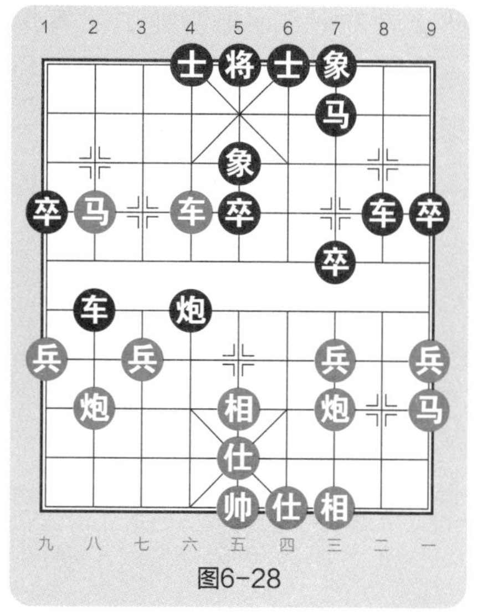

图6-28

如图 6-28，红方先行。

① 马八进七　将 5 进 1　　② 兵七进一　炮 4 平 5

③ 帅五平六　将 5 平 6　　④ 炮三平四

至此，黑将不安于位，红方续有马一退三和车六退三等多种攻法。

如图 6-29，红方先行。

① 相九进七　炮 5 平 4

黑方如改走炮 5 平 9，则红方车七平三捉双。

② 车七进一　炮 4 平 9

④ 车七退一　士 4 进 5

③ 车七退一（红方先手）

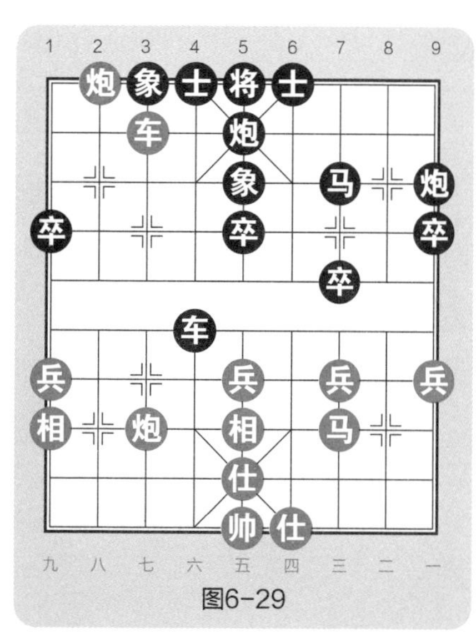

图6-29

如图 6-30，红方先行。

① 炮六进五

红方进炮拦炮精妙之着！既

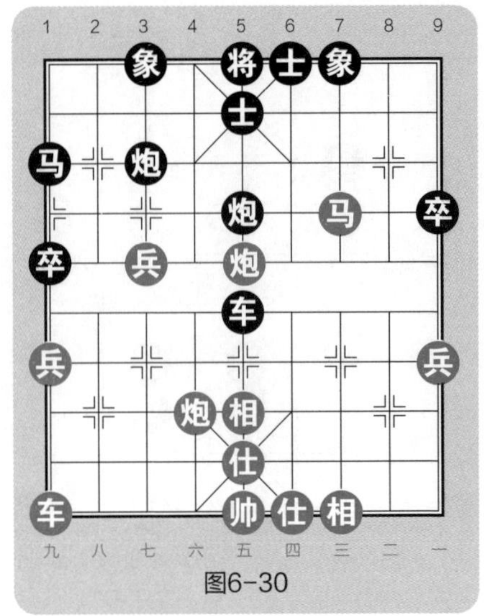
图6-30

防止黑方炮3平5兑炮，又有炮六平九，象3进1，兵七进一的续攻手段。

①…… 炮3退1

②炮六平二 车5平4

③炮二退一 炮5退1

④车九平八（红方大优）

如图6-31，红方先行。

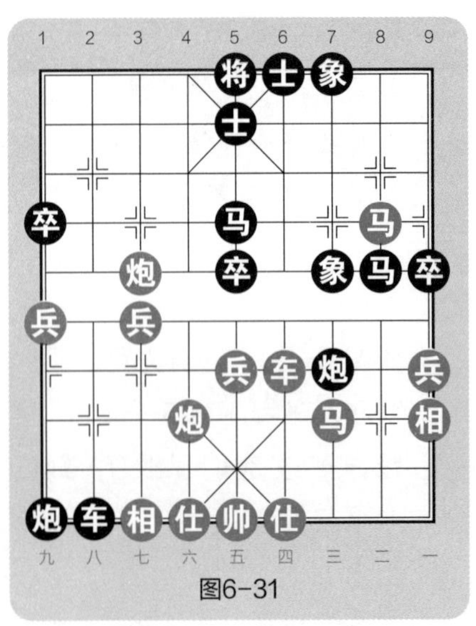
图6-31

①相一进三 士5进6

黑方如改走象7退5，则炮七平二，炮1平3，帅五进一，车2退1，炮六退一，将5平4，炮二退四，红方得子占优。

②马二进四 将5进1

③马四退六 将5退1

④车四进三 马8退7

（红方大优）

如图6-32，红方先行。

①相五进三

此着既可拦车解除中马被捉的危险又为进中兵拦车捉马创造条件。

①…… 象7进5

②炮八平五 车7平9 ③兵五进一 车9进2

④马五进六

至此，红车突破黑方双马的封锁，同时红方中兵渡河，优势扩大。

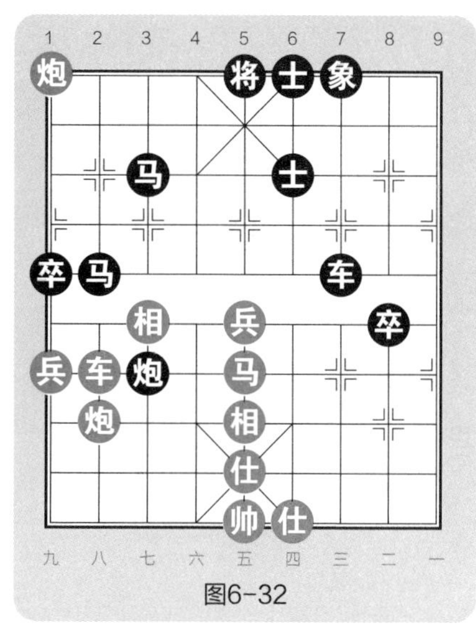
图6-32

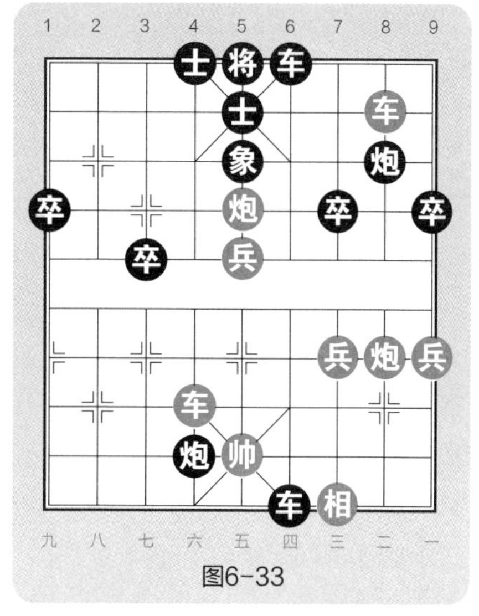
图6-33

如图 6-33，红方先行。

①兵五平四　炮 4 进 1

黑方如改走前车退 5，则帅五平六，前车进 4，炮五退五。至此，黑方必须弃车砍炮，红方多子胜势。

②炮五平八　士 5 进 4　　③炮八进三　士 4 进 5

④炮八平四（红方得车胜势）

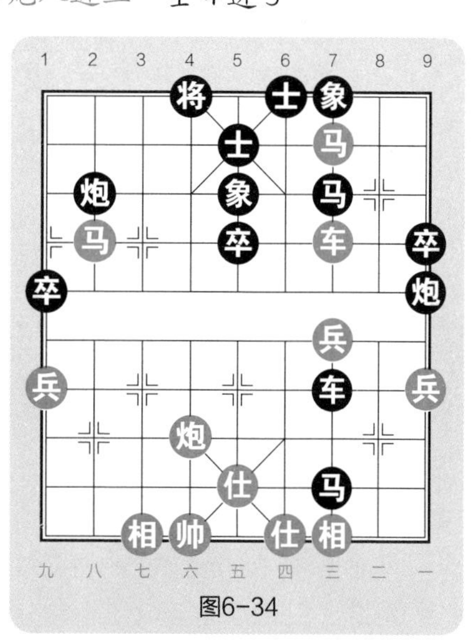
图6-34

如图 6-34，红方先行。

①车三退一　将 4 进 1

黑方如改走象 5 进 7，则马八进六，车 7 平 4，马六进八双将杀，红胜。

②车三平六　士 5 进 4

③车六进二　将 4 平 5

④车六平八　将 5 平 6

⑤车八平五（红方胜势）

如图6-35，红方先行。

①兵七进一　将5平6
②炮五平四　车6平8
③相三进五　士5进4
④兵三进一　后车退3
⑤车七平五　后车平3
⑥兵七进一

至此，红兵渡河，黑方阵形散乱，红方大优。

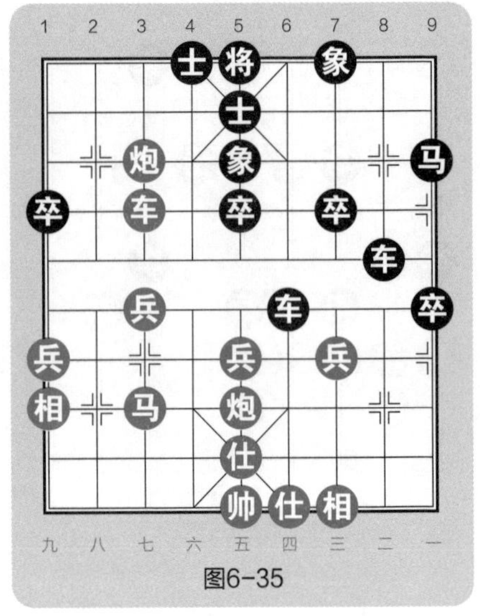
图6-35

如图6-36，红方先行。

①车二进六　炮9进4
②马六进四　炮4退5
③车二退四　炮9退1
④兵三进一　马6退4
⑤车二进六　炮9进1
⑥炮三进一　车3进6
⑦兵三进一

至此，红方三次拦炮后，顺利突破黑方7路线，红兵过河，优势明显。

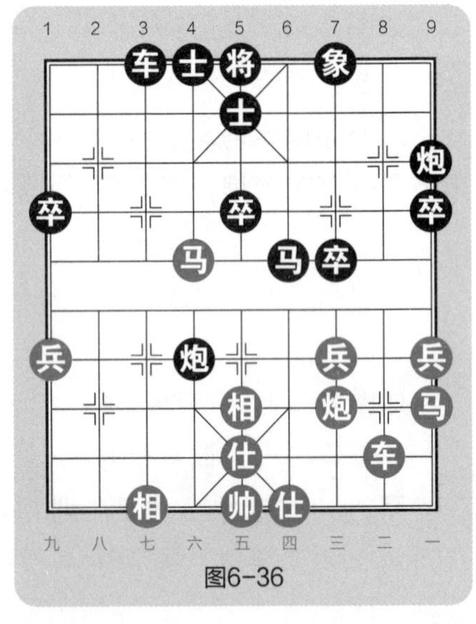
图6-36

如图6-37，红方先行。

①炮五平七　炮3退6
②车八平七　将4进1
③马六进五　将4平5
④马五进三　将5平4
⑤兵五进一　车8平7
⑥马三进四　将4平5
⑦兵五进一　将5平6
⑧马四退二

至此，红方伏有车七退一的严厉杀着。

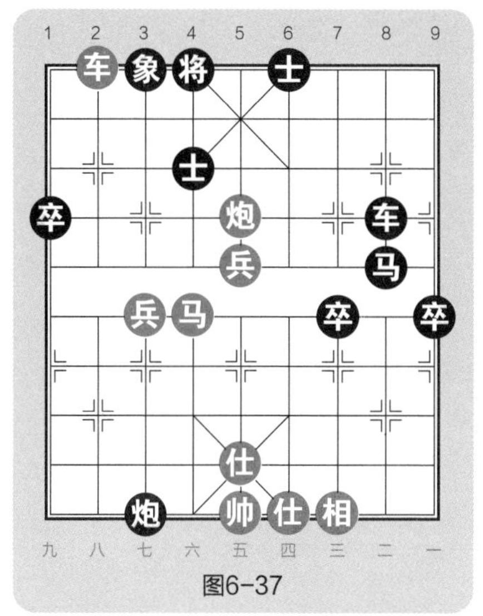
图6-37

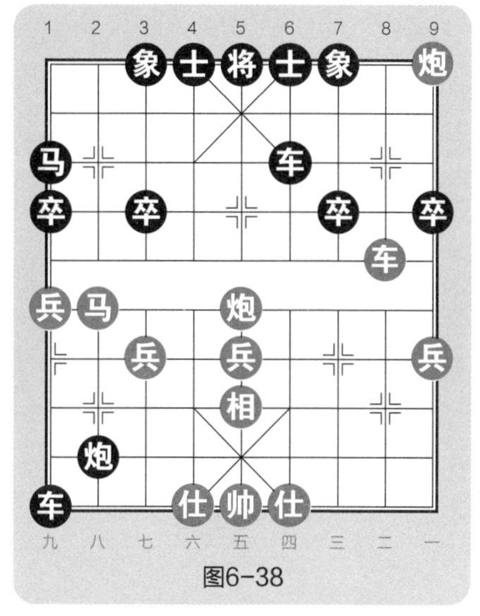
图6-38

如图 6-38，红方先行。

①仕四进五

红方上仕拦炮，伏有车二平五，士 4 进 5，炮五平三，将 5 平 4，车五进三再炮三进五的杀着。

①…… 炮 2 进 1 ②相五退七 将 5 进 1
③车二进三 将 5 退 1 ④马八退六 车 6 进 2
⑤马六进五 士 4 进 5 ⑥车二平五 将 5 平 4
⑦马五进六 车 1 退 4 ⑧马六进八 马 1 退 3
⑨车五平七（红方胜势）

第三单元　运子战术

运子战术有四种：顿挫、腾挪、堵塞、驱逐。

运子战术的主要特点是：①通过兵力运动，占领攻防要点，以加强进攻和防守；②兵力的运动通过战术手段来完成，在兵力运动过程中，对对方造成威胁，在攻其所必救的过程中完成调动兵力的任务；③调运兵力的目的是争取棋战的主动权，而主动权一般是在综合比较实力的强弱和推进速度的快慢中显现出来的；④运子战术在运动兵力的过程中不仅要使己方扩大控制范围、使进攻和防守态势更加富有活力和弹性，同时还要压缩对方活动的空间，迫使对方阵形散乱，暴露出弱点；⑤一般地讲，顿挫和腾挪主要是运动己方兵力为主，驱逐和堵塞主要是迫使对方暴露弱点为主；⑥运子战术的技巧含量大，组织战斗的范围更广，主旨更深，是架起战术和形势判断的桥梁。

第7课 堵塞

在象棋攻防战斗中，堵塞对方将（帅）的活动通道或者堵塞象眼的战术叫堵塞战术。实施堵塞战术一般可形成闷宫、闷杀、臣压君等基本杀法。

堵塞战术一般有堵塞将（帅）路和堵塞象（相）眼两种形式。

一、堵塞将（帅）路

堵塞将（帅）的活动通道一般有两种形式：一种是引离将（帅），使其到新的位置后活动受己方其他子力的压制；另一种是引离对方子力，使其自行堵塞将（帅）的活动通道。堵塞对方将（帅）活动通道的方法主要采取弃子引离或利用攻杀迫使对方自行堵塞。

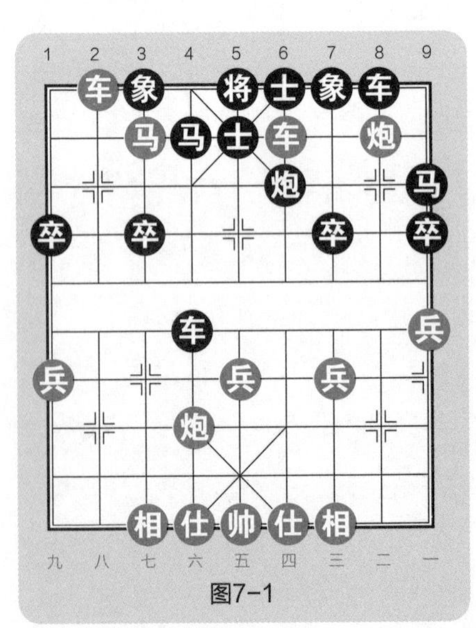

图7-1

【例局1】引离将形成堵塞

如图7-1，红方先行。红方双车马炮已攻入黑方腹地，后方仕角炮和前方兵力配合成立体攻势。红方可运用弃子引离将形成堵塞，从而利用臣压君杀法入局。

① 车八平七　士5退4

② 车七平六　将5平4

③ 车四进一（红胜）

【例局 2】引离子力形成堵塞

如图 7-2，红方先行。观枰可知黑方马、象是红方攻杀的障碍。红方可用弃子引离使黑方马堵塞将路而形成闷杀。

① 车七平四　马 4 退 6　　② 马三进二　炮 7 退 4

③ 车一进四

至此，黑将被马堵住退路，底象被红马压住象眼，形成闷杀。

【例局 3】利用攻杀形成堵塞

如图 7-3，红方先行。红方少一子，但车马炮三子归边且有红帅助攻。红方可用战术组合导致黑方堵塞而成闷杀。

① 马六进七　炮 3 退 2　　② 车六进一　将 5 进 1

③ 炮八退一　马 3 退 5　　④ 车六退一（红胜）

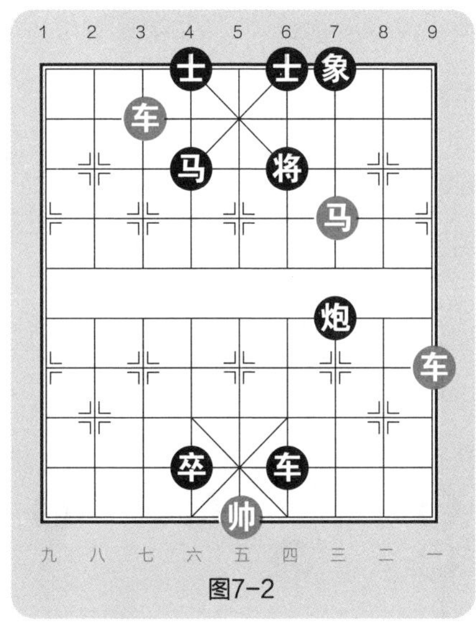

图7-2

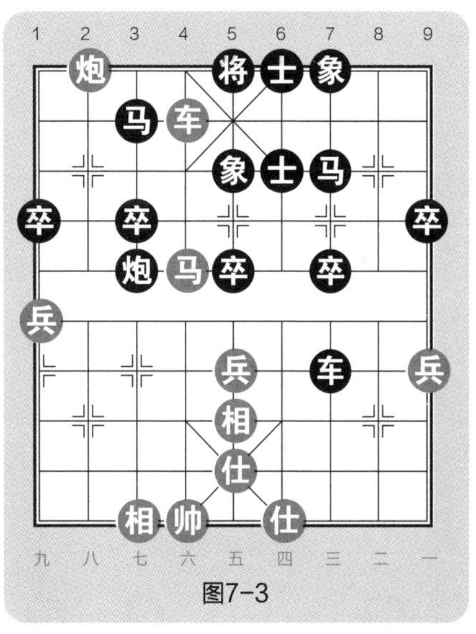

图7-3

练习题

如图 7-4，红方先行。

①车三进一　将 6 进 1

②车三平四　士 5 退 6

③马三进二　马 9 退 8

④兵二平三（红胜）

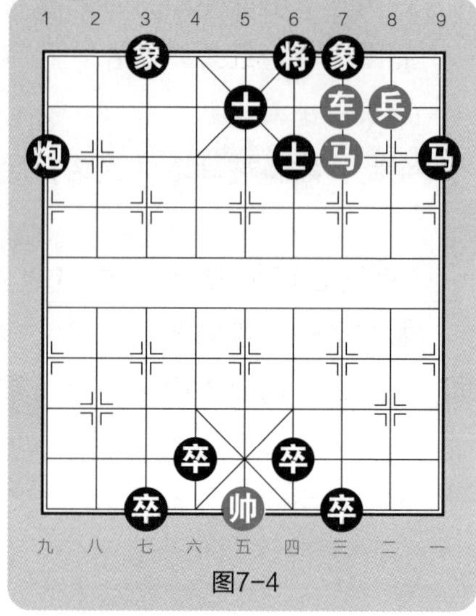

图7-4

如图 7-5，红方先行。

①炮八平五　炮 2 平 5

②前炮进四

红方妙手堵塞将路要铁门栓杀。

②……　　　象 7 进 5

③前炮退五　士 4 进 5　　　④车四进二（红胜）

如图 7-6，红方先行。

①车四进三　士 5 退 6　　　②马三进五　将 4 平 5

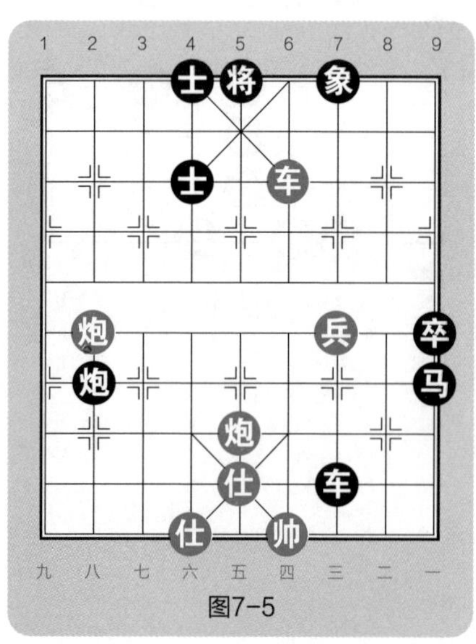

图7-5

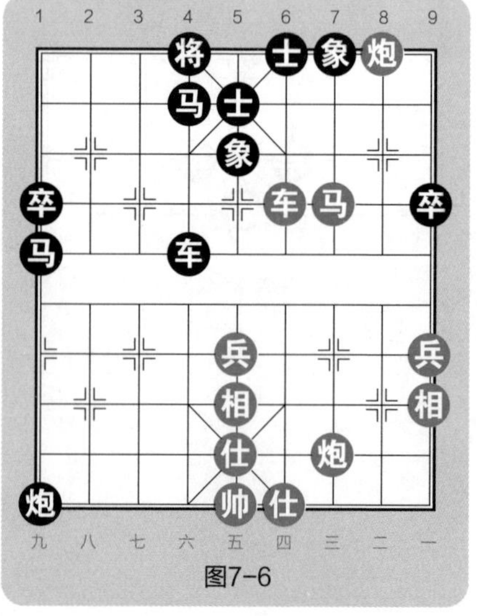

图7-6

③ 马五进三　将 5 平 4
④ 炮三进八（红胜）

如图 7-7，红方先行。
① 前车平五　象 3 进 5
② 车六进七　将 5 进 1
③ 兵七平六　将 5 平 6
④ 兵三进一　将 6 进 1
⑤ 车六平四（红胜）

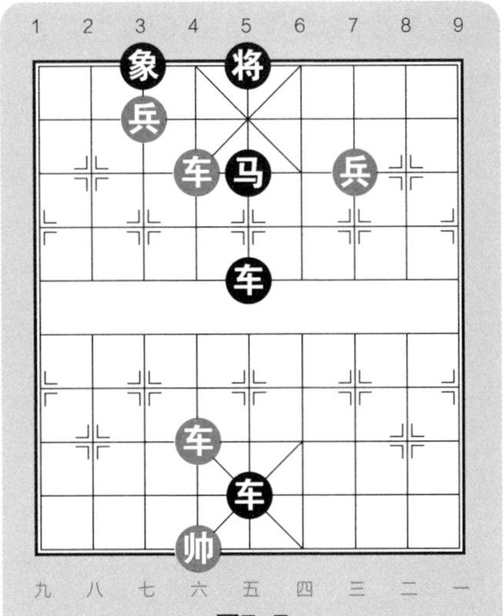

图7-7

如图 7-8，红方先行。
① 马三进二　将 6 平 5
② 炮一进三　将 5 进 1
③ 炮三进四　将 5 进 1
④ 炮一退二　将 5 平 6
⑤ 炮三退一（红胜）

如图 7-9，红方先行。
① 马七进六　车 7 平 4
② 马六进四　将 5 平 6

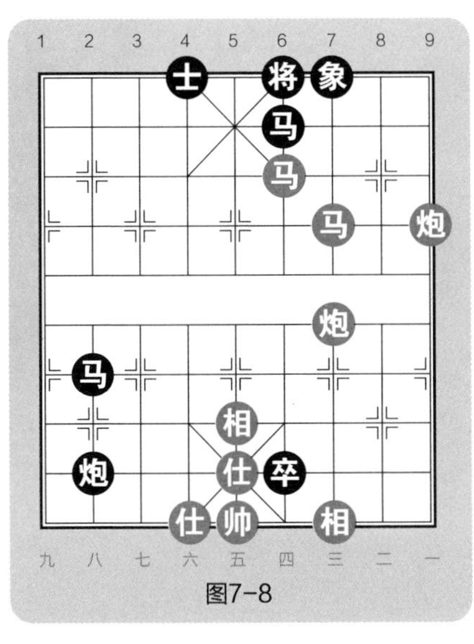
图7-8

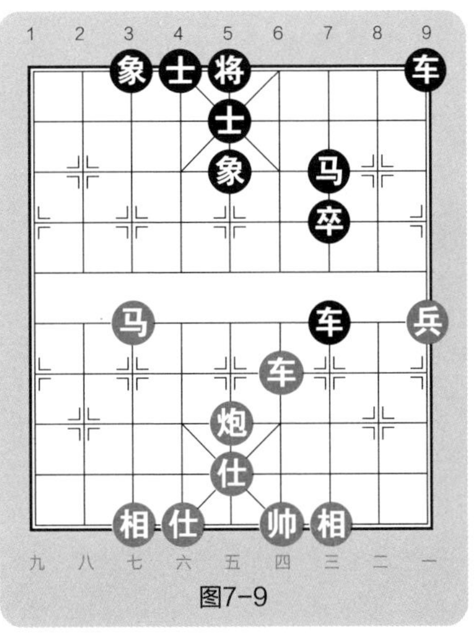
图7-9

③马四进三　将6平5　　④车四进六　马7退6

⑤马三退四（红胜）

如图7-10，红方先行。

①马八进六　炮7平4

②炮三进七　士6进5

③车四进一　将5平6

④炮三平一　马8进6

⑤车二进一（红胜）

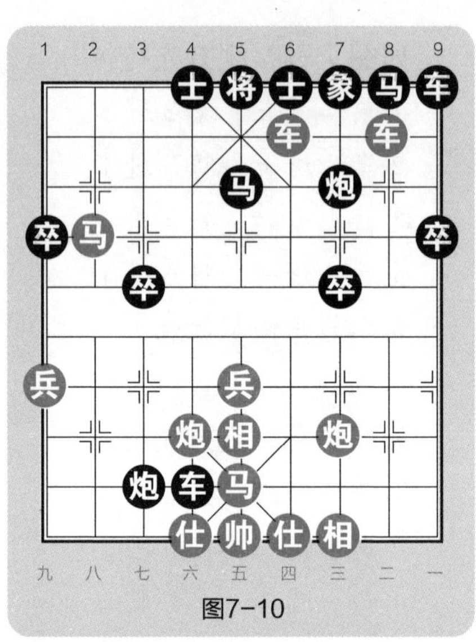
图7-10

如图7-11，红方先行。

①炮五进四　马7进5

黑方如改走车7进1，则炮六平五后伏有帅五平六作杀的手段。

②车四进八　将5平6

③车六进三　将6进1

④炮六进六　将6进1

⑤车六平四（红胜）

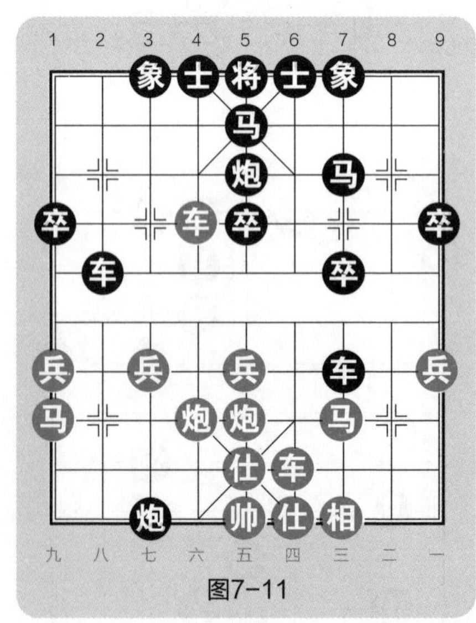
图7-11

如图7-12，红方先行。

①车九平六　将4退1

②马三进四　马8退6

③车五进二　将4进1

④马二进四　炮2平6

⑤炮三退一　马6退4

⑥车五退一（红胜）

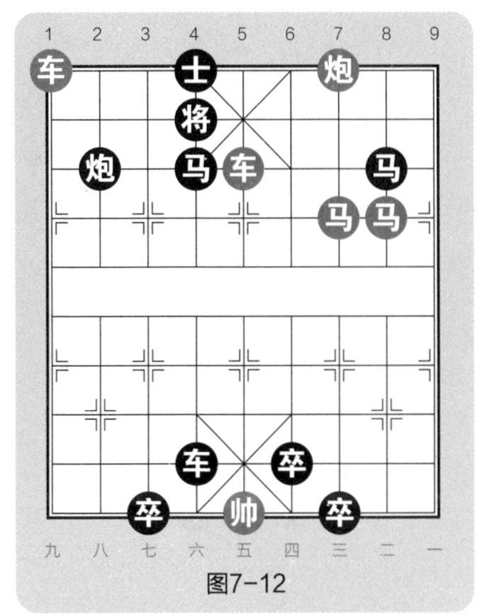

图7-12

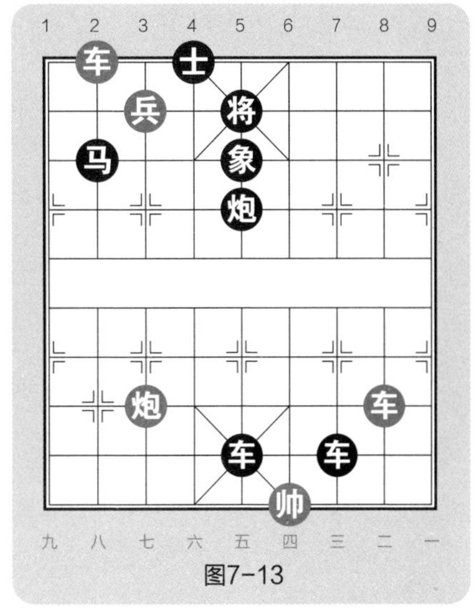

图7-13

如图7-13，红方先行。

①兵七平六　马2退4

黑方如改走将5平4，则车八退一，将4进1，车八退一，将4退1，车八进一，将4进1，车二平六，红胜。

②车二进六　将5退1　　③炮七进七　士4进5

④炮七退一　士5退4

⑤车二平五　炮5退2

⑥炮七进一（红胜）

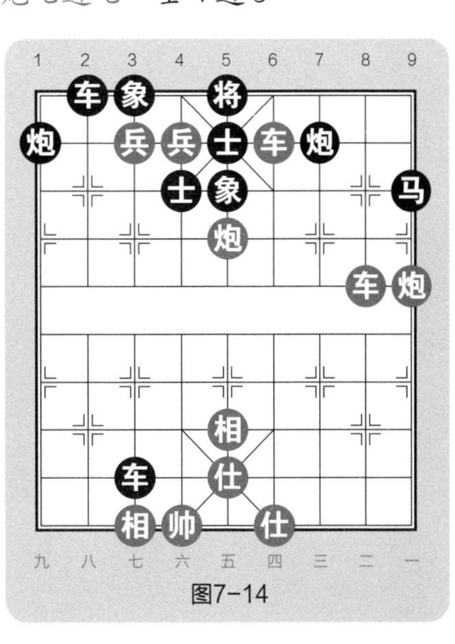

图7-14

如图7-14，红方先行。

①车二进四　马9退8

②兵六进一　将5平4

③车四进一　士5退6

④兵六平七　将4进1

⑤炮一平六　士4退5

黑方落士自阻将路，以下成重炮杀。

⑥炮五平六（红胜）

如图 7-15，红方先行。

①车五进一　将 6 平 5

②车三进三　象 5 退 7

③马二进四　将 5 进 1

④马四进六

红方弃马叫将，妙手！黑方如将 5 平 4，则炮七进二，红胜。

④……　　　将 5 进 1

⑤炮七进一　士 4 退 5

⑥炮八退一（红胜）

图7-15

如图 7-16，红方先行。

①炮五进四　士 6 进 5

②车八平五　将 5 平 6

③车五进一　将 6 进 1

④车六进四　马 3 退 5

⑤车五平四　将 6 退 1

⑥车六进一　将 6 进 1

⑦车六平四（红胜）

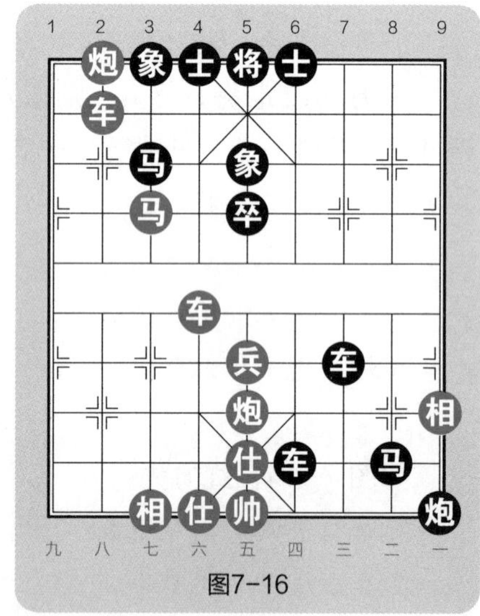
图7-16

如图 7-17，红方先行。

①车八平四　士 5 进 6

②车四进三　将 6 平 5

③车二平五　将 5 平 4　　　④车四进一　马 7 退 5

黑方如改走士 4 进 5，则车四平五，马 7 退 5，炮四进六，红胜。

⑤车五平六　将 4 退 1　　　⑥车四进一　将 4 进 1

⑦炮四进六（红胜）

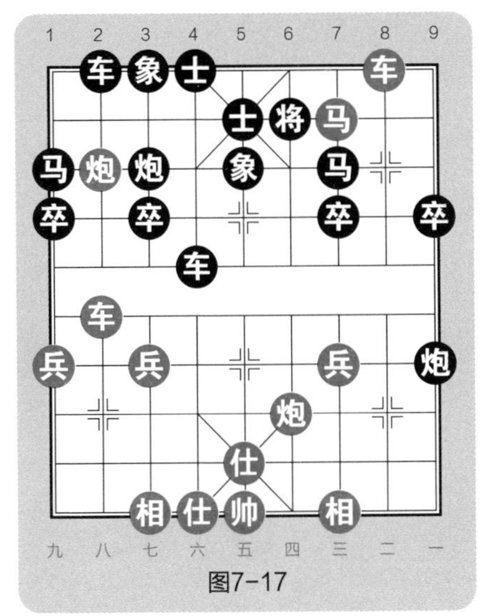
图7-17

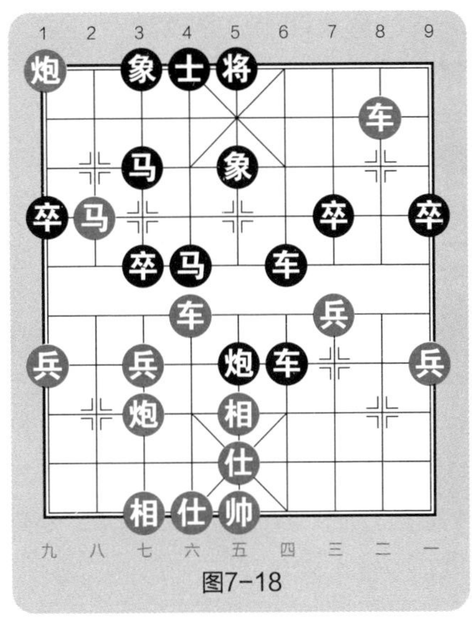
图7-18

如图 7-18，红方先行。

①马八进七　将 5 平 6　　②马七退五　马 4 退 5

黑方如改走将 6 平 5，则马五退四，车 6 退 2，炮七进三借杀捉车，仍是红胜。

③车二进一　将 6 进 1　　④车六进四　马 3 退 5

⑤车二平四　将 6 退 1

⑥车六进一　将 6 进 1

⑦车六平四（红胜）

如图 7-19，红方先行。

①炮八进四　象 5 退 3

②车七平五　将 5 进 1

③车六进三　将 5 进 1

黑方如改走将 5 退 1，则车六进一，将 5 进 1，车六平五，红方速胜。

④马五进六　将 5 平 6

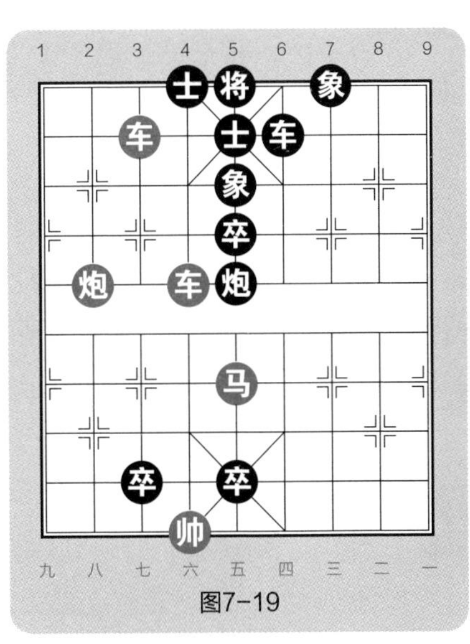
图7-19

⑤车六退一　象3进5　　⑥车六平五　炮5退2
⑦炮八退二　炮5退1　　⑧马六进七　炮5进1
⑨马七进五（红胜）

二、堵塞象（相）眼

堵塞象（相）眼是堵塞战术的又一种表现形式。堵塞象（相）眼的目的有三：一是使对方象（相）不能起拦挡和防守作用；二是使对方象（相）成为攻击目标；三是使对方象（相）成为进攻的炮架。

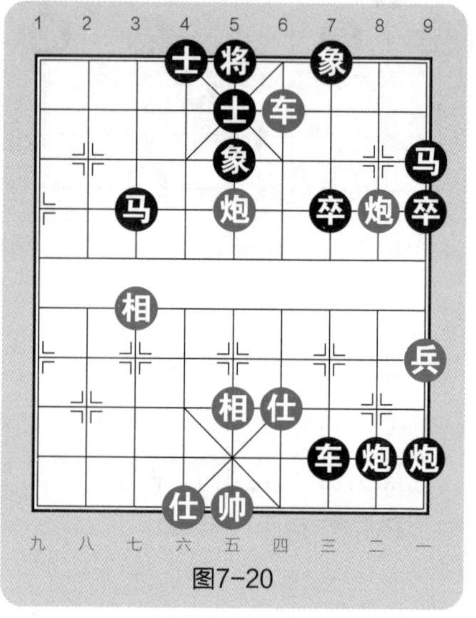

图7-20

【例局1】使象丧失防守能力

如图7-20，红方先行。观枰可知，红方此时若想落仕寻求铁门栓，时间已不允许，因黑方有二路夹车炮杀着。所以红方必须用堵塞战术找出更快的入局方法。

①车四平一　马9退7
②炮二进三　象7进9
③炮二退一

至此，红方退炮拦马压象眼，同时封锁黑方下二路线，黑方只有将5平6，红方接下来车一进一胜。

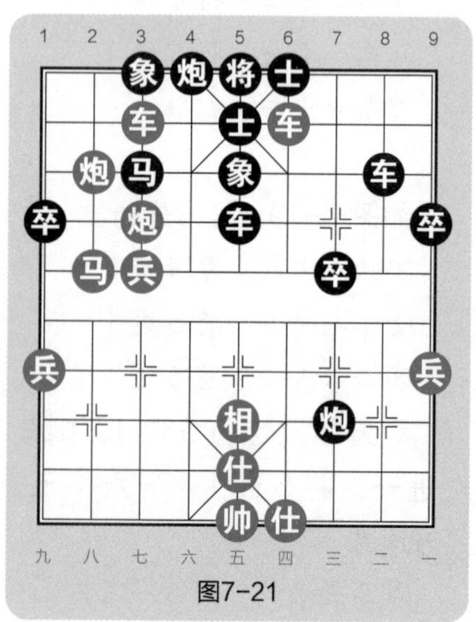

图7-21

【例局2】使对方象成为攻击目标

如图7-21，红方先行。红方

在左翼集中优势兵力要突破黑方阵地，可选底象作为突破目标，用堵塞象眼战术入局。

①车七平六　象3进1　　②马八进七　车5进4

无奈之着，黑方如改走炮4平3，则炮八进二，炮3进3，车六进一，仍是红胜。

③炮八进二　象1退3　　④炮七进三　炮4平2

⑤车六进一（红胜）

【例局3】使对方象成为炮架

如图7-22，红方先行。因黑方有中马，红方弃兵再马挂角，寻求马后炮的计划难以实现，只有使九路底炮投入战斗，在黑方底线创造战机入局。

①兵六进一　将5平4

②马七进八　将4平5

③炮九进九　炮4退2

④马八退六（红胜）

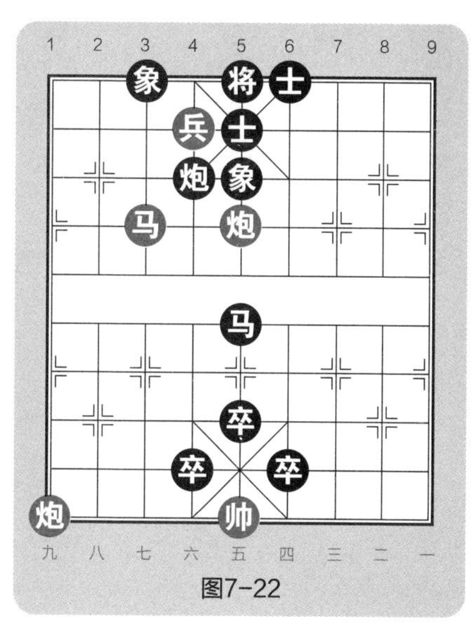

图7-22

如图7-23，红方先行。

①前炮平八　士5进6　　②车四平六　士4进5

③炮七进二　将5平6　　④车六进一（红胜）

如图7-24，红方先行。

①马二进三　将6退1　　②炮一进一　象7进9

③马三进二　将6平5　　④炮四进三　象5退7

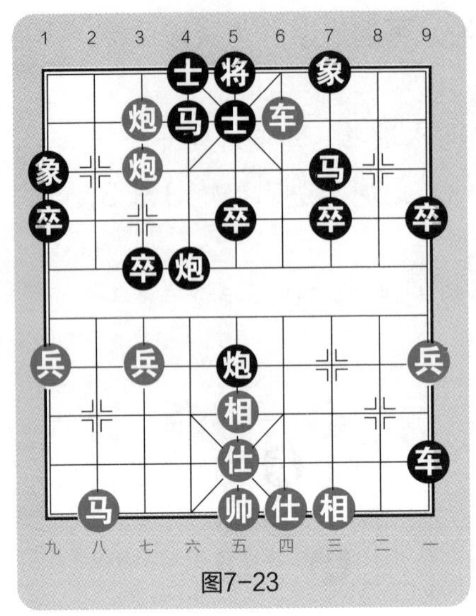
图7-23

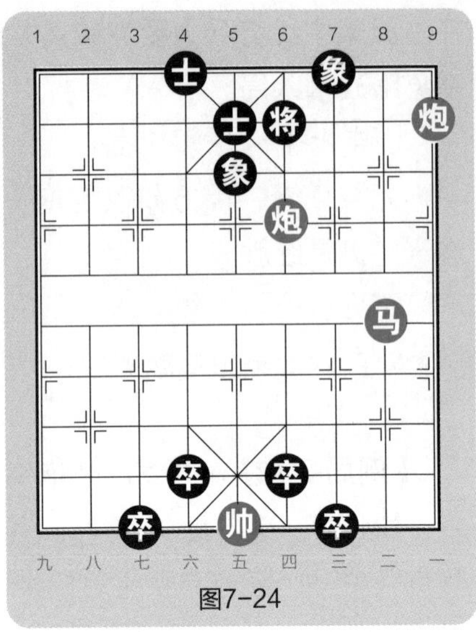
图7-24

⑤炮四退一（红胜）

如图 7-25，红方先行。

①马三进四　象 5 退 7

②车五平六　将 4 平 5

③马一进三　后车退 5

④炮四平五　将 5 平 6

⑤车六进一（红胜）

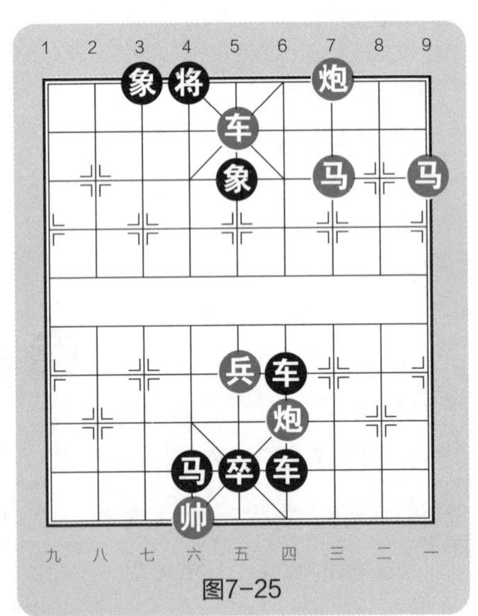
图7-25

如图 7-26，红方先行。

①炮一进五　炮 7 退 2

黑方如改走象 5 退 7，则炮二平五，士 5 进 4，车三平五，士 4 退 5，车五进二，红胜。

②兵六进一　士 5 退 4　　③车六进四　将 5 平 4

④车三平六　将 4 平 5　　⑤炮二平五

至此红方以象做炮架将军，黑象无处飞而成闷杀。

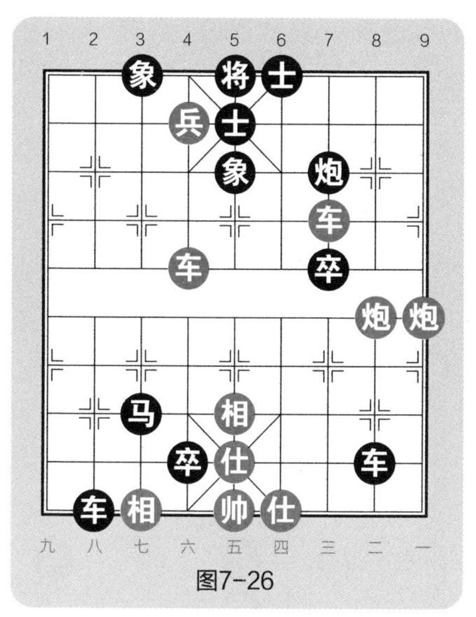
图7-26

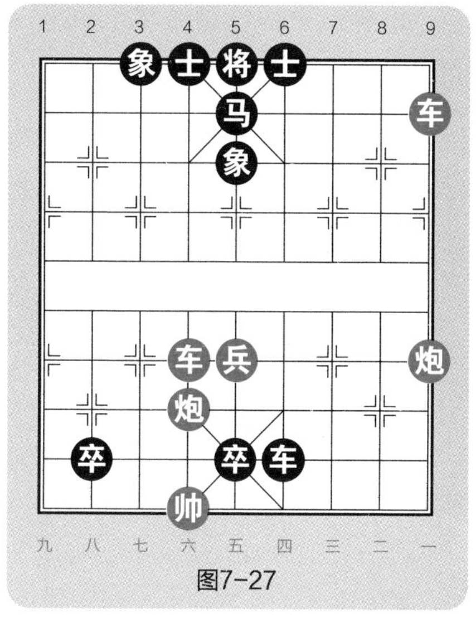
图7-27

如图 7-27，红方先行。

① 车一平四　车 6 平 9　　② 车四进一　将 5 平 6

③ 车六进六　将 6 进 1　　④ 炮六进六　将 6 进 1

⑤ 车六平四（红胜）

如图 7-28，红方先行。

① 炮二平四

精妙之着！红方此着起到腾挪和解杀还杀的作用。

① ……　　　后车进 1

② 车三平四　后车退 2

③ 马八进七　将 5 平 6

④ 车二进六　象 9 退 7

⑤ 车二平三（红胜）

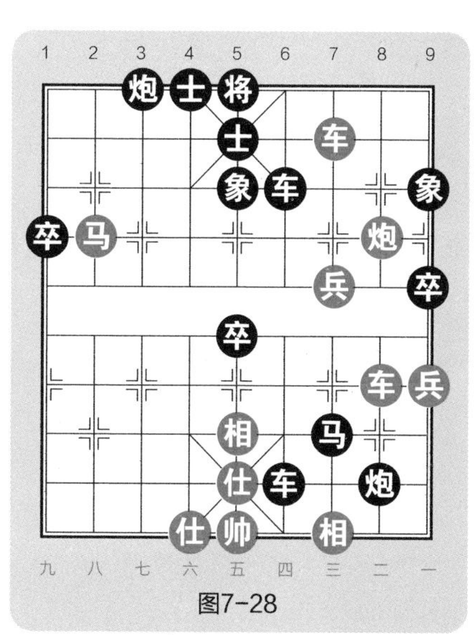
图7-28

如图 7-29，红方先行。

① 马二退三　将 6 进 1

②车一平四　炮6退2　　③车八进五　象7退5

④车八平五　象3进5　　⑤炮八进七　马5退3

⑥马三退五（红胜）

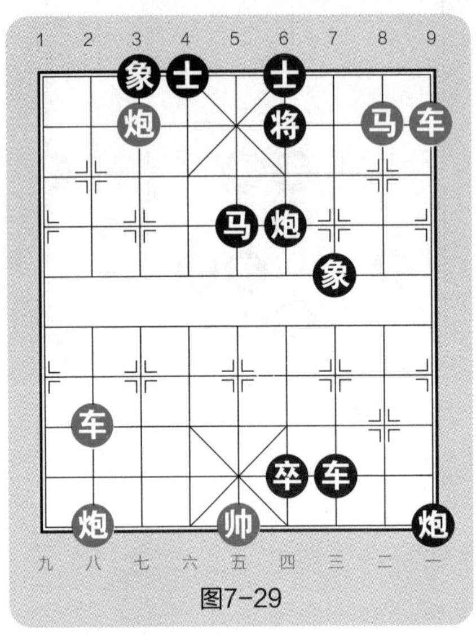

图7-29

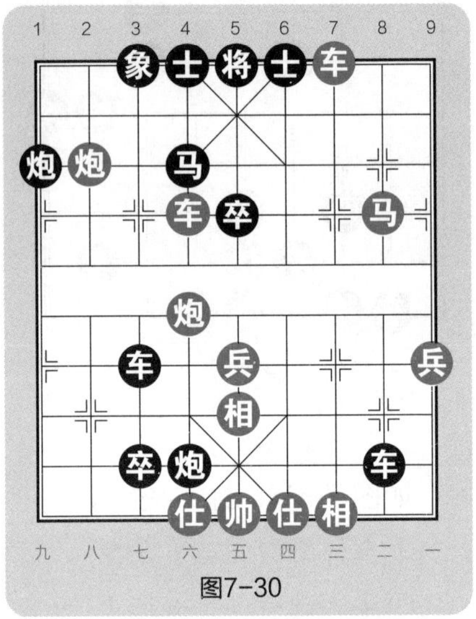

图7-30

如图7-30，红方先行。

①炮六平五　士4进5

②马二进四　马4退6

黑方如改走将5平4，则车三平四，士5退6，炮八进二，象3进5，车六进一，红胜。

③车三平四　将5平6

④车六进三　士5退4

⑤马四进六　士4进5

⑥炮八进二（红胜）

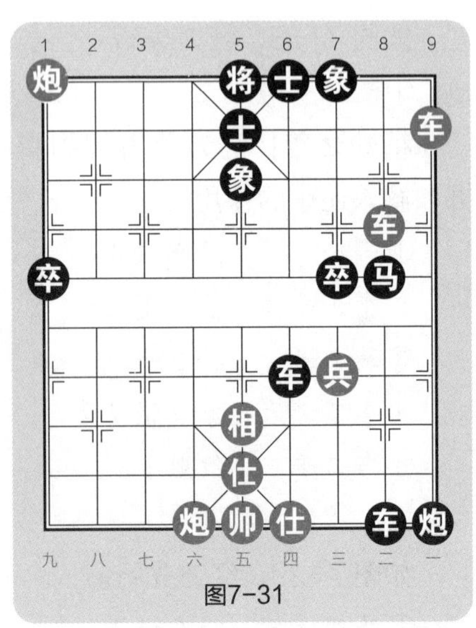

图7-31

如图7-31，红方先行。

①炮六进九　象5退3

黑方如改走将5平4，则车二平六，将4平5，帅五平六解杀还杀，红胜。

② 炮六退一　象3进1　　③ 车一退八　车8平9

④ 炮六平八　将5平4　　⑤ 车二平六　士5进4

⑥ 车六进一　将4平5　　⑦ 车六进一

红方以下炮八进一，形成二路夹车炮胜，黑方无解。

如图7-32，红方先行。

① 炮二平八　将4平5

② 兵五平六　象3进1

黑方如改走象3进5，则帅四平五，将5平6，兵六平五，象5进3，兵五平四，象3退5，炮八平四，将6平5，兵四进一捉死象；又如改走将5退1，则兵六进一，象3进1，炮八进二，象1退3，炮八进二，将5进1，帅四进一，将5退1，兵六进一，红方仍是闷杀胜。

③ 兵六进一　象1进3

④ 炮八进二　将5退1

⑤ 炮八平六　将5进1

⑥ 帅四进一　将5退1

⑦ 兵六进一　象3退1

⑧ 炮六平八　象1退3

⑨ 炮八进二（红胜）

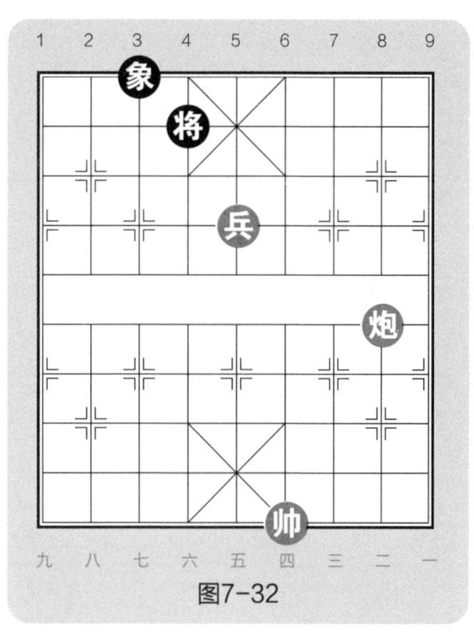

图7-32

如图7-33，红方先行。

① 车四进二　炮7进5

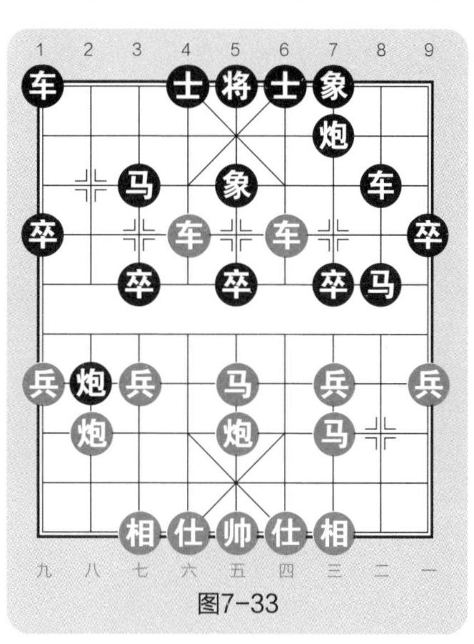

图7-33

②马五进四　炮2退4　　③车六平七　车1平3

④炮八进三　炮7进3　　⑤仕四进五　炮7平9

黑方如改走卒3进1，则炮八平七打马，黑方也难应付。

⑥炮八平五　士4进5　　⑦帅五平四　炮2退1

⑧马四进五　炮2平6　　⑨车七平六

至此，红方有马五进七的双将杀，胜定。

第8课 顿挫

顿挫是利用攻杀手段迫使对方按自己的设想行棋，为己方的攻防部署赢得时间，一般运用顿挫战术可以赚取先手。顿挫有两种表现形式：一是调整己方兵力位置，使兵力配置更合理，兵力组合更富活力，攻击阵形更加锐利，防守态势更加稳固；二是迫使对方行棋时暴露弱点，使其兵力配置失衡，阵形出现缺陷，便于己方抢先把兵力运到预定的最佳位置。

一、调整己方兵力位置

利用顿挫只调整己方兵力位置，双方其他兵力位置基本不动，从而给自己赢得一先棋。其主要方法有三种：利用抽将调整位置，直接将军调整位置，借攻杀调整位置。

【例局1】利用抽将调整位置

如图8-1，红方先行。黑方前方马双卒围攻红帅，后方双车守左翼，但右翼空虚。红方车马炮兵四子已成钳形包围之势，但红炮位置较差，与其他兵力配置欠协调。红方可用顿挫调位入杀。

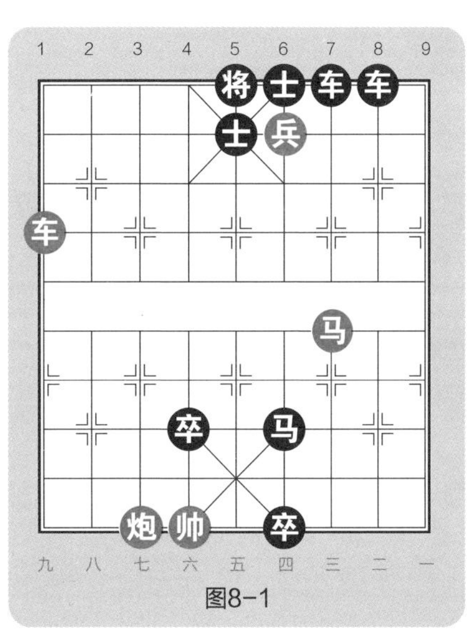

图8-1

①车九进三　士5退4　　②炮七进九　士4进5

③炮七退四

红方退炮便于和车马配合。

③……　　士5退4　　④兵四平五　将5进1

⑤马三进四　将5退1

黑方如改走将5平6，则炮七平四，红胜。由此可见红方第三回合退炮的作用。

⑥炮七进四　士4进5　　⑦炮七退二

红方退炮，为以后挂角马杀法创造条件。

⑦……　　士5退4　　⑧马四进六　将5进1

⑨车九退一（红胜）

【例局2】直接将军调整位置

如图8-2，红方先行。黑方车马卒围攻红帅，但后方空虚。红方车马炮两翼包抄黑将，但红车位置差，红方可通过直接将军调整车的位置，然后配合马炮入杀。

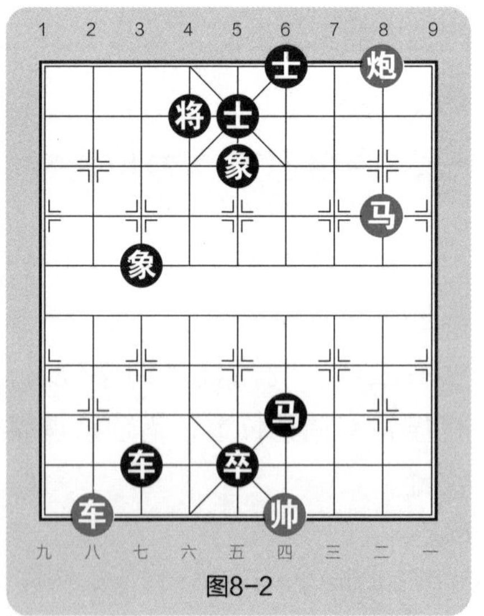

图8-2

①车八进八　将4进1

②车八退一

红方退车，为以后闷杀创造条件。

②……　　将4退1

③炮二退一　士5进6　　④马二进三　士6退5

⑤车八平六　将4进1　　⑥马三退四（红胜）

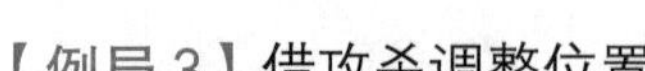
【例局3】借攻杀调整位置

如图8-3，红方先行。黑方多一大子，但全部兵力在己方阵地内对红方无威胁。红方双车马炮集结左翼，车马占位极佳，现在需要做的是调整边炮至中路，则可集结兵力，充分发挥各子的作用。

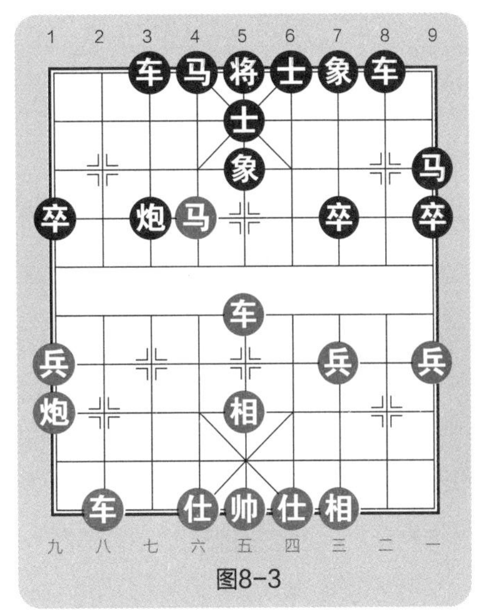
图8-3

①炮九平七　炮3平2

②相五进七　炮2平3

③相七退九　炮3平2

④炮七平五

至此，红方借炮打车，把己方的炮调整至中路。

④……　　　炮2平3

⑤车五平六　车8进2

⑥车八进九

至此，红方借卧槽马杀捉车，得车胜定。

练习题

如图8-4，红方先行。

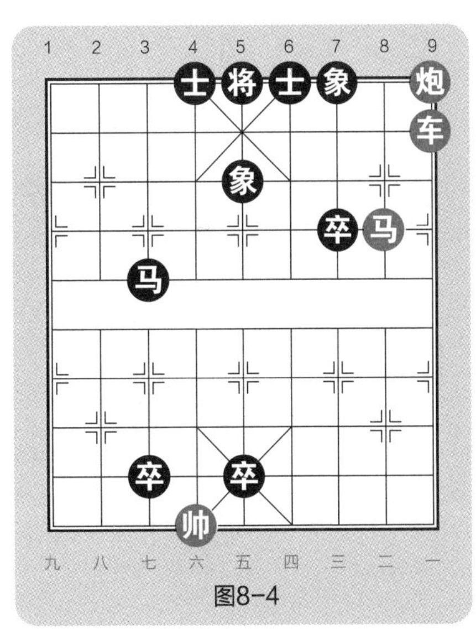
图8-4

①马二进三　将5进1

②马三退四　将5退1

③车一平五　士4进5

④马四进三（红胜）

如图8-5，红方先行。

①马四进二　将6平5

②炮三进七　马6退8

③炮三退二　马8进6

④炮一平四

至此，红方续有炮三进二闷杀，黑方无法抵抗。

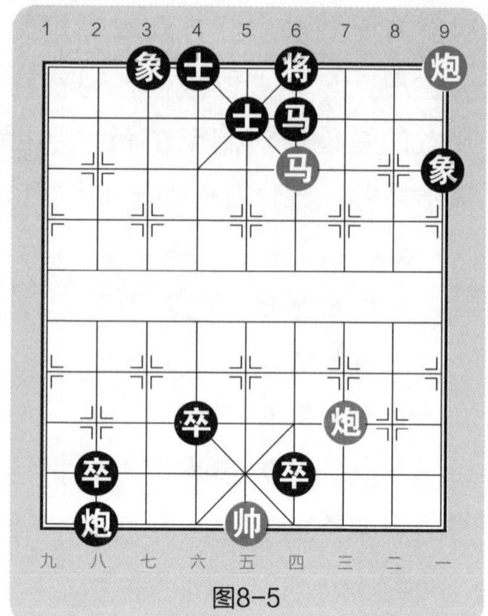
图8-5

如图 8-6，红方先行。

① 帅五平六　士 4 进 5

② 车六平八　士 5 退 4

③ 车八进八　车 6 平 1

④ 车八平六　将 5 进 1

至此，红方破士，黑将不安于位，红方占优势。

如图 8-7，红方先行。

① 炮八退一　车 7 进 1

黑方如改走炮 4 退 1，则红方炮八平九，车 7 进 1，车八进五，炮 4 退 1，炮九进一形成天地炮杀势。

② 炮八平六　将 5 平 4　　③ 炮六平二　将 4 平 5

黑方如改走象 5 退 3，则车八平四，炮 4 平 6，炮二退七，车 7 平 8，炮二平六，成三子归边之势。

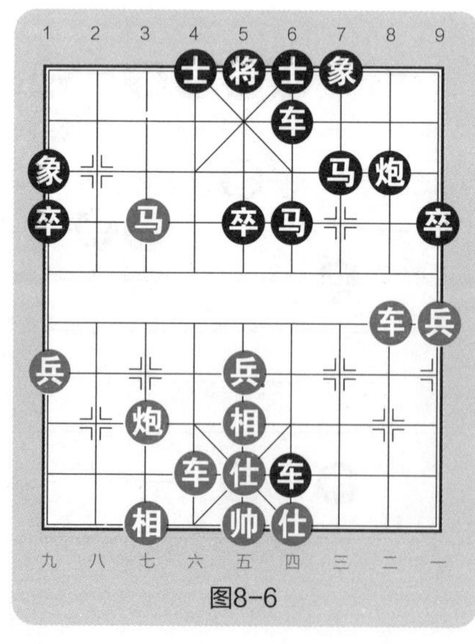
图8-6

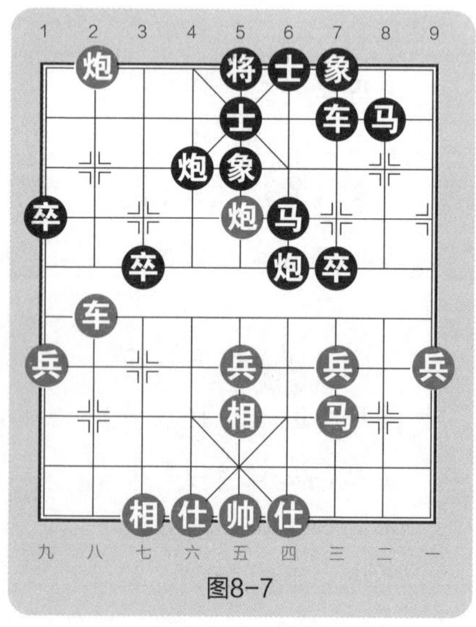
图8-7

④车八平四（红方得子胜势）

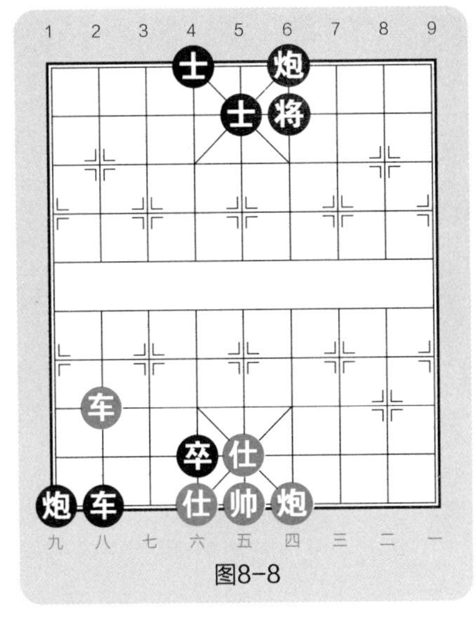

图8-8

如图 8-8，红方先行。

①车八平四　士 5 进 6

②车四平五　士 6 退 5

③仕五进四　士 5 进 6

④车五进六　士 4 进 5

⑤仕四退五（红胜）

如图 8-9，红方先行。

①马七进六　马 6 退 4

②车三平五　将 5 平 6

③车五平四　将 6 平 5

④炮七平五　卒 6 平 5　⑤车四进一（红胜）

如图 8-10，红方先行。

①车八进三　炮 4 退 2　②马二进三　车 3 平 5

③车八退四　车 5 退 1　④车八进一　车 5 进 1

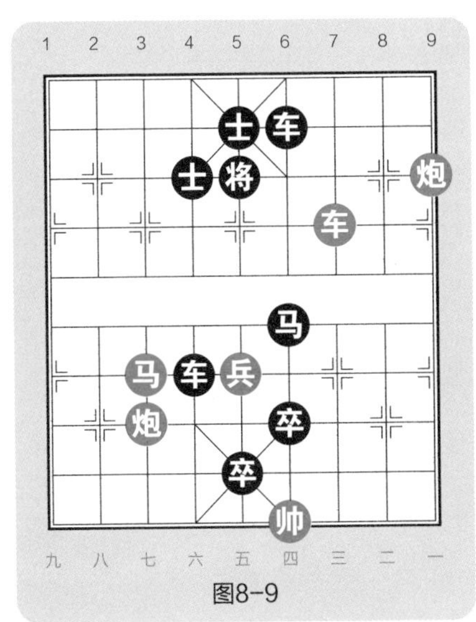

图8-9

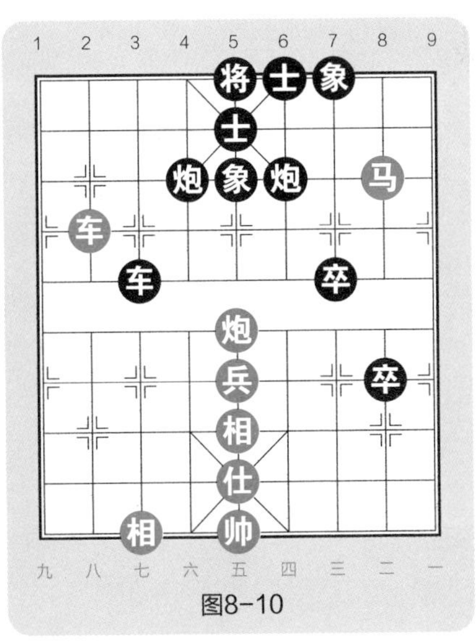

图8-10

⑤ 马三退二

至此，红方得象并有炮五平一从右翼进攻的手段。

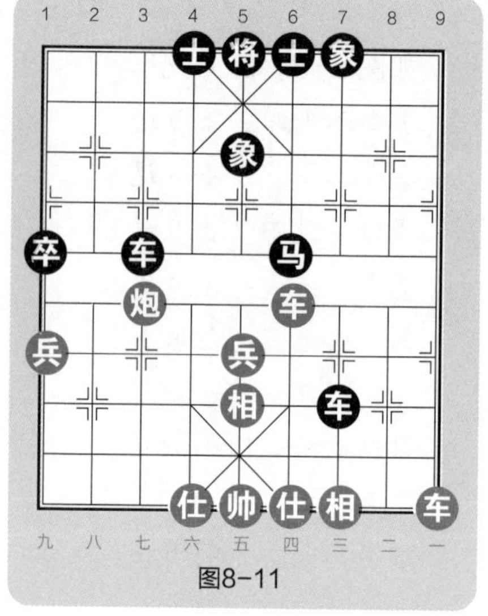
图8-11

如图 8-11，红方先行。

① 车一进五　象 5 进 7
② 车一进一　象 7 退 5
③ 炮七平五　士 6 进 5
④ 车一平四　车 7 退 3
⑤ 炮五进二

至此，红方续有兵五进一再炮五退一拦车得马的手段，黑方很难抵抗。

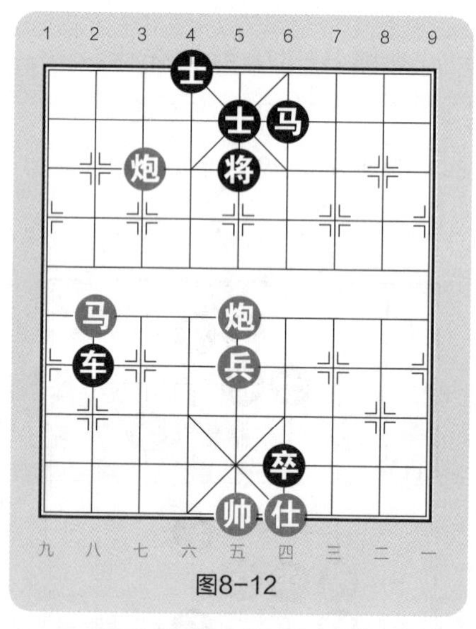
图8-12

如图 8-12，红方先行。

① 马八进六　将 5 平 6
② 炮五进三　士 5 进 4
③ 炮五进二　士 4 退 5
④ 马六进五　士 5 进 4
⑤ 马五退四　士 4 退 5
⑥ 马四进二（红胜）

如图 8-13，红方先行。

① 车一进三　士 5 退 6
② 炮二进三　士 6 进 5
③ 炮二退五　士 5 退 6
④ 兵五进一　将 5 进 1
⑤ 炮二平五　将 5 平 6
⑥ 车一退一（红胜）

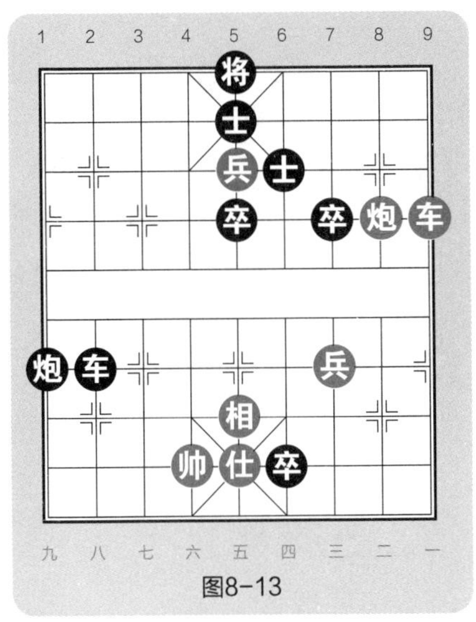
图8-13

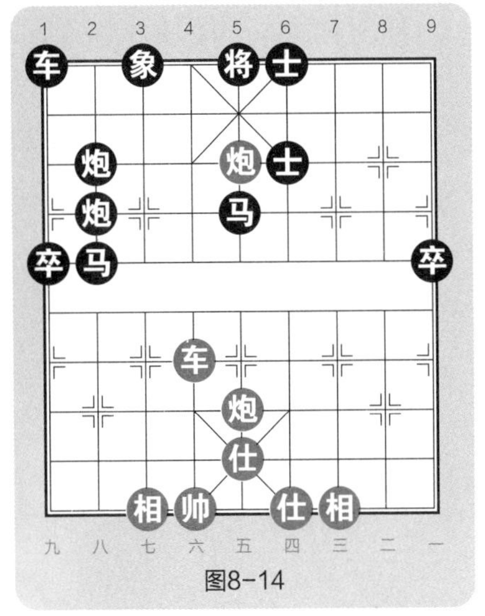
图8-14

如图 8-14，红方先行。

①车六进六　将 5 进 1　　②车六退一　将 5 退 1

③后炮平二　马 5 退 7　　④炮二平五　炮 2 平 5

⑤前炮平三　炮 2 平 5　　⑥炮五进五

至此，红方有炮三进二闷杀，黑方无法抵御。

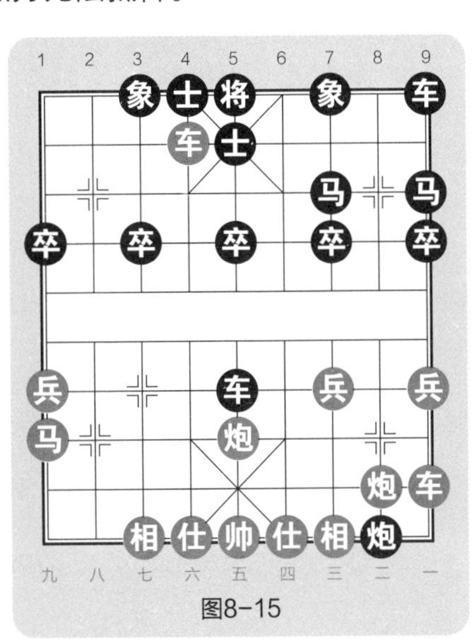
图8-15

如图 8-15，红方先行。

①炮二平七　象 3 进 1

②炮七平八　车 9 平 8

③炮八进八　象 1 退 3

④车一平四　车 8 进 1

⑤车四进二　车 5 退 2

⑥马九进七

至此，红方兵力调整到进攻位置，以下有马七进八续攻黑方左翼的手段。

如图 8-16，红方先行。

①车七平六　将 4 平 5

黑方如改走炮 6 平 4，则炮八平六，将 4 平 5，马五进六，红胜。

②车六平九　象 5 退 3

③车九平七　炮 6 平 5

④车七进二　士 5 退 4

⑤炮五进五　车 8 平 5

⑥炮八平五（红方胜定）

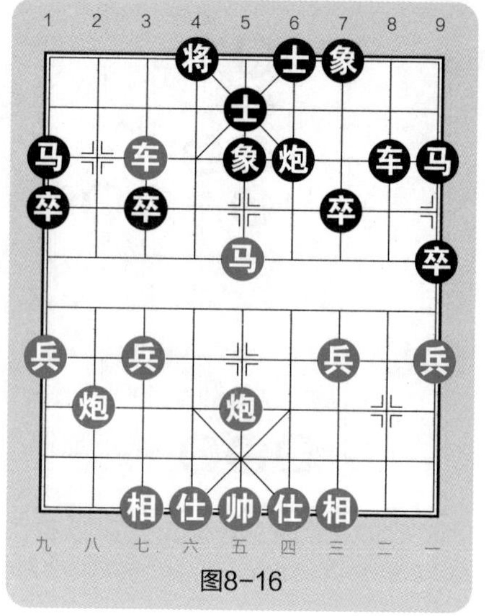
图8-16

如图 8-17，红方先行。

①炮二平七　车 3 退 1

②车八进九　士 5 退 4

③炮七进五　士 4 进 5

④炮七退二　士 5 退 4

⑤兵六进一　将 5 平 6

⑥兵六平五　将 6 进 1

⑦车八退一（红胜）

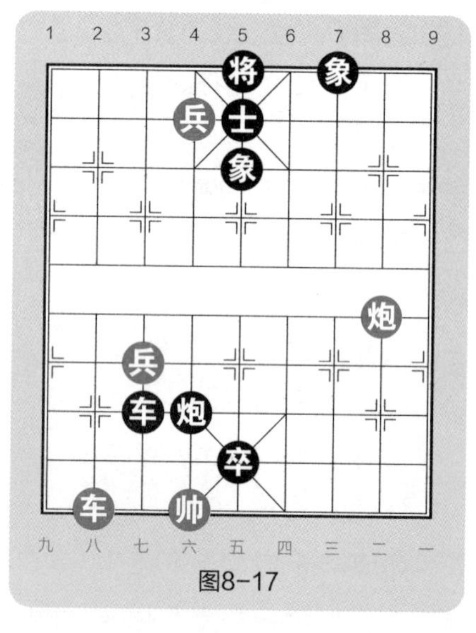
图8-17

如图 8-18，红方先行。

①炮八进三　士 5 进 6

②马六进八　炮 4 退 1

③炮九进三　将 5 进 1

④炮九退一　将 5 退 1

⑤马八进七　将 5 进 1　　⑥马七退六　炮 4 进 1

⑦兵八进一

至此，红兵长驱直入，红方大占优势。

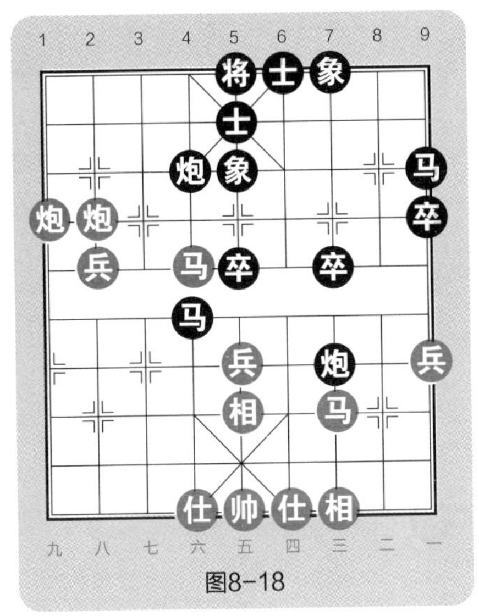
图8-18

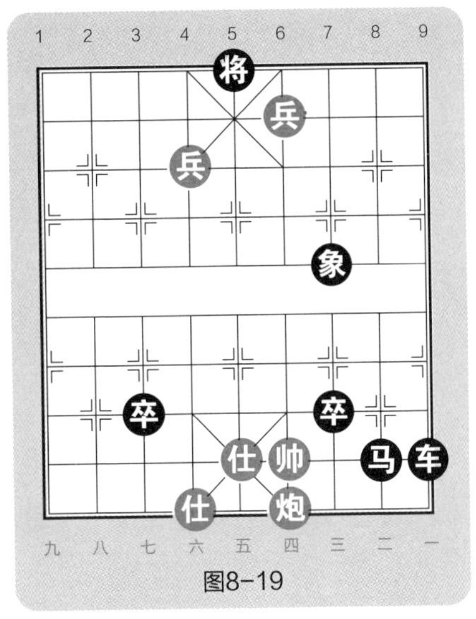
图8-19

如图 8-19，红方先行。

① 兵四平五　将 5 进 1　② 炮四平五　象 7 退 5

③ 仕五进六　象 5 进 7　④ 仕六进五　象 7 退 5

⑤ 兵六平五　将 5 退 1　⑥ 兵五进一　将 5 平 4

⑦ 炮五平六（红胜）

如图 8-20，红方先行。

① 炮二进六　马 7 进 8

② 炮二进二　马 8 退 7

③ 炮二平一　车 3 平 8

黑方如改走马 4 进 5，则车八进九，车 1 平 3，炮五进五，车 3 平 5，车八平七，士 5 退 4，车四平六，红胜。

④ 车四平三　车 1 平 4

⑤ 车八进三　炮 9 进 1

⑥ 车八平四　象 3 进 5

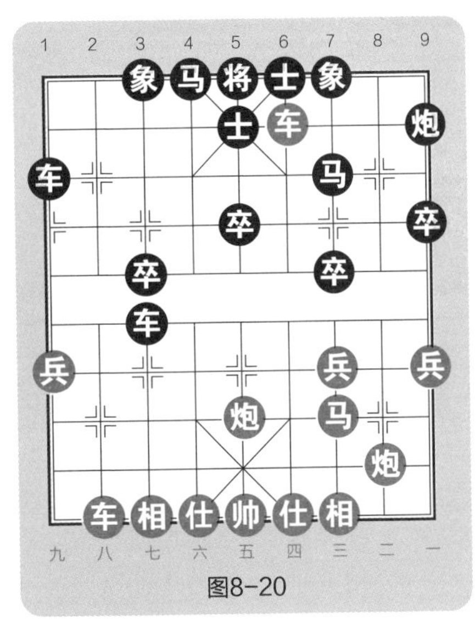
图8-20

⑦车三退一（红方得马胜势）

如图8-21，红方先行。

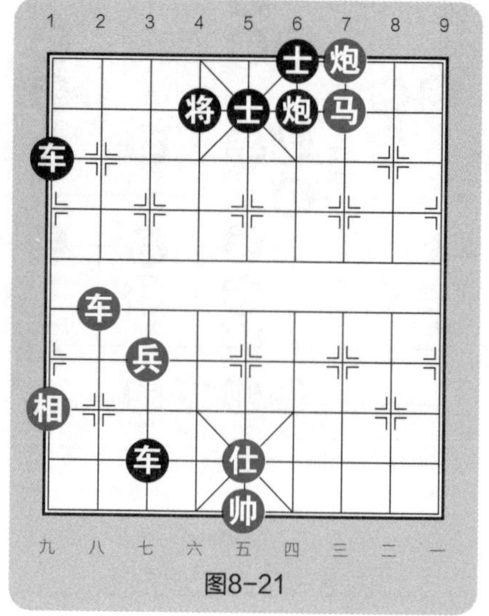
图8-21

①车八进四　将4进1

②马三退四　将4平5

③马四退六　将5平4

黑方如改走将5平6，则车八退二，士5退4，炮三退八，车1平4，炮三平四，炮6平5，仕五进四，车3平6，车八平四，红胜。

④炮三退五　炮6进4

⑤炮三进四　炮6退4

⑥车八退二　将4退1

⑦仕五进四

至此，红方伏有车八进二，将4进1，马六进四入局的手段。

如图8-22，红方先行。

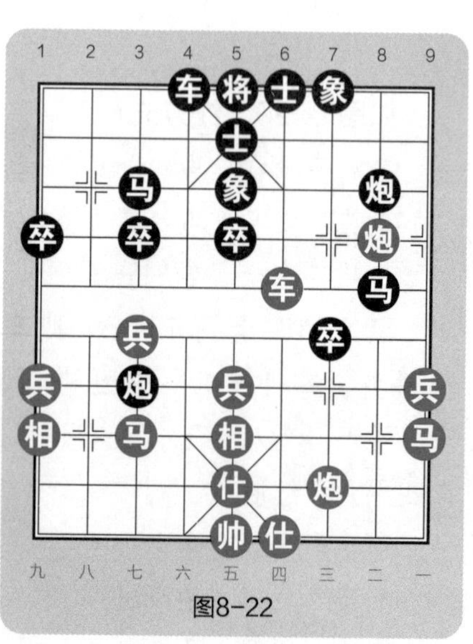
图8-22

①车四进三　象7进9

黑方如改走卒7平6，则马一进三，卒6平7，马三进五，红方得炮。

②车四平二　炮8平6

黑方如改走马8退6，则炮二平三，炮8平7，车二平四，红方捉死马。

③炮二平三　马8进7

④前炮进一　车4进2

⑤相五进三　象9进7

⑥ 相三退五　将 5 平 4　　⑦ 前炮退四

至此，红方得马卒两子，大占优势。

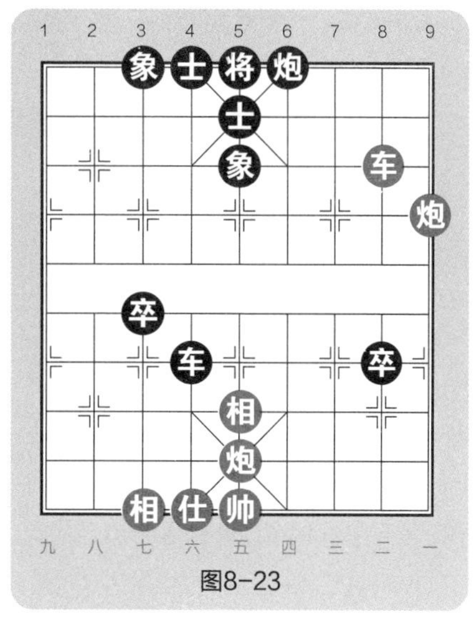

图8-23

如图 8-23，红方先行。

① 相五进三　车 4 平 5

② 相七进五　车 5 平 6

③ 相五进七　车 6 平 5

④ 炮一进三　象 5 退 7

⑤ 车二平三　象 3 进 5

⑥ 相七退五　车 5 平 6

⑦ 炮五进六　士 5 进 4

⑧ 车三进二（红方胜势）

二、迫使对方暴露弱点

在行棋过程中借将、杀、捉等攻杀手段，迫使对方按自己的设想行棋，使其自乱阵脚，暴露弱点，阵形出现漏洞，从而为己方创造进攻机会，赢得进攻时间。其主要的方法有三种：借将暴露弱点，借杀暴露弱点，借捉暴露弱点。

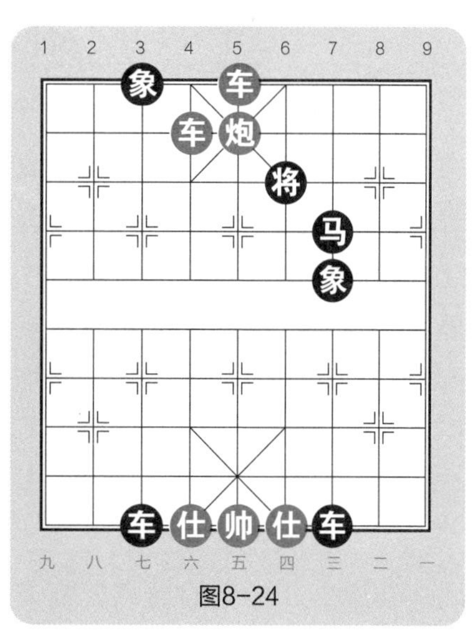

图8-24

【例局 1】借将暴露弱点

如图 8-24，红方先行。红方成杀必须“宽”一步，而黑方却有双车错立即入局的手段。因此红方必须抢得一先，在破坏黑方双车错的同时，制造杀局。

①车五平四

红方平车将军，迫使黑马退6堵塞将路。

②……　　马7退6　　②车四平七

至此，红方解除黑方双车错的威胁，同时下一步还有车六退一的还杀，黑方无法抵抗。

【例局2】借杀暴露弱点

如图8-25，红方先行。此时红方可以“宽”一步胜，设想黑方九宫中心有士则红炮直接将军即可形成闷宫杀，现双士均在士角，红方可借杀迫士回中。

①炮二平四　士6退5

②炮四平五　士5进6

③兵六平五　将5平4

④兵四进一　士6退5

⑤兵四平五　将4进1

⑥炮五平六（红胜）

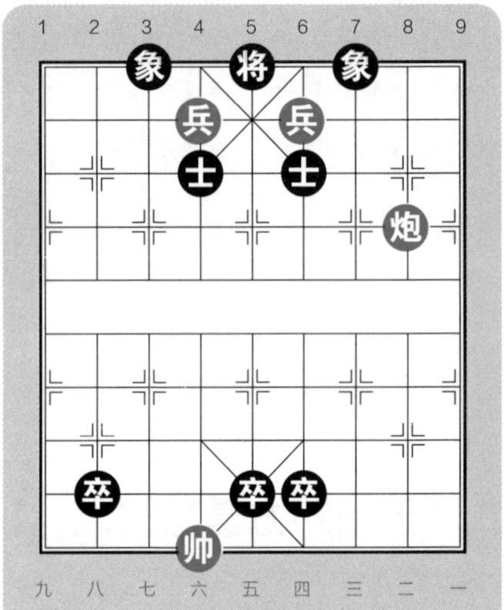

图8-25

【例局3】借捉暴露弱点

如图8-26，红方先行。此时局面正处于由开局向中局过渡。红方如逃炮则主动权落在黑方手里，红方利用顿挫可抢先使右炮占中，并且肋炮不用逃，从而加快兵力出动。

①炮二平一

红方平炮迫使黑方炮8平9后，暴露出9路卒的弱点，红方抢占中炮后有炮四平一捉双和车

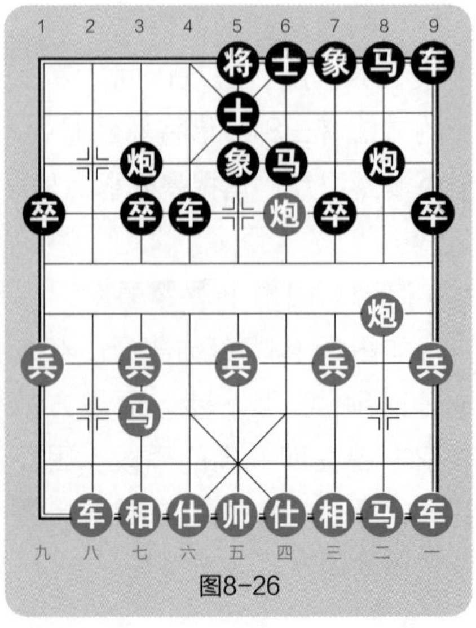
图8-26

八进九两个攻击点。

①…… 炮8平9 ②炮一平五 马8进7

③车八进九 车4退3 ④车八平六 将5平4

⑤车一进一

至此，红方可抢先在左翼集中兵力，攻势猛烈。

如图8-27，红方先行。

①炮五平六 炮4进7

②炮六平五 炮4退7

黑方如改走士5进4，则帅五平六，后续有车六退一的着法，黑方阵势崩溃。

③炮五平六

至此，红方伏有车四平五，大胆穿心后成双车错或臣压君的杀法，黑方无解。

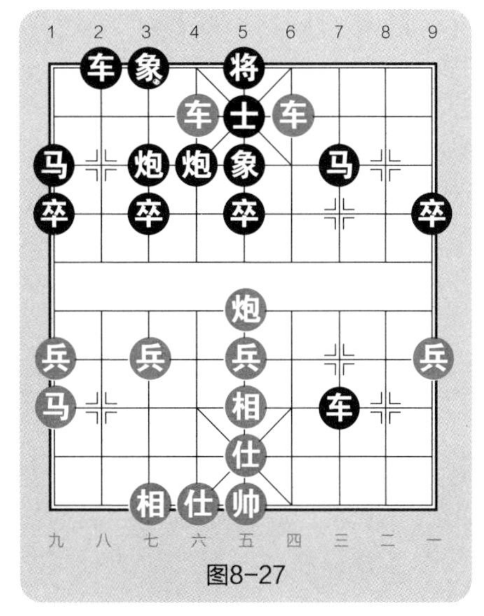

图8-27

如图8-28，红方先行。

①车四进七 将4进1

②车四退二

红方以上两个回合属顿挫，迫黑方上将2线后，暴露出弱点。

②…… 将4平5 ③车四平五 将5进1

④炮六平五（红胜）

如图8-29，红方先行。

①相五进三

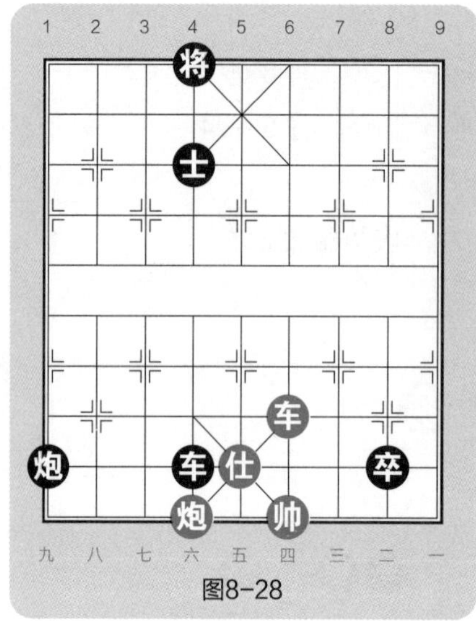

图8-28

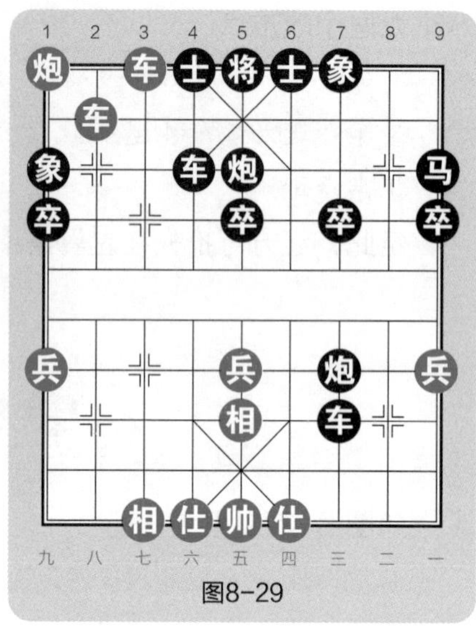

图8-29

妙手！此着迫使黑方7路车只能沉底避抽，并解除黑方先手炮击中兵的威胁。

①…… 车7进2 ②车七退二 士4进5

③车八进一 车4退2 ④车七进一

至此，红方伏有车七平六叫杀，黑方无法解救。

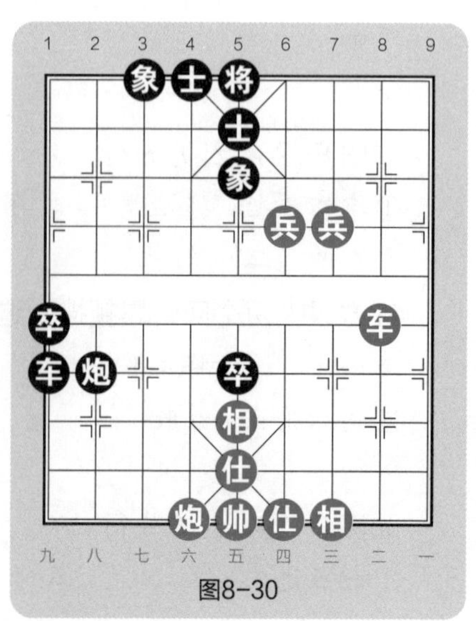

图8-30

如图8-30，红方先行。

①炮六进五 士5退6

②炮六平九 卒1平2

③炮九平五 士4进5

④车二平八

至此，红方运用顿挫赚一卒，局面上已大占优势。

如图8-31，红方先行。

①炮二进六 士4进5

②炮二退二 象7进9

黑方如改走车7进1，则炮二平三，车7平5，仕四进五，象7进9，炮七进六串打马象，红方仍占优势。

③炮七进六　炮5进4

④炮七平一

至此，红方伏炮一进二，马7退8，炮二平三的进攻手段，黑方前线车炮势单力薄难有作为，红方优势。

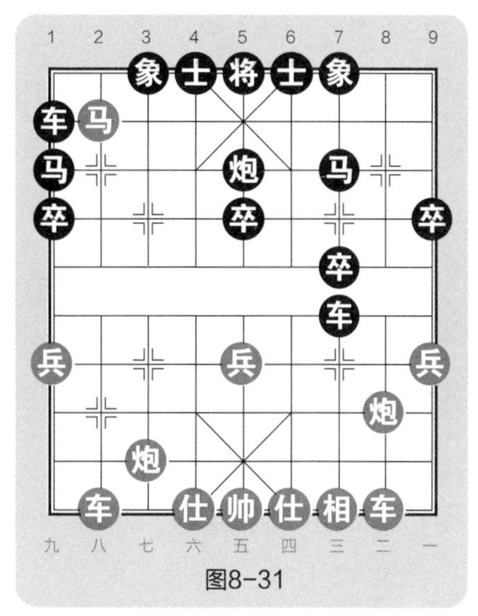

图8-31

如图8-32，红方先行。

①车一进一　炮8平6

黑方如改走车8退1，则车一退二，将6退1，炮八进一，将6退1，车一进二，红方二路夹车炮胜。

②车一退三　将6退1

③炮八进一　将6退1

④车一进三（红胜）

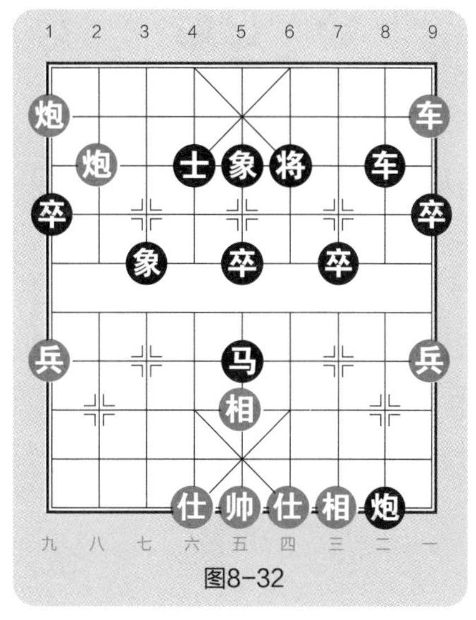

图8-32

如图8-33，红方先行。

①后炮平三　炮5进3

黑方如改走卒7平6，则车四平三，黑马必失，红方中路攻势仍然猛烈。

②炮三平五　马7进5

黑方如改走车2退2，则帅五平六，象3进1，车四平六，马7进5，前炮进二，炮5退4，炮五进五，红方仍是铁门栓杀。

③ 车四平五　炮 5 退 3　　　④ 后炮进四

至此，红方有帅五平六要铁门栓杀，黑方无解。

如图 8–34，红方先行。

① 炮七进二　车 8 进 1

黑方如改走将 5 进 1，则炮七平五，将 5 平 4，马三进五，象 3 退 5，后炮平六，车 4 进 3，车六进三，马 3 进 4，炮五平六，马 4 退 2，炮六进四，马 2 进 4，炮六退二，红方得子得势。

② 炮七进二　将 5 进 1　　　③ 马三进五　车 4 平 5

④ 炮五进二

至此，红方得回一车并且局面占优。

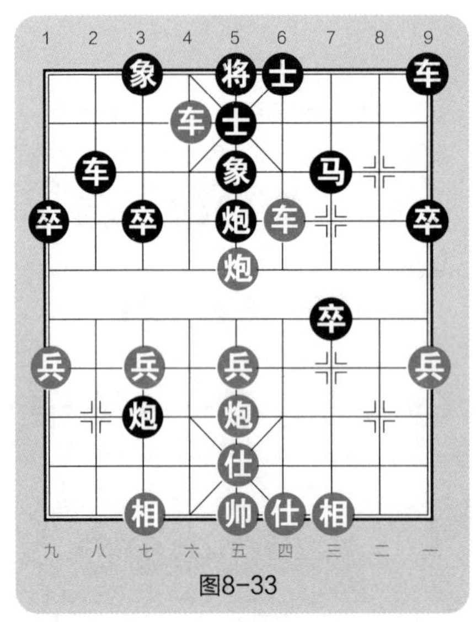

图8–33

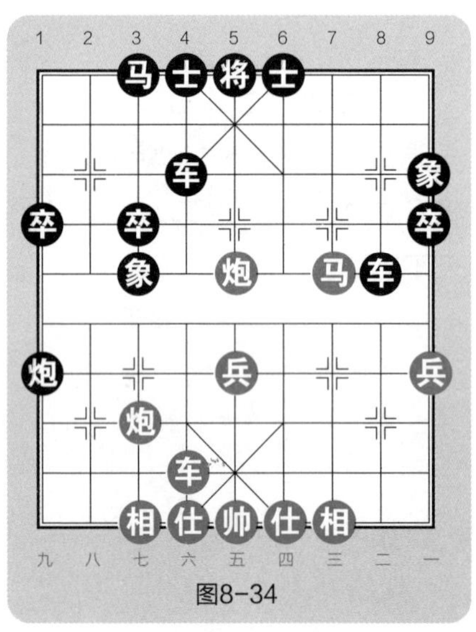

图8–34

如图 8–35，红方先行。

① 车七退三　马 2 进 1　　　② 车七进二　将 4 退 1

③ 车七退四　马 1 退 2　　　④ 车七进二　马 2 进 1

⑤ 车七平六

至此，红方可先手得士，胜利在望。

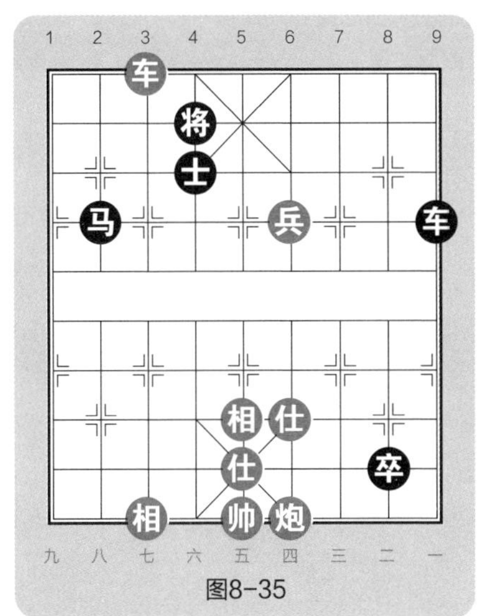
图8-35

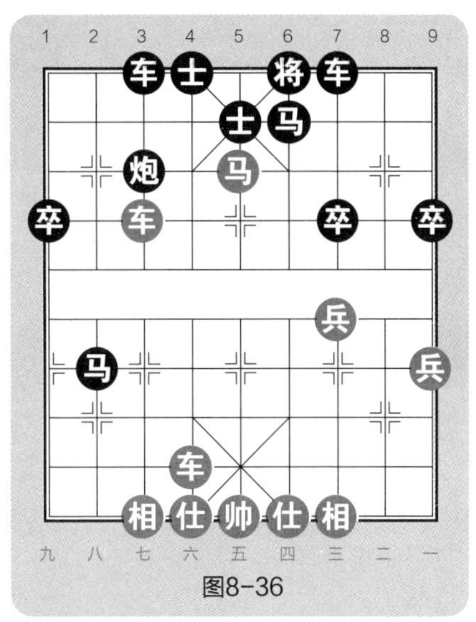
图8-36

如图8-36，红方先行。

①车七进一　车3平1　　②车七平六　将6平5

黑方如改走马6进8，则前车退四，马2退3，前车平四，马8退6，车六平四，黑马必失。

③前车平八　马2退3

④马五进七　将5平6

⑤车八退二

至此，红方必得黑方的河沿马。

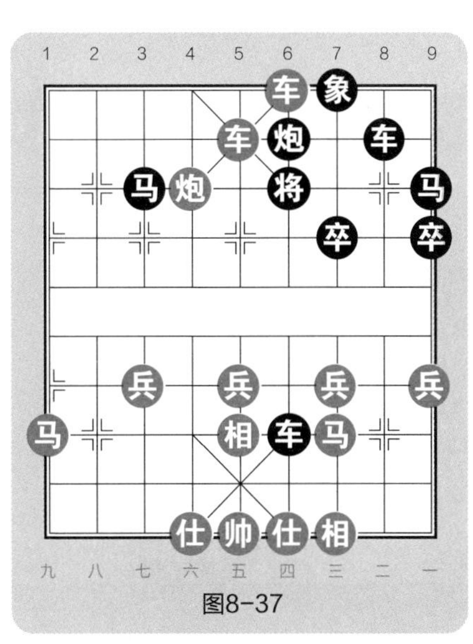
图8-37

如图8-37，红方先行。

①车四平三　车8平7

②车三平一　车7进1

③车一平五　炮6平9

④前车平四　炮9平6

⑤车四退一（红胜）

如图 8-38，红方先行。

① 前车退一　将 4 退 1

② 前车退四　马 4 退 2

③ 后车平六　将 4 平 5

④ 车八平七　象 5 进 3

⑤ 车七平六

至此，红方双车可突破黑方双炮马象在河沿组成的防线。

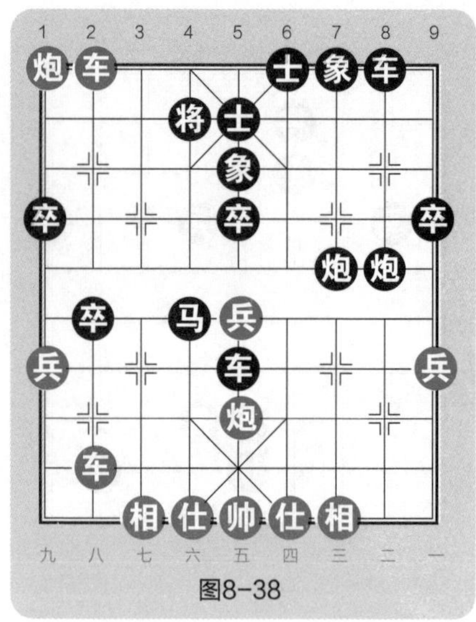
图8-38

如图 8-39，红方先行。

① 车三平四　车 8 进 2

② 车四平一　车 8 平 9

③ 炮五进五　士 5 退 6

④ 车六进五　车 9 平 5

⑤ 车一进三（红胜）

如图 8-40，红方先行。

① 车二进四

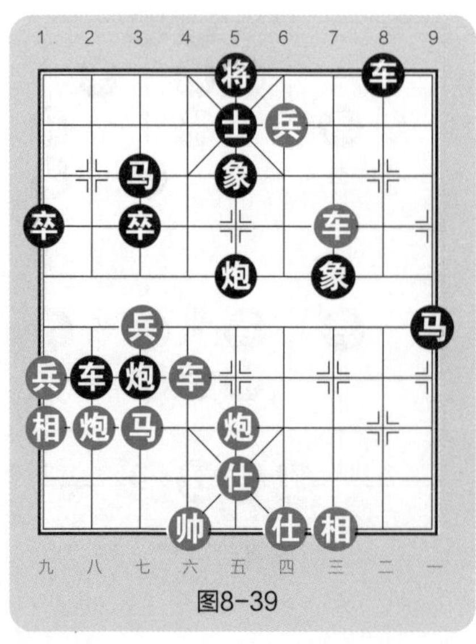
图8-39

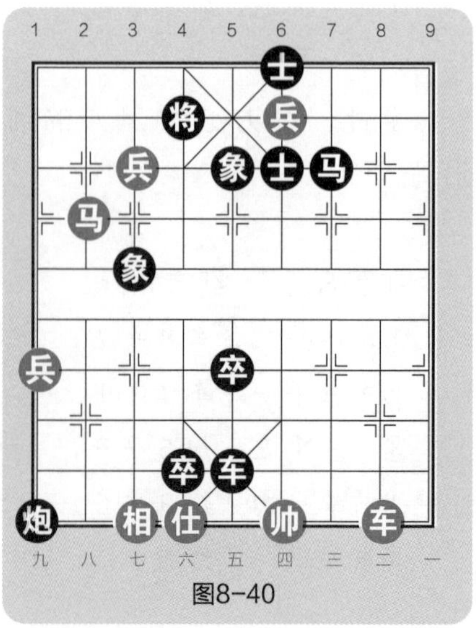
图8-40

红方借车二平六杀的威胁，迫使黑马跃出，从而暴露出底线的弱点。

①…… 马7进6 ②兵七平六 将4退1

③车二进五 马6退7 ④兵四进一 马7退8

⑤马八进七

至此，红方有兵四平五的杀着，黑方无法解救。

如图8-41，红方先行。

①车七平八 炮2平3

②车八平五 炮3平2

黑方如改走车8进4，则炮八进七，炮3退6，车五平七，红方攻势猛烈。

③车五平八 炮2平3

④车八平三 炮3平2

⑤车三退三（红方得马胜势）

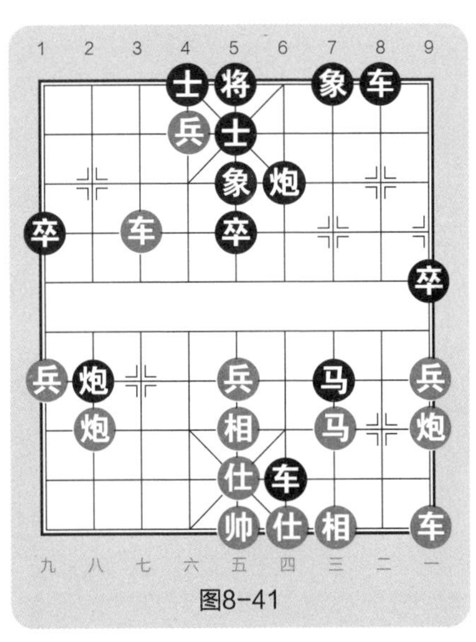
图8-41

如图8-42，红方先行。

①炮七平二 车6平8

红方如改走车6退3，则炮二进八，马7退8，炮三进七，红胜。

②炮二平三 马5进3

黑方如改走车8进3，则后炮进六，车8平7，帅五平四，马5进3，车四进一将5进1，炮三平七，红方胜势。

③后炮进六 车8平7

④前炮平二 车7进3

⑤兵七进一（红方得子胜定）

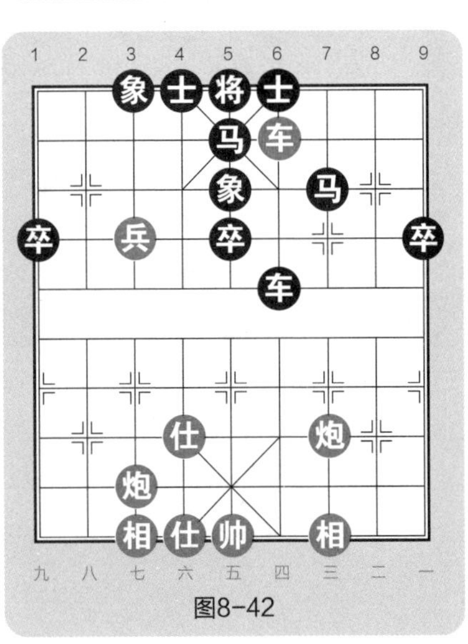
图8-42

如图 8-43，红方先行。

①车一平三　车 9 进 2　　②车三进八　将 5 退 1

③车三进一　将 5 进 1　　④车三退一　将 5 退 1

⑤炮八进三　马 3 退 5　　⑥炮八进二

至此，红方有车八平六、车三平四、车三退五等多种攻击手段，红方胜势。

如图 8-44，红方先行。

①车六平八　卒 4 平 5

黑方如改走将 5 平 4，则兵四平五，车 7 平 8，车八进五，将 4 进 1，兵五进一，士 6 进 5，车八平二，红方得车胜定。

②炮二退八　炮 2 平 1

黑方如改走车 7 进 8，则车八退三借杀捉车，黑方仍要失炮。

③炮二平五　将 5 平 4　　④车八平六　将 4 平 5

⑤车六平九　炮 1 平 2　　⑥车九平八

至此，红方借杀捉子，必得黑炮。红方胜定。

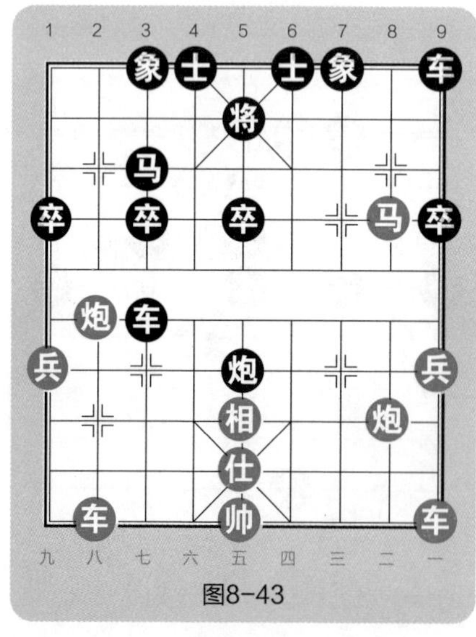

图8-43

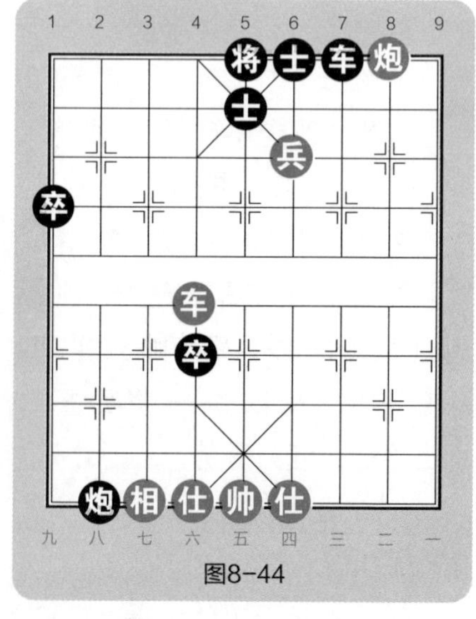

图8-44

如图 8-45，红方先行。

①炮五平八　车 2 平 1

黑方如改走前炮平 2，则后炮平三，炮 5 平 7，炮八平三后，红方摆脱牵制，再抬左车，已经反先。

②后炮平三　象 7 进 9

③炮八平二　后炮平 8

④车八进四　炮 5 退 2

⑤车八进二　象 3 进 5

⑥车八平七

红方扩大活动空间，战术选择较多，优势明显。

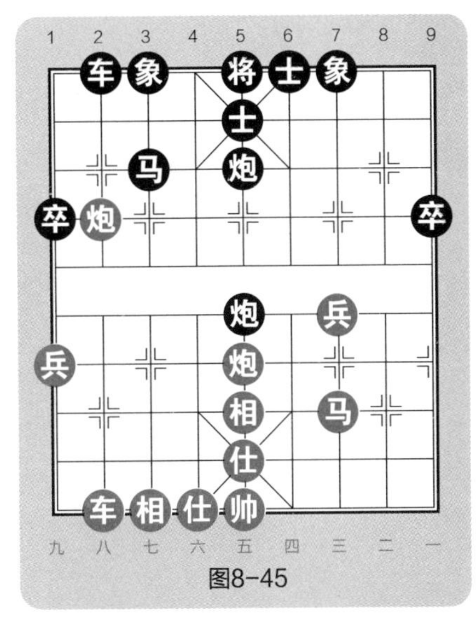

图8-45

如图 8-46，红方先行。

①车六进三　炮 9 退 1

②马六退八　车 2 平 6

③马八进六　卒 3 进 1

④马六进七　炮 6 平 3

⑤马一进三　车 8 进 6

⑥炮八进七　炮 3 退 2

⑦车三平六

至此，红马捉车，并有帅五平六要杀的手段，红方明显占优。

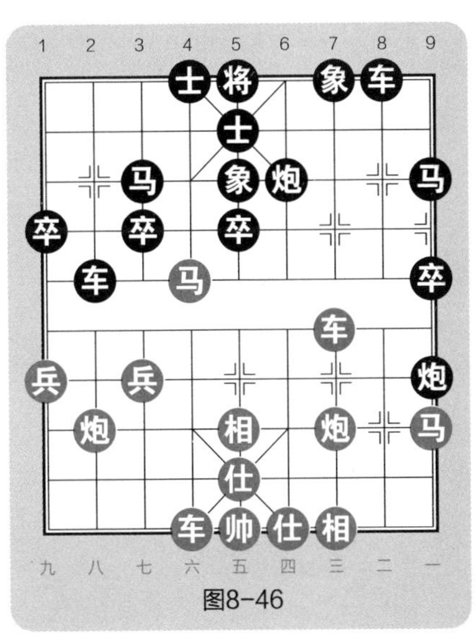

图8-46

第9课　腾挪

腾挪是在象棋攻防战斗中把己方起妨碍、阻挡作用的棋子挪开，以便于其他兵力进攻的战术。腾挪从狭义上讲就是腾开、挪走的意思；从广义上讲有转换的意思，从作战上看就是战略的变更，战役的协调等。本课重点研究从狭义上解释的腾挪。

腾挪战术在攻防战斗中主要有弃子腾挪和运子腾挪两种形式。

一、弃子腾挪

弃子腾挪即指把己方妨碍进攻的棋子主动送给对方吃，以腾开其他兵力的进攻道路。弃子腾挪战术需要棋手有很好的观察力和想象力。

所谓观察力是指能找出己方妨碍进攻的棋子；所谓想象力是指如果妨碍进攻的棋子不在那个位置，能想出战斗的预期结果是什么，以及如何抢先挪开妨碍进攻的棋子。

弃子腾挪在实战中有以下三个方面的作用：顿挫作用、引离作用、控制作用。

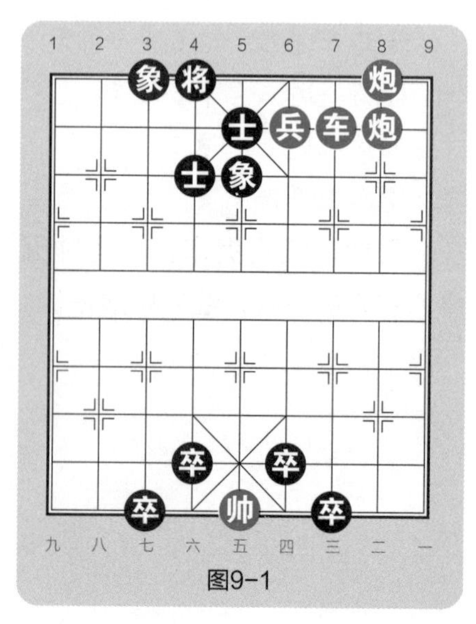

图9-1

【例局1】顿挫作用

如图9-1，红方先行。红方

车双炮兵已兵临城下，如果没有红车，红方进兵即可实施闷杀，眼下当务之急是腾挪红车。

①车三进一　将4进1　　②车三平六　将4退1

③兵四进一　象5退7　　④兵四平五（红胜）

【例局2】引离作用

如图9-2，红方先行。黑方兵力虽多，但全部堆积在了红方右翼，空间太小，成杀尚需宽一步。红方利用这宝贵的时间，抢先腾挪红马制造杀局。

①马八进九　象3进1

②炮八进九　象1退3

③车四平七

至此，红方续有炮七进二的杀棋，黑方无解。

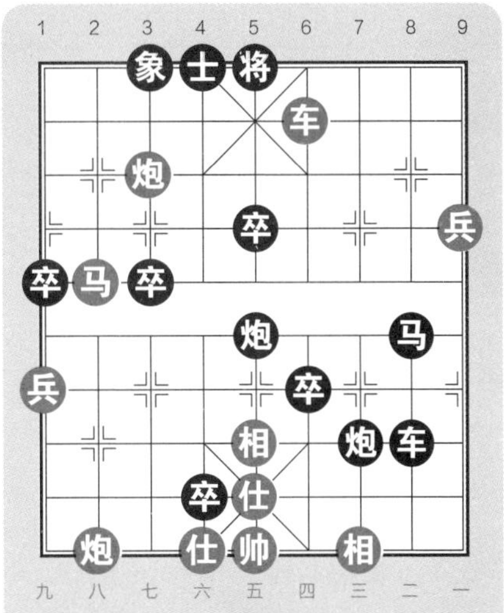

图9-2

【例局3】控制作用

如图9-3，红方先行。红方车马炮兵四子围攻黑方已构成大胆穿心杀法的基本型，现需解决的问题是既要腾开车路又要控制中路。

①马三进五　车3平5

②车三进五　将6进1

③兵四平五　士4进5

④炮五平四（红胜）

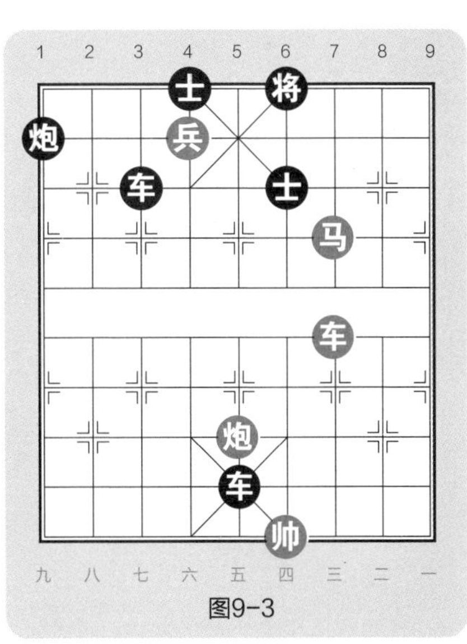
图9-3

练习题

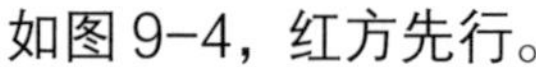
如图9-4，红方先行。

① 兵六平五　将5平6

② 兵五进一　将6平5

③ 马七退六（双将杀，红胜）

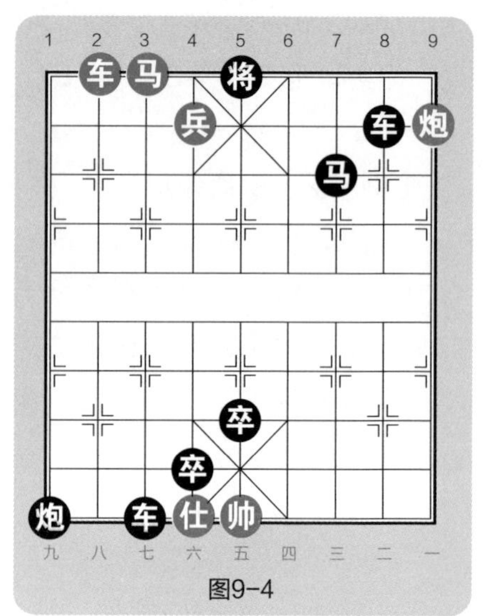

图9-4

如图9-5，红方先行。

① 车三平五　士6进5

② 车四进六　士5退6

③ 马二退四（红胜）

如图9-6，红方先行。

① 马七进六　将6进1

② 车五平四　士5退6

③ 车六平四（红胜）

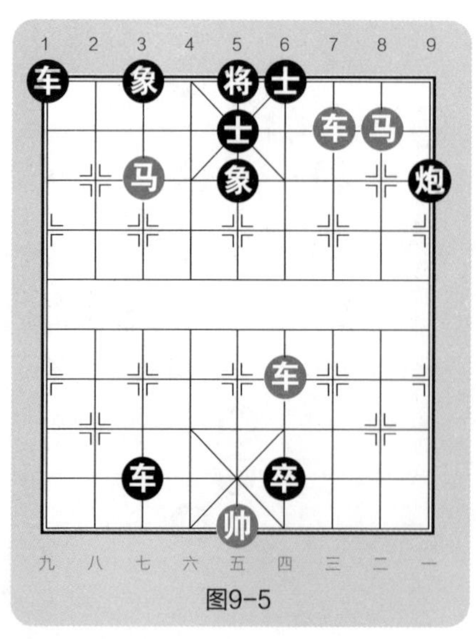

图9-5

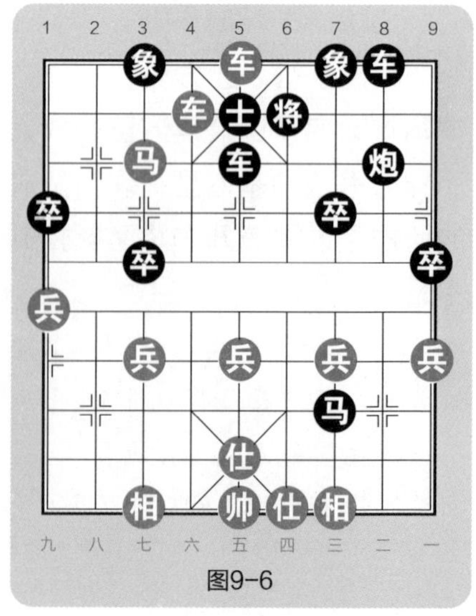

图9-6

如图 9-7，红方先行。

① 车八平四　车 1 平 2

黑方如改走士 5 进 6，则炮八平五，士 4 进 5，车五平八，车 1 平 4，车八进四，车 4 退 6，车四进一，铁门栓杀。

② 车五进二　象 7 进 5

③ 炮八平五（红方胜定）

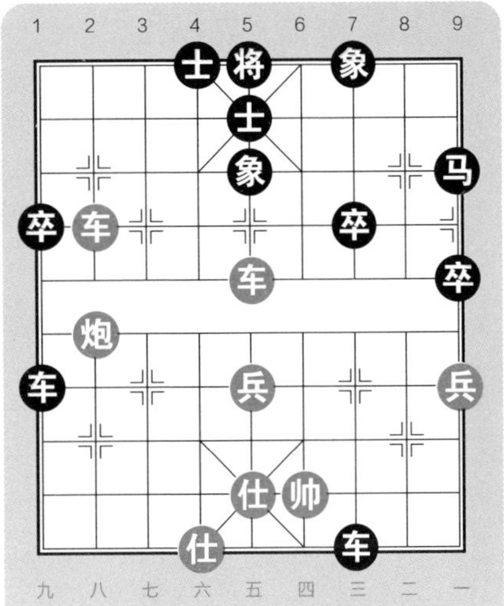

图9-7

如图 9-8，红方先行。

① 马三进四　士 4 进 5

② 后车平六　车 4 退 3

③ 车二平六　车 4 退 2

④ 炮二进五（红胜）

如图 9-9，红方先行。

① 相五进三　车 7 进 1

② 炮三平五　车 7 平 5

③ 前车进二　车 8 平 2

④ 车八进五（红方得子占优）

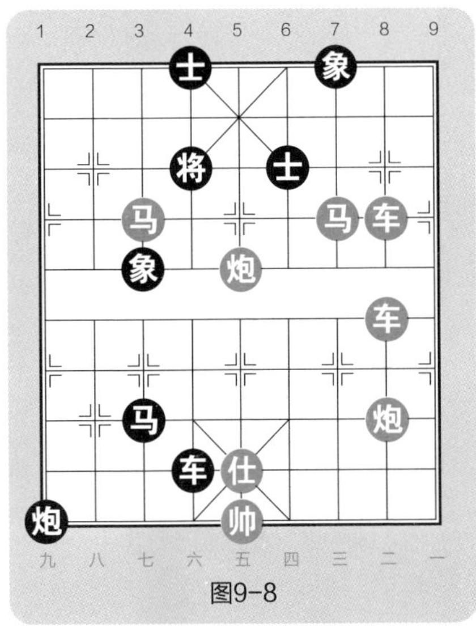

图9-8

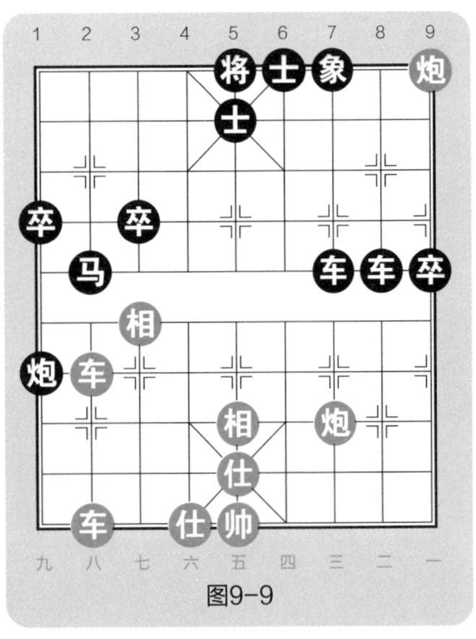

图9-9

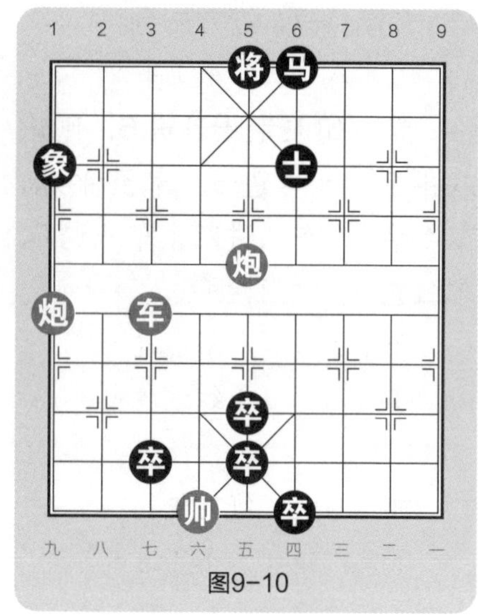

图9-10

如图 9-10，红方先行。

①车七进五　将 5 进 1

②车七平五　将 5 平 6

黑方如改走将 5 退 1，则炮九平五，红胜。

③炮五平四　士 6 退 5

④炮九平四（红胜）

如图 9-11，红方先行。

①马三进四　马 6 退 5

②车七退一　将 4 退 1

③马四退五　士 4 退 5

④车四平六　车 4 退 1　　⑤炮四进八（红胜）

如图 9-12，红方先行。

①马八进七　炮 8 平 3　　②炮九平五　将 5 平 4

③车八进六　炮 3 退 1　　④炮三进七　象 5 退 7

⑤车八平七（红胜）

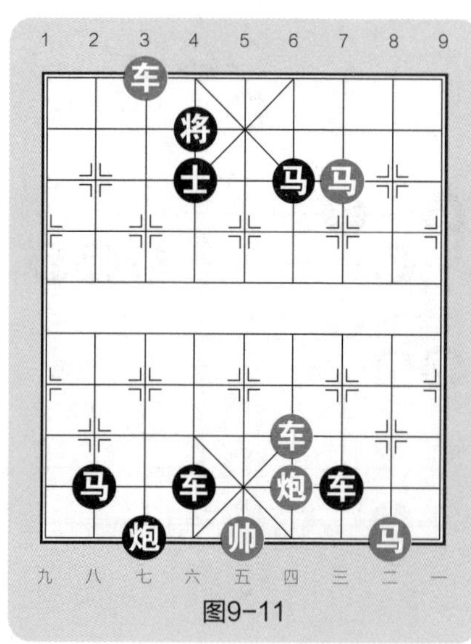

图9-11

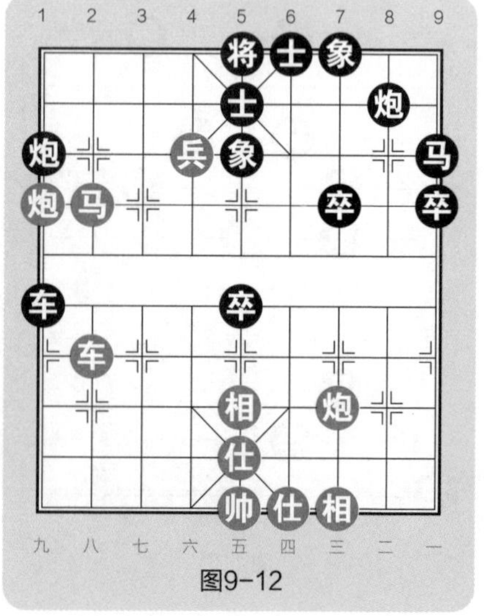

图9-12

如图 9-13，红方先行。

①马五进七　车 1 进 1

②马七进六　车 1 平 4

③兵五进一　车 4 进 2

④兵五进一　将 5 进 1

⑤车七平六（红方胜势）

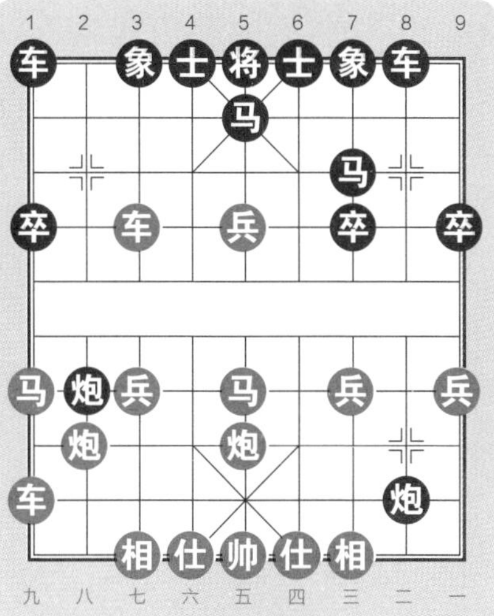

图9-13

如图 9-14，红方先行。

①车六进一　将 5 平 4

②车九平六　将 4 平 5

黑方如改走炮 2 平 4，则马九进八，将 4 平 5，炮九进七，炮 4 退 2，车六进四，红胜。

③车六进四　将 5 平 4　　④马九进八　将 4 平 5

⑤炮九进七（红胜）

如图 9-15，红方先行。

①前车进六　将 4 进 1　　②前车平六　将 4 退 1

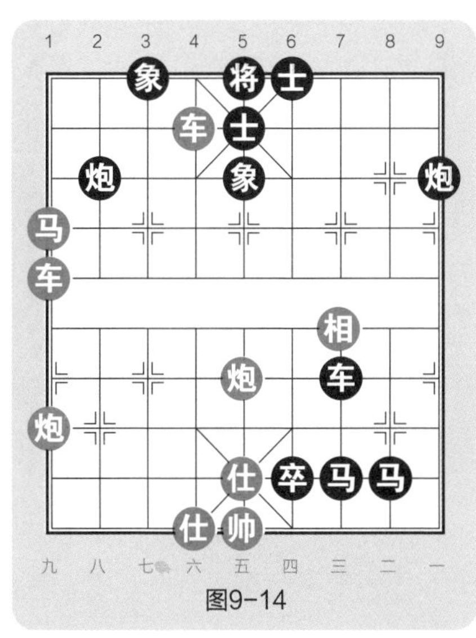
图9-14

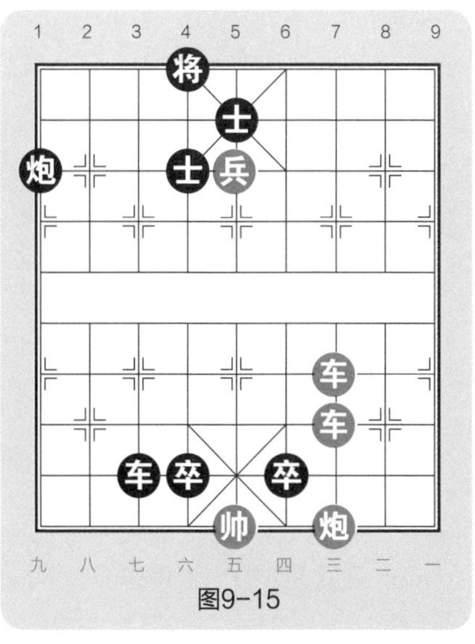
图9-15

③ 车三进七　将4进1　　④ 炮三进八　士5退6

⑤ 兵五进一　将4退1　　⑥ 车三平四（红胜）

如图9-16，红方先行。

① 兵三平四　将6进1

② 车八进四　将6退1

③ 车八平四　将6进1

④ 车五进四　将6退1

⑤ 车五平四　将6进1

⑥ 炮九平四（红胜）

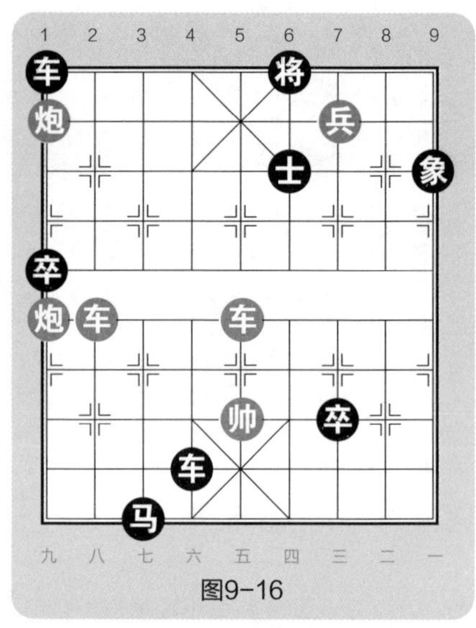
图9-16

如图9-17，红方先行。

① 炮三平五　车5进1

② 车一平五　车5退2

③ 炮一进三　士6进5

④ 车三进五　士5退6

⑤ 兵六平五　士4进5

⑥ 车三退一（红胜）

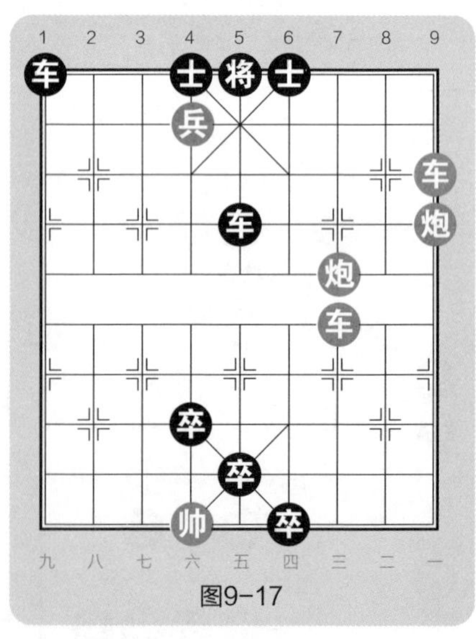
图9-17

如图9-18，红方先行。

① 车三进一　象7进5

② 炮五进四　士4进5

③ 车三平五　将5平4

④ 炮五平六　炮4平3

⑤ 车五平六　将4平5

⑥ 炮三进五（红胜）

如图9-19，红方先行。

① 炮五进四　车4平9　　② 车九平七　将4进1

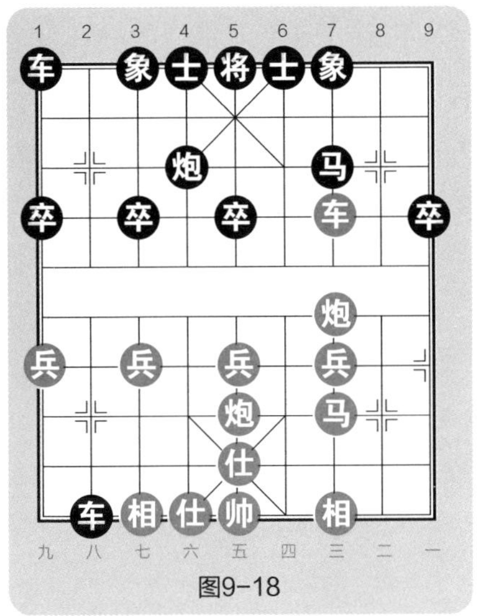
图9-18

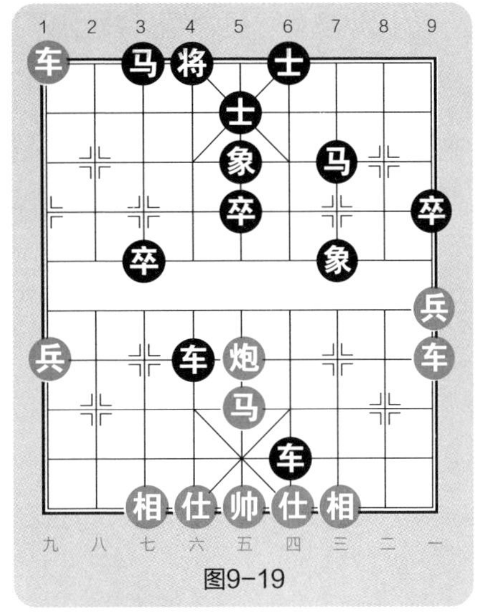
图9-19

③ 马五进六　士 5 进 4　　④ 车七平五　士 4 退 5

⑤ 马六进七　将 4 进 1　　⑥ 车五平八

至此，红方下一着车八退二，高钓马杀。

如图 9-20，红方先行。

① 兵四进一　将 5 平 6

② 兵三平四　将 6 平 5

③ 兵四进一　将 5 平 6

④ 车六平四　将 6 平 5

⑤ 马六进四　将 5 平 6

⑥ 马四进二　将 6 平 5

⑦ 车四进七（红胜）

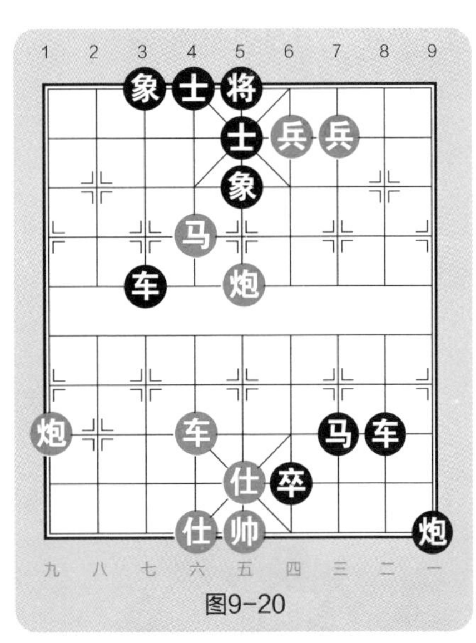
图9-20

如图 9-21，红方先行。

① 车八进九　车 4 退 7

② 车七平八　炮 8 平 2

③ 炮七进二　车 4 进 3　　④ 炮七平四　车 4 退 3

⑤炮四平六　将5平6

⑥炮六退七　将6进1

⑦车八退一（红方优势明显）

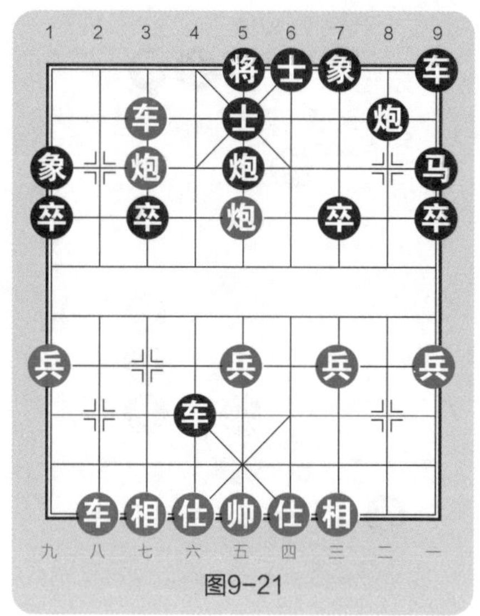
图9-21

如图9-22，红方先行。

①兵三进一　将6退1

②兵三平四　将6进1

③车三进二　将6退1

④车三进一　将6进1

⑤马五进三　将6进1

⑥马三进二　将6退1

⑦车三退一　将6退1

⑧车三平五（红胜）

如图9-23，红方先行。

①车三进三　将5进1

黑方如改走后车退7，则马二进四，将5平6，车六进三，将6进1，车六退一，将6退1，炮八进七，红方闷杀。

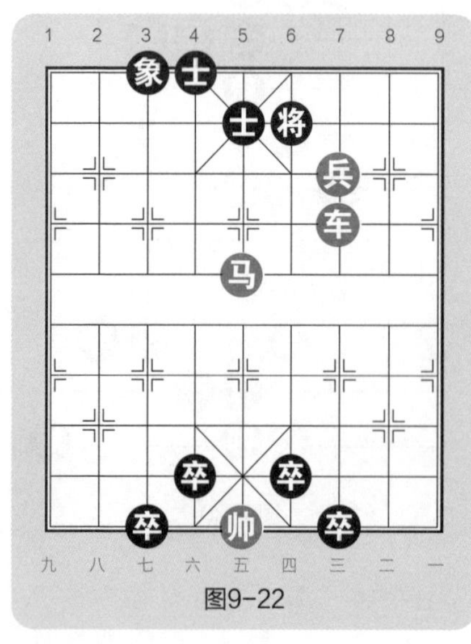
图9-22

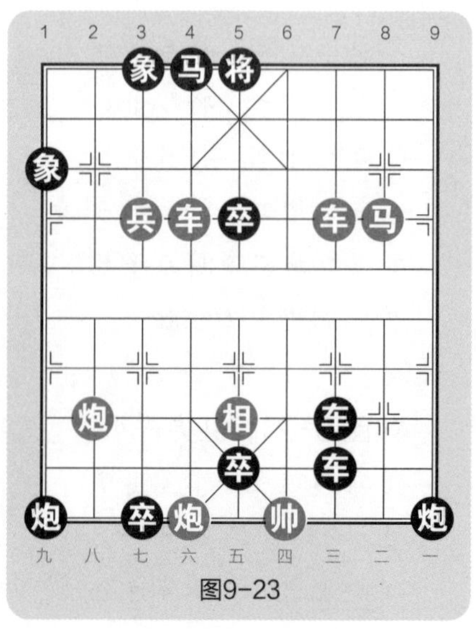
图9-23

② 车三平五　将5退1　　③ 马二进四　将5进1

④ 车六进二　将5进1　　⑤ 车六平五　将5退1

⑥ 马四退六　将5退1　　⑦ 马六进七　将5进1

⑧ 炮八进六（红胜）

二、运子腾挪

运子腾挪即指在攻防战斗中把己方妨碍进攻的棋子运用攻杀手段主动挪开。此种运子腾挪战术必须能使腾挪兵力发挥战斗作用，并且掌握好战斗进行的节奏。

运子腾挪在实战中有以下三个方面的作用：分兵袭击、抢先转换、运子攻杀。

【例局1】分兵袭击

如图9-24，红方先行。红方此时在左翼沉底炮和双车配合已对黑方底线构成威胁，红方争取突破的目标是肋道，加强打击力度。

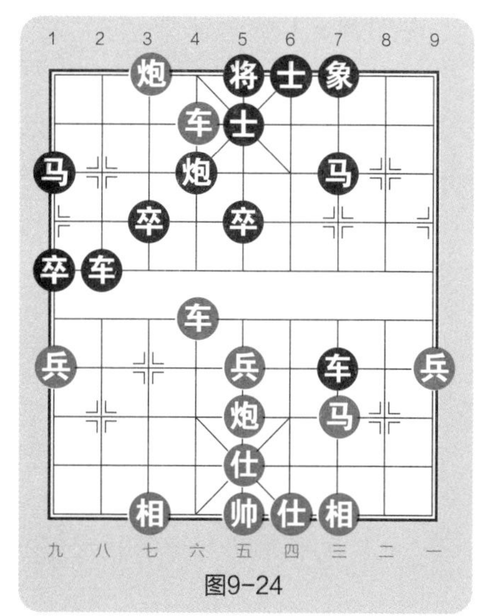

图9-24

① 炮五平六　车2退4

② 后车平三

红方此着可看作是分兵袭击。腾挪河沿车要双将杀，同时捉黑方7路车，两处必得其一。

② ……　　车2平3

③ 车三退一（红方得车）

【例局2】抢先转换

如图9-25，红方先行。双方兵力均集中于黑方右翼。红方车炮牵住黑方双车炮，但要突破防线还需仔细观察，通过运子腾挪抢先夺势。

①车八平六

此着虽是兑车，但迫使黑方暴露底线弱点，可以看作抢先转换。

①……　　　车4进1

②炮八进七　士4进5

③炮八平九

至此，红方取得沉底炮攻势，黑将受到直接威胁。

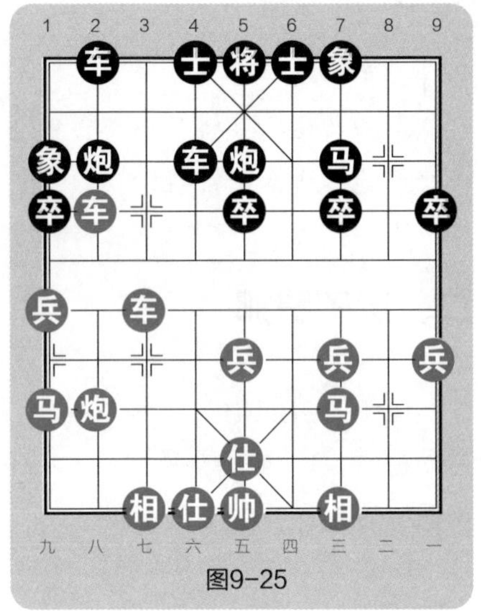

图9-25

【例局3】运子攻杀

如图9-26，红方先行。双方兵力集中于中路。红车控肋已具铁门栓雏形，准备造形作杀，得子夺先。

①马五退七

此着退马腾挪为摆中炮制造铁门栓杀势创造条件。

①……　　　象7进5

②炮六平五　车5平8

③车四平五（红方得炮胜势）

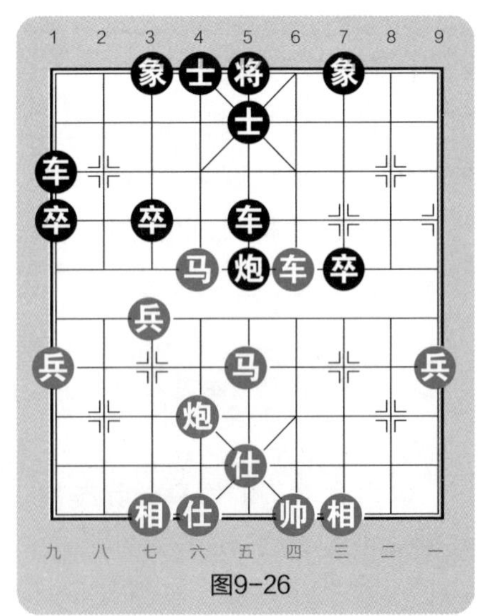

图9-26

练习题

如图 9-27，红方先行。

①炮七平二　车 3 进 3

②车六进八　士 5 退 4

③马四进三（红胜）

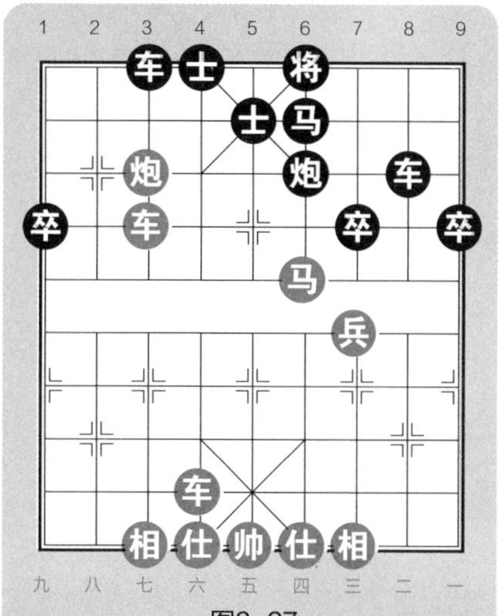

图9-27

如图 9-28，红方先行。

①马四进五　车 8 平 3

②马五进三　象 3 进 5

③兵七进一　炮 3 进 3

④炮一平七（红方得子占优）

如图 9-29，红方先行。

①炮八平四　车 2 进 3　　②炮四进八　车 9 进 1

③车四平一　车 2 退 3　　④炮二进七

至此，红方转换腾挪，车双炮突破黑方左翼底线，胜利在望。

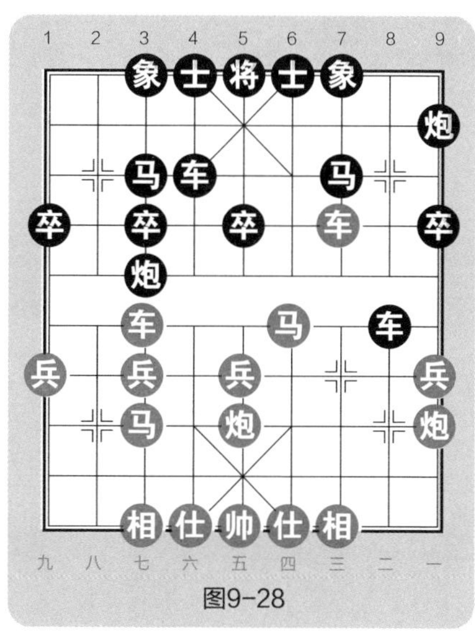
图9-28

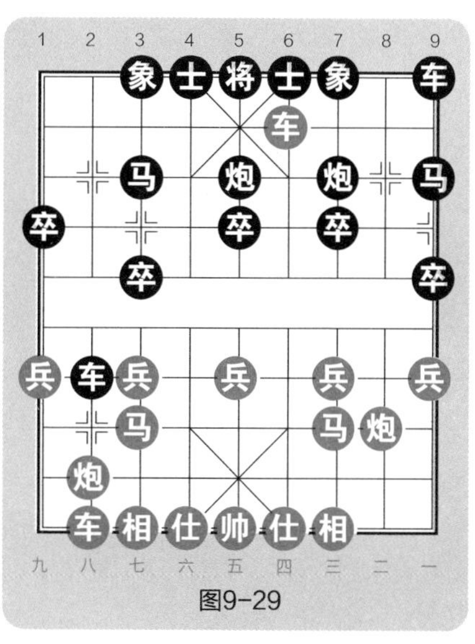
图9-29

如图9-30，红方先行。

① 马三进五　车3平8

② 炮三平一　士5进6

黑方如改走车8退6，则炮一进一，士5进6，车八平六，将5进1，车六退一，将5进1，车六平二，红方得车胜定。

③ 马五进六　将5进1

④ 炮二平四（红方得子占优）

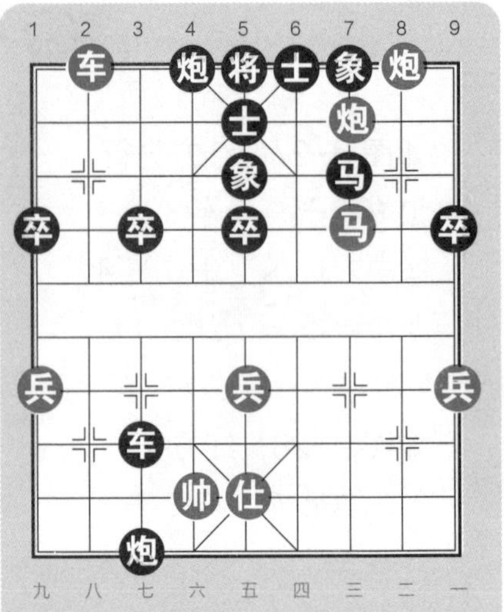

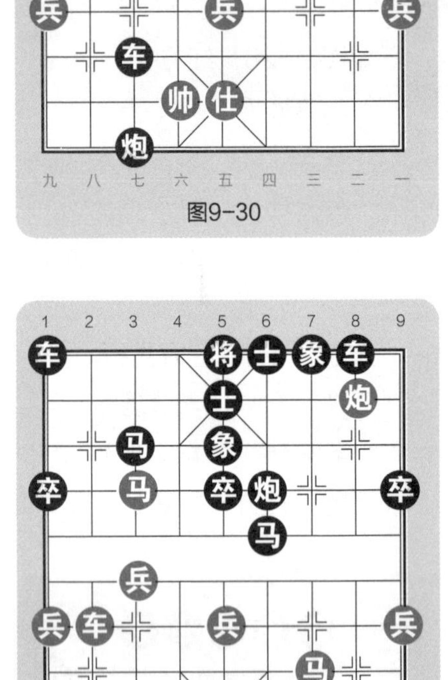

图9-30

如图9-31，红方先行。

① 炮二平四　车8进9

② 马七进五　车1平3

③ 马三退二　炮6退1

④ 马五退七（红方得象占优）

图9-31

如图9-32，红方先行。

① 炮三进四　士6进5

黑方如改走车7进3，则炮三进三，士6进5，炮三平一，马8进9，相一退三，黑方双车尽失。

② 车三进三　炮7进4

③ 炮三平七　象3进1

黑方如改走炮7平3，则车八进三，炮3退2，车八平七，象3进1，炮七平八，炮3进3，车七进四，炮3平4，炮八进三，象1退3，车七进二，红方突破黑方右翼底线，伏抽将杀，优势一目了然。

④ 车八进四（红方优势）

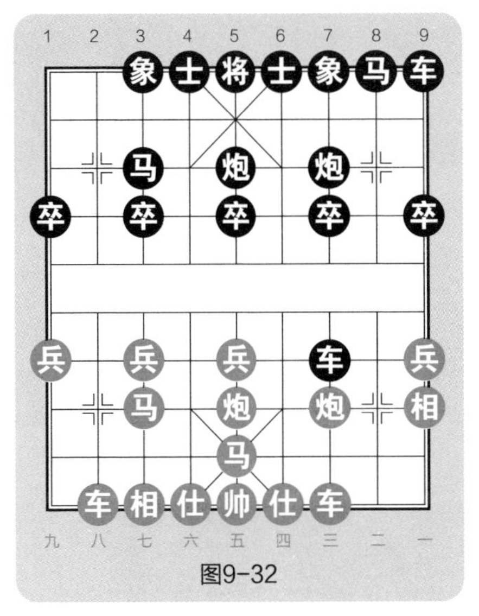

图9-32

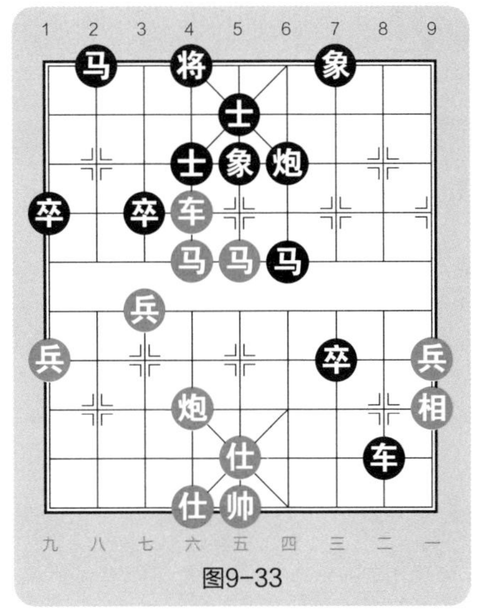

图9-33

如图 9-33，红方先行。

①马五进四　马 6 退 4　②炮六进四　马 2 进 4

③炮六平五　马 4 退 2　④马六进七　马 2 进 3

⑤炮五平六（红胜）

如图 9-34，红方先行。

①前炮平五　前车平 4

②兵六平五　士 4 退 5

③车八平五　将 5 平 4

④车五进一　将 4 进 1

⑤车五平九（红方得车胜定）

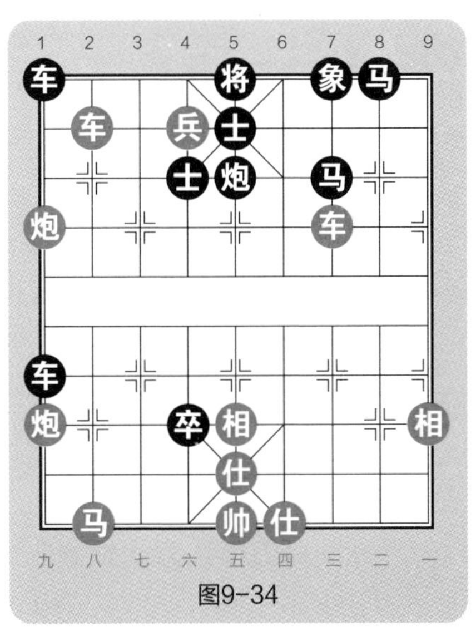

图9-34

如图 9-35，红方先行。

①马三进四　炮 3 平 9

黑方如改走车 8 平 5，则相三进五，红方伏马四进六捉双及炮三进八打象；又如改走炮 5 进

4打空头，则帅五进一，车8退6，炮二进四，封住左车后，红方伏有马四进六捉双及炮三平二捉死车的手段。

②炮三进八　士6进5

③马四退二　车3平5

④炮二平五　车5平8

⑤相三进一

至此，红方得底象且形成沉底炮攻势。

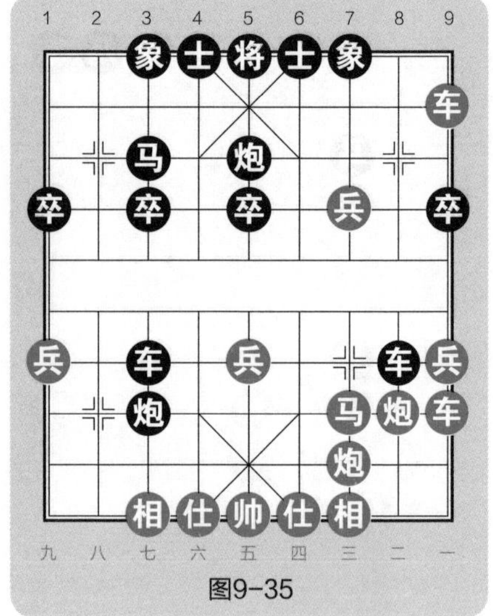

图9-35

如图9-36，红方先行。

①车九平二　车8进5

②炮九进七　象3进1

黑方如改走士5退4，则车六进一，将5进1，车六退一，红胜。

③车六进一　将5平4

④兵六进一　将4平5

⑤兵六进一（红胜）

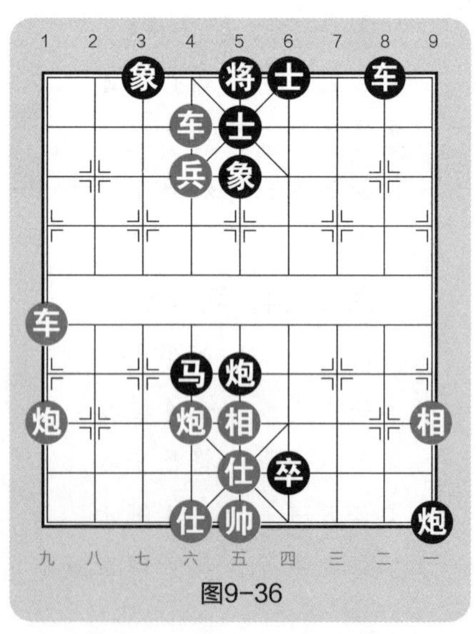

图9-36

如图9-37，红方先行。

①炮二平五　车8进9

②炮五退四　炮6平5

③炮五进四　象7进5

④车六进六　马3退2　　⑤车六平五　士6进5

⑥车五退一

至此，红方破黑方双象，并在中路形成强烈攻势，胜券在握。

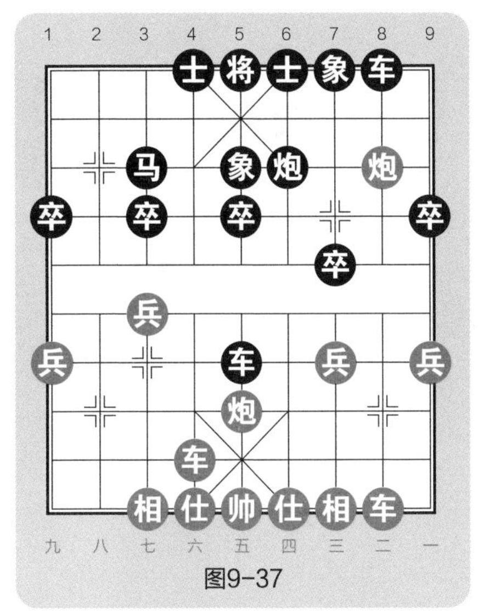

图9-37

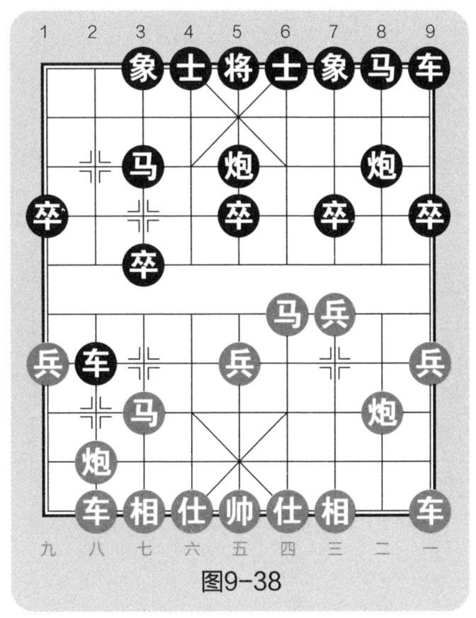

图9-38

如图 9-38，红方先行。

①兵三进一　卒 7 进 1

黑方如改走炮 5 进 4，则马七进五，车 2 平 5，炮八平五，象 7 进 5，兵三进一，红方三路兵渡河，形势占优。

②炮八平三　车 2 进 3

③炮三进八　将 5 进 1

④炮三平一　车 2 平 3

⑤相三进五　车 3 退 1

⑥车一平三（红方大占优势）

如图 9-39，红方先行。

①炮二平五　士 5 进 6

②炮五退四　车 1 平 5

③马二进三　将 5 进 1

④炮八平五　将 5 平 4

⑤车八进六　将 4 进 1

⑥车四进七　象 3 进 5

⑦车四平五（红胜）

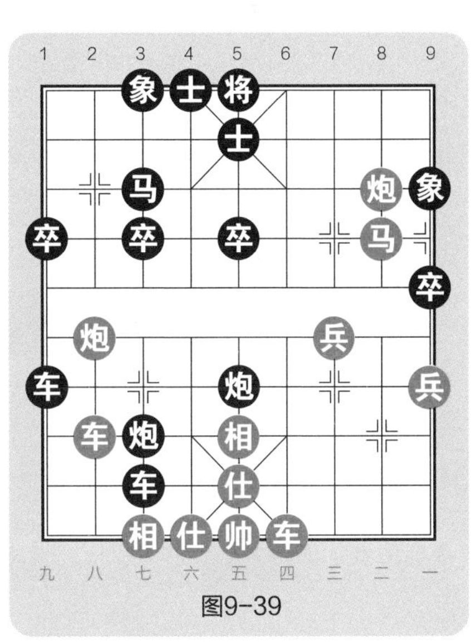

图9-39

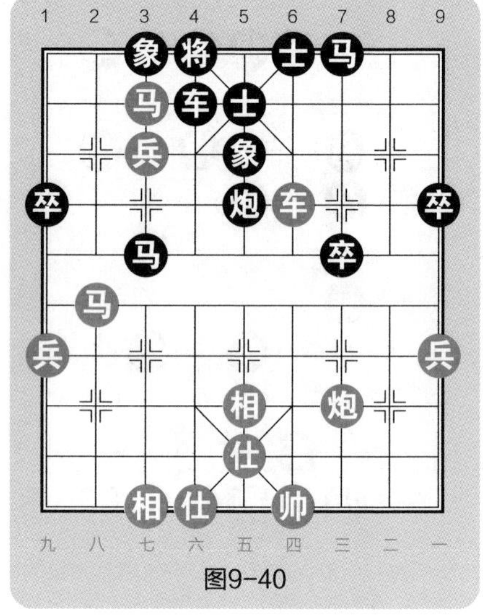

图9-40

如图 9-40，红方先行。

①相五进七　马 7 进 8
②车四退一　车 4 进 5
③炮三平六　炮 5 平 4
④相七退九　车 4 退 1
⑤车四退一　马 3 进 2
⑥车四平六　马 2 退 4
⑦炮六进四（红方多子胜定）

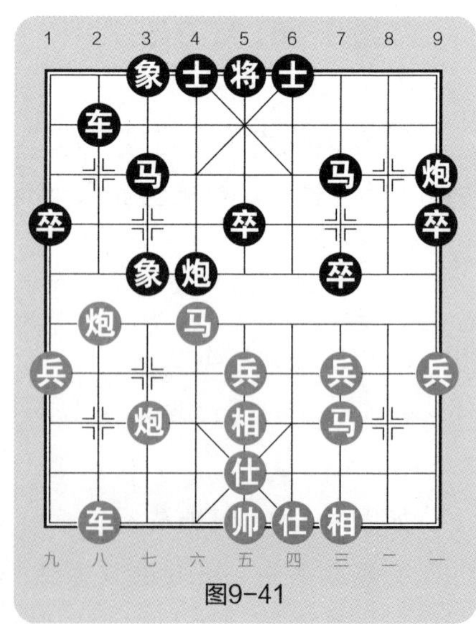

图9-41

如图 9-41，红方先行。

①马六进四　车 2 平 7
②炮八平五　炮 4 平 5
③车八进六　士 4 进 5
④马四进三　车 7 进 1
⑤炮七进五　车 7 平 3
⑥车八平五　炮 5 平 6
⑦车五退一　炮 6 退 2
⑧车五平七（红方得象占优）

如图 9-42，红方先行。

①马六进八　车 4 进 2
②马八进七　车 4 退 4
③车六进七　士 6 进 5
④车六退三　将 5 平 6
⑤车六平四　炮 5 平 6
⑥炮五平四　将 6 进 1　　⑦车四进二　将 6 进 1
⑧炮八退一

至此，红方下一步炮八平四绝杀，黑方无法解救。

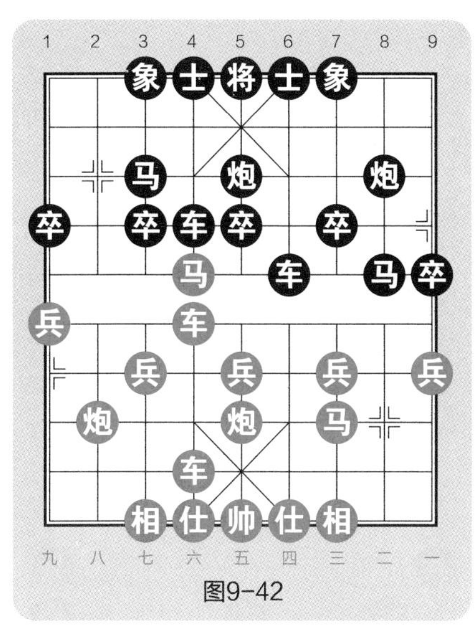
图9-42

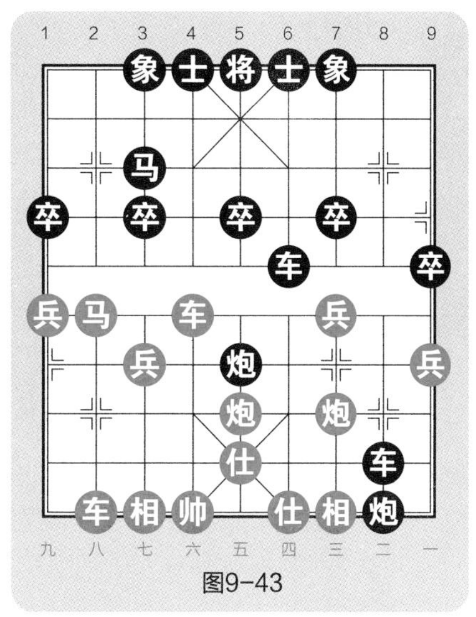
图9-43

如图9-43，红方先行。

①炮五进四　马3进5

黑方如改走车8平5，则炮五退五吃车带将军，使黑方车6进5的攻击计划破灭，黑方如续走士6进5，则马八退七后，红方后防即可安定。

②车六进五　将5进1

③马八进六　将5平6

④车八进八　士6进5

⑤炮三平四　车6平5

⑥马六退五　车5进2

⑦车六退四　将6退1

⑧车八平五（红胜）

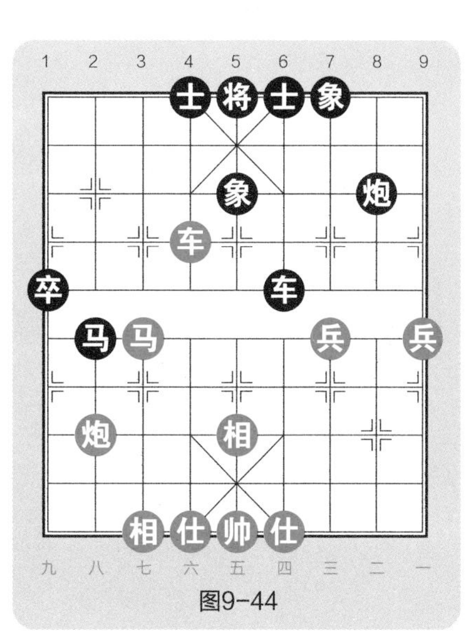
图9-44

如图9-44，红方先行。

①车六平二　炮8平9

②马七进六　车6退3

③相五进七　士6进5

④ 仕六进五　车 6 进 4　　⑤ 车二进三　士 5 进 4

⑥ 炮八平五　将 5 平 6　　⑦ 兵三进一　士 4 进 5

⑧ 马六退四　炮 9 平 6　　⑨ 马四进五（红方破象胜势）

如图 9-45，红方先行。

① 炮八进二　车 4 进 3

② 车八平四　炮 7 平 6

③ 炮八进五　马 4 进 3

④ 车四平八　车 8 进 6

⑤ 炮八平九　炮 3 平 2

⑥ 车四进三　炮 2 平 6

⑦ 车八进三　马 3 退 4

⑧ 车八退八　马 4 进 3

⑨ 车八平六（红方胜势）

图9-45

如图 9-46，红方先行。

① 炮五平四　士 5 进 6

② 马四退五　士 6 退 5

③ 马五进六　车 2 平 3

④ 马六退四　将 6 平 5

⑤ 马四进二　马 7 退 8

⑥ 马二进三　马 8 进 6

⑦ 车九平一　士 5 退 6

黑方如改走车 3 平 6，则炮四平五，车 6 平 5，车一进三，士 5 退 6，车一退四，车 5 退 1，车一平四，红方捉死黑马。

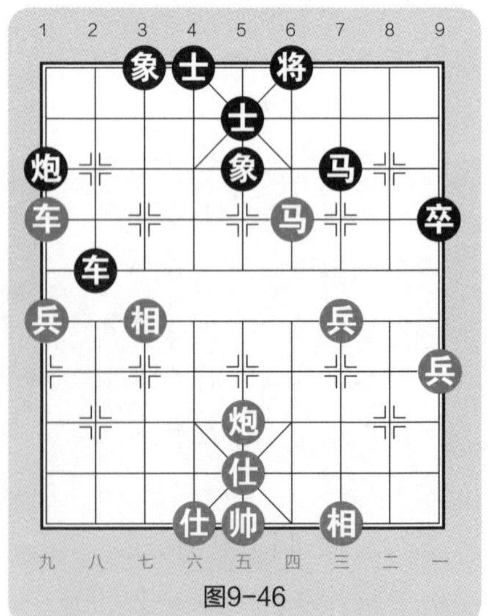

图9-46

⑧ 车一平四　炮 1 退 1

⑨ 车四进二　士 4 进 5　　⑩ 炮四平二（红胜）

第10课 驱逐

驱逐就是把对方在进攻或防守要道上的兵力赶走，以利于自己兵力的展开，进而达到夺子占先入局的目的。驱逐战术是运子战术的又一种形式，它通常是为其他基础战术和常用战术开辟道路，是为基本杀法的实施创造条件的。

驱逐战术一般要达到两个目的：一是驱逐得子；二是驱逐抢先占势。方法一般有三种：直接驱逐、借杀驱逐和驱逐抢先占势。

一、驱逐得子

驱逐得子入局主要是根据盘面上已有的或形势发展可能形成的战术杀法，驱逐对方起关键战斗作用的兵力，从而达到谋子的目的。

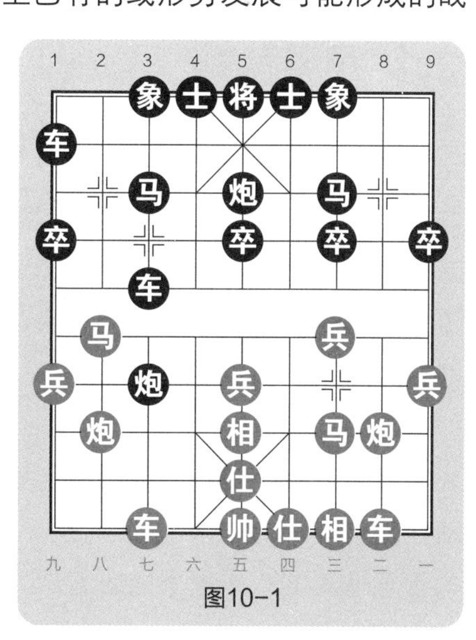

图10-1

【例局1】直接驱逐

如图10-1，红方先行。双方兵力部署已经完成，开始进入中局。红方左翼底车牵制黑方车炮，黑车灵活性差，红方可利用已经形成的牵制直接驱逐黑车，形成得子。

①炮二进三　炮5平6

②兵三进一　车3平7

③ 车七进三　象 7 进 5（红方得子）

【例局 2】借杀驱逐

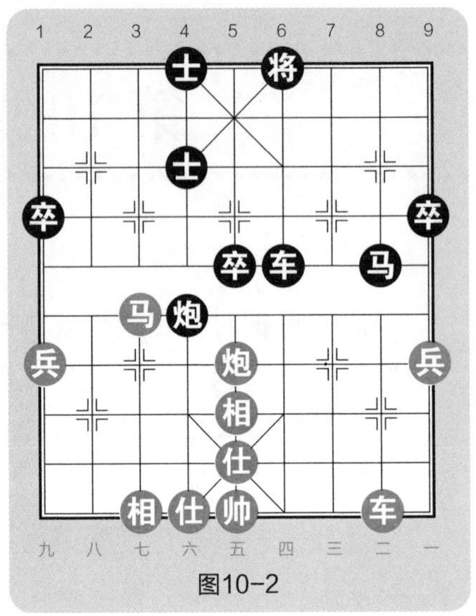

图10-2

如图 10-2，红方先行。局面已进入后中局，红方底车牵制黑车的纵向活动，中炮牵制黑车的横向活动，红方可借组合杀法驱逐黑车而得子。

① 马七进六　车六进二

② 车二进五　炮 4 平 5

黑方如改走车 6 平 5，则车二进四，将 6 进 1，车二退一，将 6 退 1，马六退四，红方借立马车杀捉车；又如改走卒 5 进 1，则炮五平八，车 6 平 2，车二进四后殊途同归，红方仍形成立马车杀法。

③ 车二平四　车 6 退 2　　④ 马六退四（红方得子）

【例局 3】反牵制驱逐

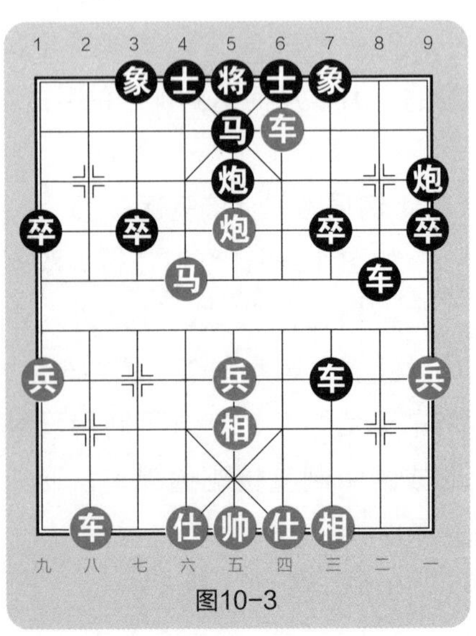

图10-3

如图 10-3，红方先行。红方中炮镇住黑方窝心马，车控肋道，六路马如立刻进八奔袭卧槽，黑方可车 8 平 4 守肋。因此，红方要设法驱逐黑车，寻求入局机会，红方可用反牵制驱逐。

① 车八进五

红方表面上是用车保马，主动让对方车牵制，实际目的是下一着有马六进八或进五的凶着。

①……　　　卒3进1　　　②车八平七　车7退2

③马六进四　车7平6　　　④炮五退一　车6退1

黑方如改走车8进1，则马四进六，炮9平4，车四退三，红方得车胜势。

⑤车四退二（红方胜势）

练习题

如图10-4，红方先行。

①炮八进一　炮7退1　　　②炮八进二　象1退3

③车三进二（红方得子）

红方借将军先手逃炮，然后进车吃炮。这种借攻杀驱逐是象棋攻防中常用的手段。

如图10-5，红方先行。

①炮九退一　士5进4　　　②马九进七　炮8平4

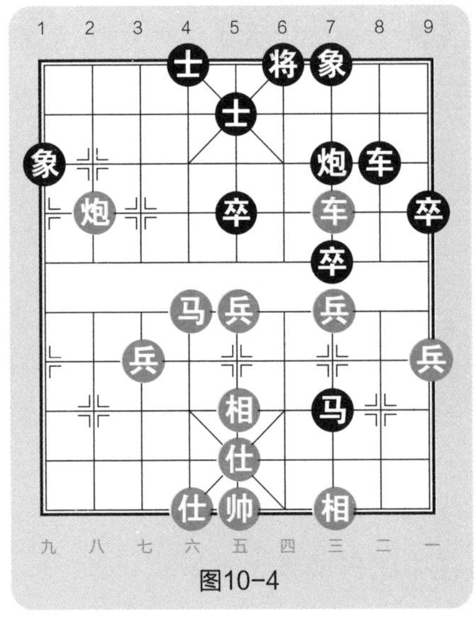

图10-4

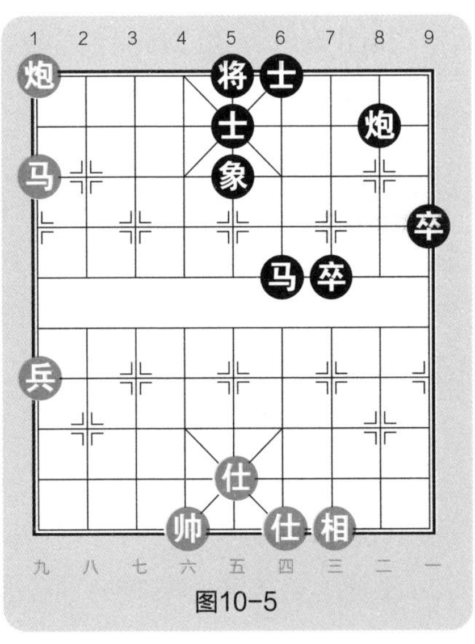

图10-5

③炮九平六　士6进5　　④马七退八（红方得炮胜势）

如图10-6，红方先行。

①马八退九　车2平1

②马九退八　车1退3

③帅五平六　士5进4

④车六退一

至此，红方有车六进二，将5进1，车二进八，将5进1，车六退二的双车错杀，黑方无法防御。

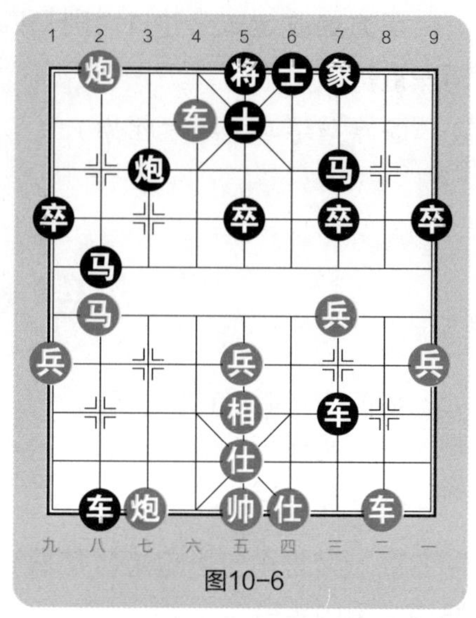
图10-6

如图10-7，红方先行。

①兵九进一　车2进1

②炮五进五　士5进6

③车一退二　车3平6

④车一进一（红方得象占优）

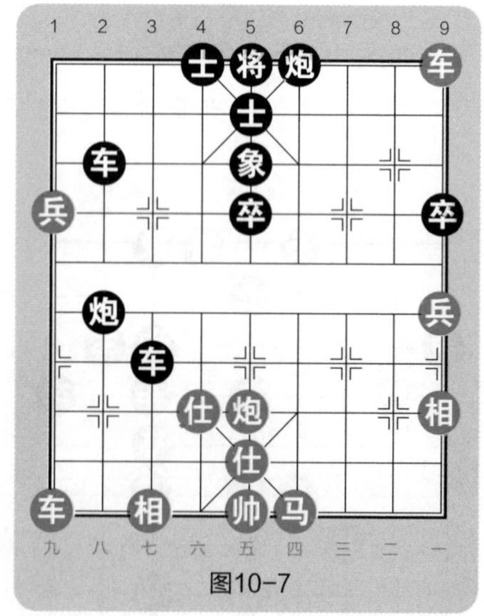
图10-7

如图10-8，红方先行。

①炮二进一　车2进1

黑方如改走炮4进1，则车六退六，将5平6，炮二平九，车2平1，炮八进七，至此红方多得一子，并且有沉底炮和双车配合的强烈攻势。

②车六退五　将5平6

③车六平四　将6平5

④炮二平九

至此，红方不但多得一子，而且在中路形成强大攻势。

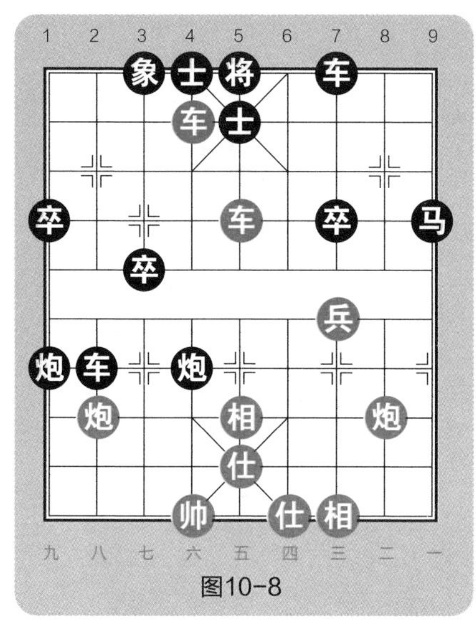

图10-8

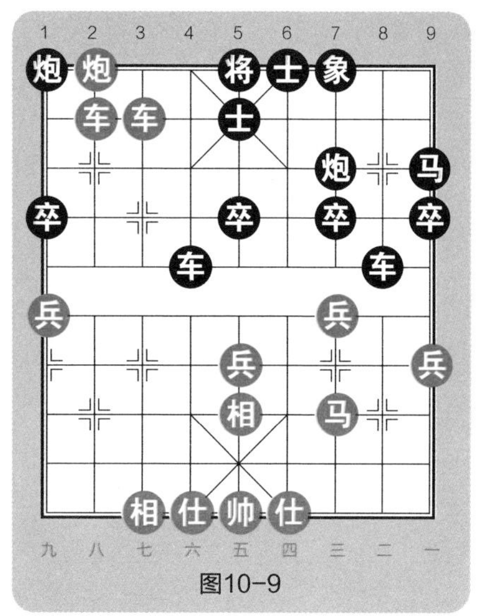

图10-9

如图 10-9，红方先行。

① 马三进四　车 4 平 6

黑方如改走炮 7 退 1，则马四进六，炮 7 平 3，马六进七，车 8 平 3，车八平七，仍是红方胜势。

② 车七进一　士 5 退 4　　③ 车七退三　士 4 进 5

④ 车八平六

至此，红方接下来续有车七进三的杀着，胜定。

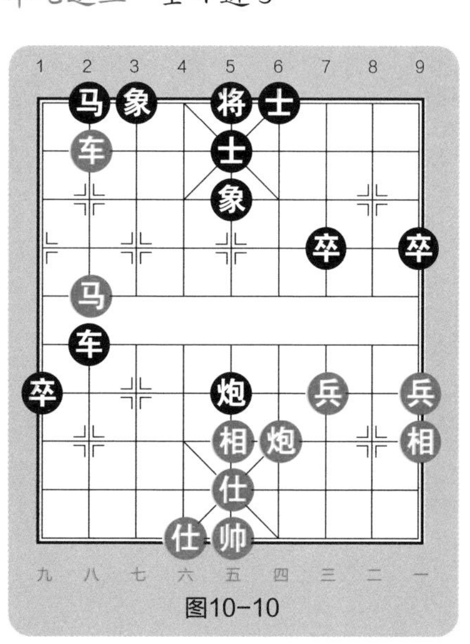

图10-10

如图 10-10，红方先行。

① 炮四进四　炮 5 平 2

黑方如改走士 5 退 4，则车八进一，炮 5 平 2，炮四平八，车 2 平 6，炮八平五后，红方得子胜势。

② 炮四平八　车 2 平 6

③ 炮八进三　士 5 退 4

④马八进七（红方得子胜势）

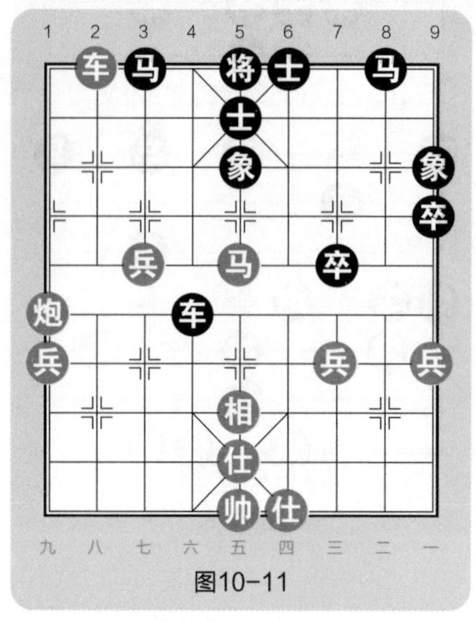

图10-11

如图 10-11，红方先行。

①马五进七　象 9 退 7

②兵七平六　车 4 平 6

黑方如改走车 4 退 1，则炮九平五，将 5 平 4，马七进八，将 4 进 1，车八平七，以下红方形成穿心车杀势。

③炮九进五　士 5 退 4

④马七进六

至此，红方三子归边，黑马必失，红方胜势。

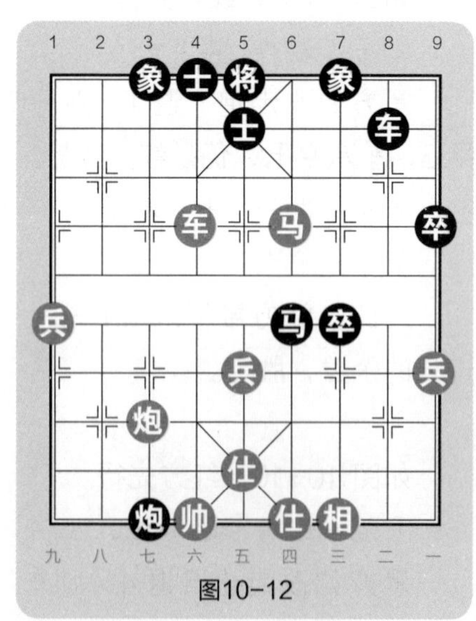

图10-12

如图 10-12，红方先行。

①炮七进六　士 5 进 4

黑方如改走车 8 进 5，则马四进三，将 5 平 6，车六平四，红胜。

②车六进一　士 4 进 5

③马四进五　车 8 进 3

④马五退七　将 5 平 6

⑤炮七退八（红方胜势）

如图 10-13，红方先行。

①炮八进五　车 8 进 5　　②车六进五　象 5 进 7

黑方如改走车 1 平 4，则车四进一，士 5 退 6，车六进一，红胜。

③炮八平五　象 7 退 5　　④车四平五　士 6 进 5

⑤车六平五（红胜）

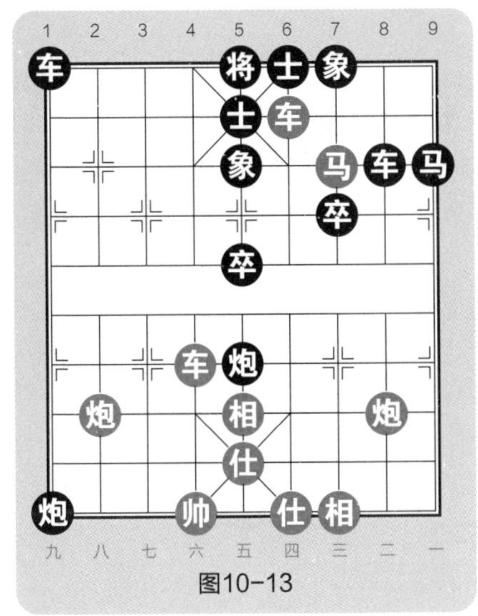

图10-13

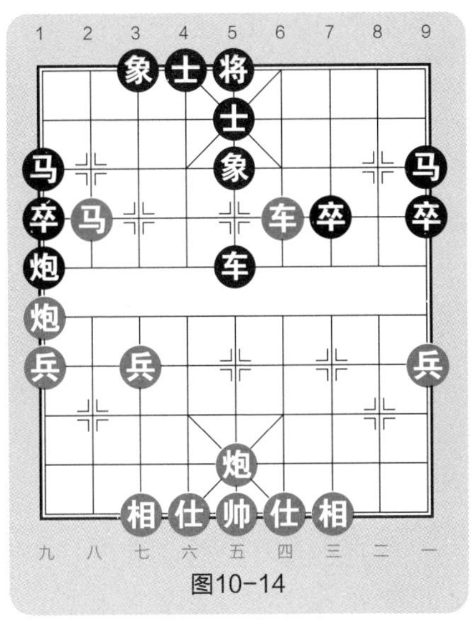

图10-14

如图 10-14，红方先行。

①相三进五　车 5 平 8　　②炮九平五　炮 1 平 5

③后炮平七

红方接下来伏有炮七进八，象 5 退 3，马八进六，挂角马杀。

③……　　士 5 进 6　　④马八进六　将 5 进 1

⑤车四平五

至此，黑炮必失，红方胜势。

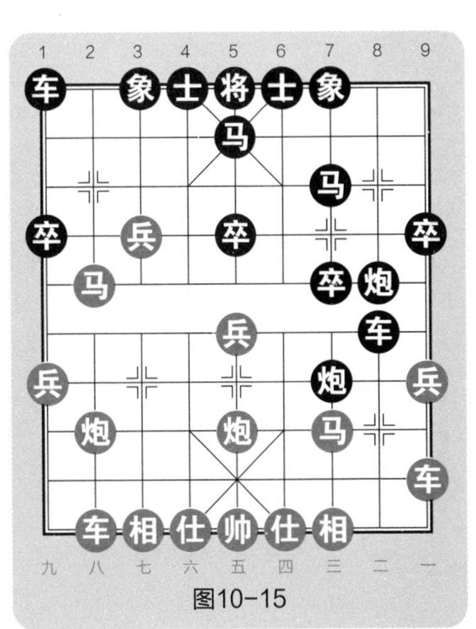

图10-15

如图 10-15，红方先行。

①炮八进二　车 8 进 1

黑方如改走车 8 平 5，则炮八退一后，红方有炮八平五，强攻中路的手段。

②炮八平九　象 3 进 1

③马八进九　车 1 平 3

④炮九平七　马 5 进 3

⑤炮七进三（红方得马胜势）

如图 10-16，红方先行。

①炮九退三　马 2 退 4

②车八进三　象 5 进 7

③炮九进二　将 4 平 5

④车八进一　士 5 进 4

⑤车八退二　士 4 退 5

⑥车八平六（红方得车胜定）

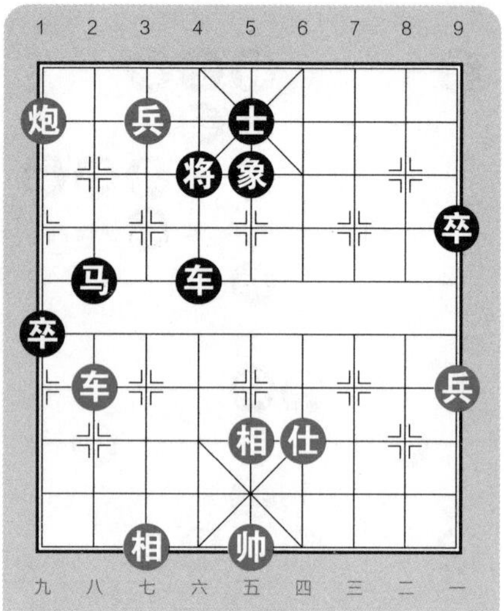

图10-16

如图 10-17，红方先行。

①炮八进二　将 4 进 1

②车八进八　将 4 进 1

③炮八平六　车 7 平 4

④炮六退七　车 4 退 1

⑤炮九平六　车 4 平 3　　⑥车四退四

至此，红方下一着车四平六杀。

如图 10-18，红方先行。

①马五进四　车 8 平 6　　②炮五平二　马 6 进 8

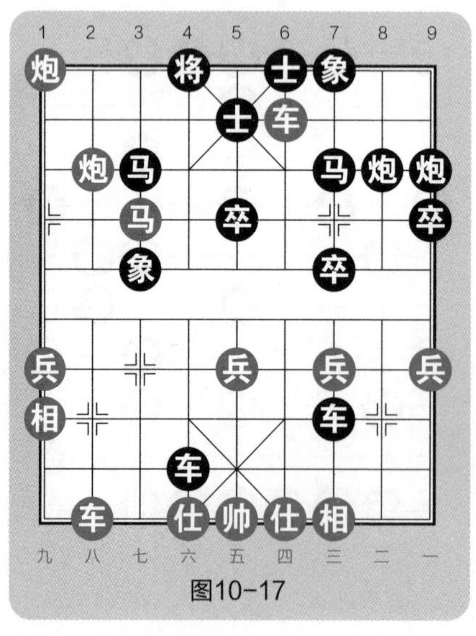

图10-17

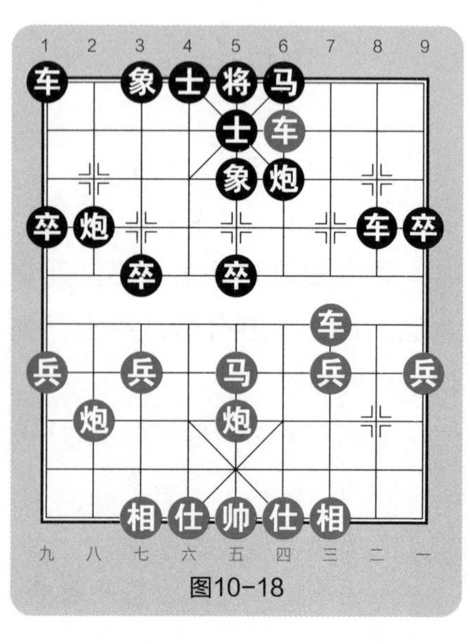

图10-18

③车三进五　士5退6　　④马四退二　车1进1

⑤车四平九　象5退7　　⑥车九平二（红方得子胜势）

如图10-19，红方先行。

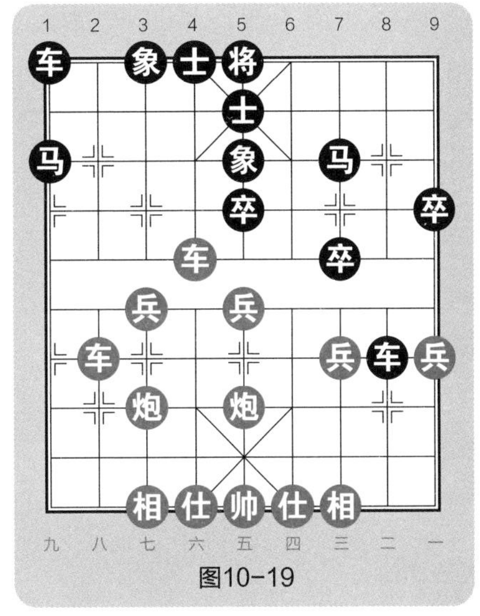
图10-19

①炮七进一　车8进1

②炮五平九　车1平2

③车八进六　马1退2

④车六进三　士5退6

⑤相三进五　车8退2

⑥车六平八

至此，黑方底马必失，红方胜势。

如图10-20，红方先行。

①炮八进一　车5进3

②马七进六　车5退1

③后马进四　车5平6

黑方如改走车5退1，则马六进四，车8平6，前车平八后，红方伏后马进六的凶着，黑炮必失，红方胜势。

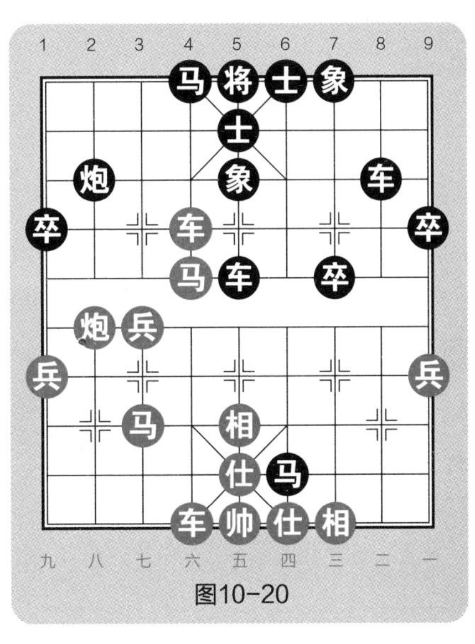
图10-20

④马六进四　车8平6

⑤炮八平五　马4进3

⑥前车进三　马3退4

⑦前马进六（红胜）

如图10-21，红方先行。

①炮八进三　车7进4

黑方如改走炮5平4，则炮八平三　炮4进7，炮三进二，红方得马。

②马六进八　炮2平4

黑方如改走士5进4，则炮八进二，炮5平2，马八进六，将5进1，炮二平五，象7进5，车二进六，红胜。

③马八进七　将5平4

④车六进七　士5进4

⑤炮八平六　士4退5

⑥炮二平六（红胜）

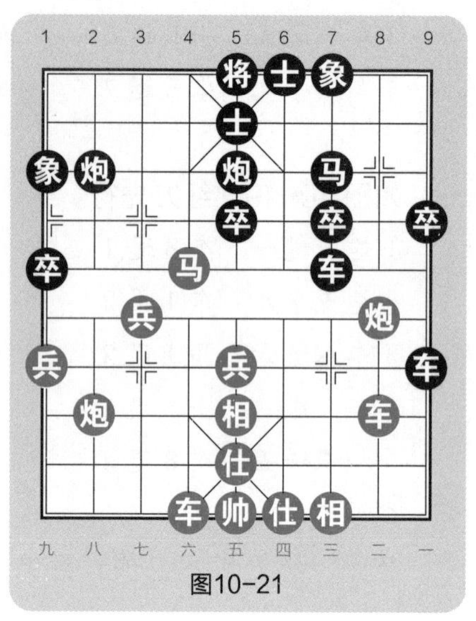

图10-21

二、驱逐抢先占势

驱逐抢先占势的目的主要有三：一是驱逐对方兵力，使其离开防守要道，从而打通己方兵力进攻道路。二是迫使对方兵力离开进攻道路，使己方兵力转守为攻。三是驱逐对方兵力使其阵形暴露出弱点。

【例局1】迫使对方兵力离开防守要道

如图10-22，红方先行。此时双方布局完成，进入中局。盘面的主要矛盾是黑方河沿马控制红方双马出路，因此驱逐该马是红方打开局面的关键。

①炮八进三

红方此着是直接驱逐，至此黑马已不能据守河头且无好点可选。

①……　　　车8进6

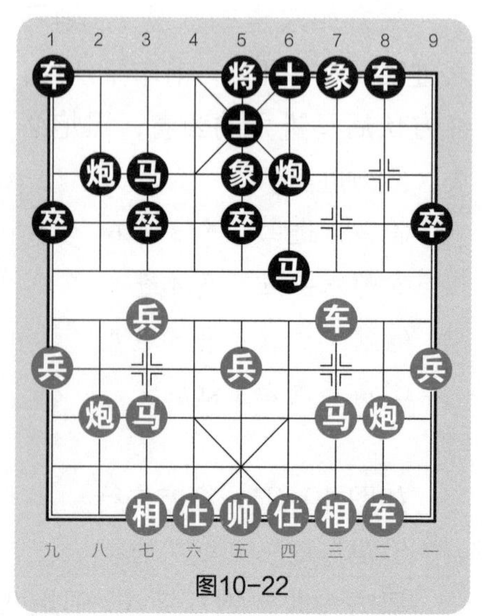

图10-22

②兵七进一　车8平7

③车三退一　马6进7　　④兵七进一　马3退4

至此，红方渡七兵过河压制黑方右翼兵力，红方优势明显。

【例局2】迫使对方兵力离开进攻要道

如图10-23，红方先行。盘面上红方多炮缺相，黑方双车炮配合有大胆穿心杀势。攻防主要矛盾在红方七路，红方可用反牵制驱逐迫使黑车离开进攻要道。

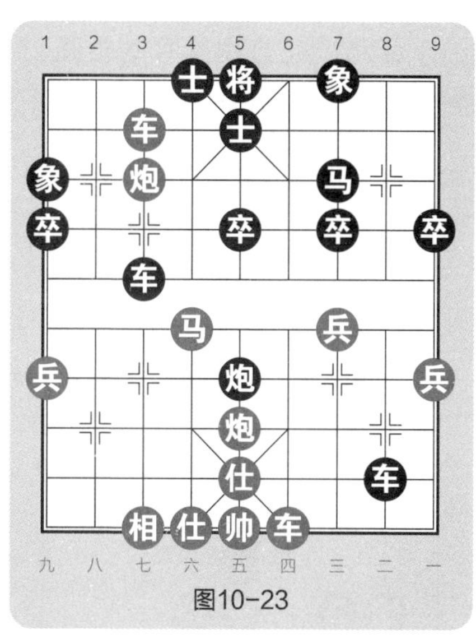
图10-23

①马六进七　车3平4

黑方如改走车3退1，则炮七平五，象7进5，车七退二，红方得车胜势。

②车七平八　士5退6

③炮七进二　士4进5（红方胜势）

【例局3】驱逐兵力暴露弱点

如图10-24，红方先行。双方斗争的焦点在河沿的对头兵卒。红方可用直接驱逐法夺得三路线的控制权。

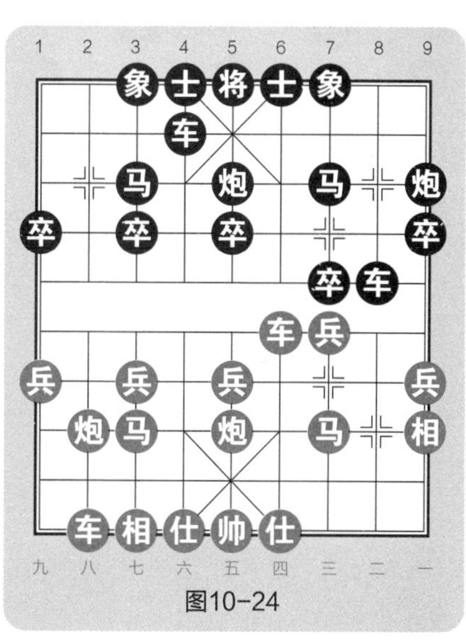
图10-24

①炮八进三　卒7进1

②车四平三

至此，黑方暴露7路马象的弱点。

如图 10-25，红方先行。

①炮二进五　车 8 平 9　　②相三进五

至此，红方用反牵制驱逐，使黑方底车回原位，相三进五后已控制全局，优势明显，红方以后可运马进攻。

如图 10-26，红方先行。

①兵七进一　车 2 平 3　　②炮八进七　士 4 进 5

③车九平六

至此，红方续有车五平六叫杀的手段，红方优势。

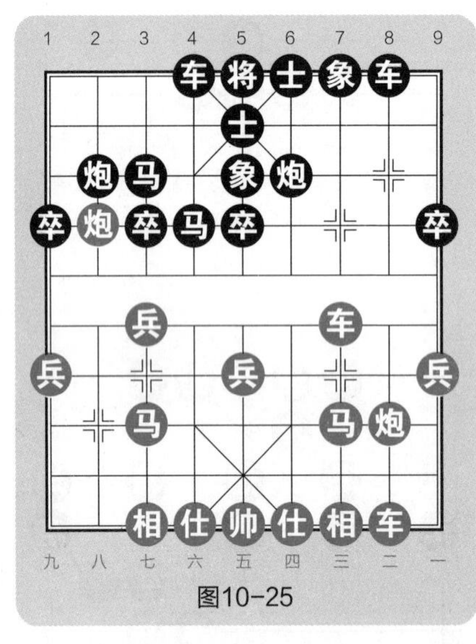
图10-25

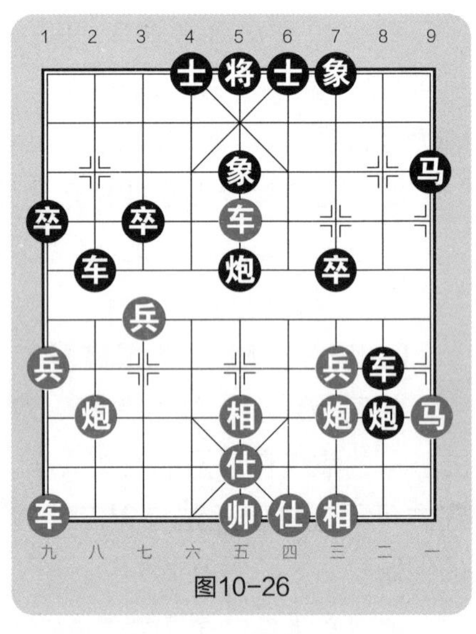
图10-26

如图 10-27，红方先行。

①兵七进一　车 4 平 3　　②车八进二　车 3 进 1

③后炮进三

至此，红方成功实现控制中路的目的。红方接下来有车三进一得马或后炮退一等手段。

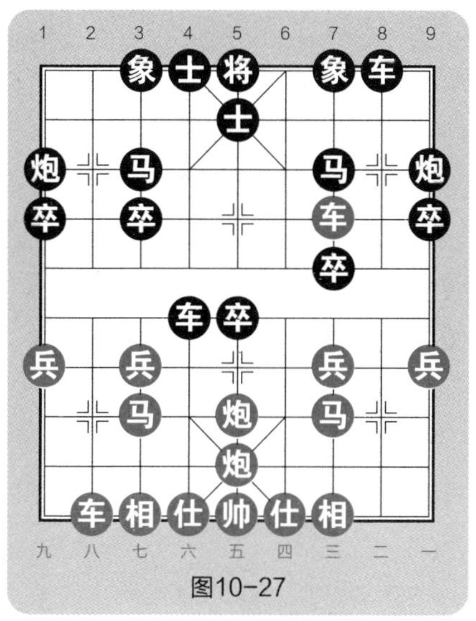

图10-27

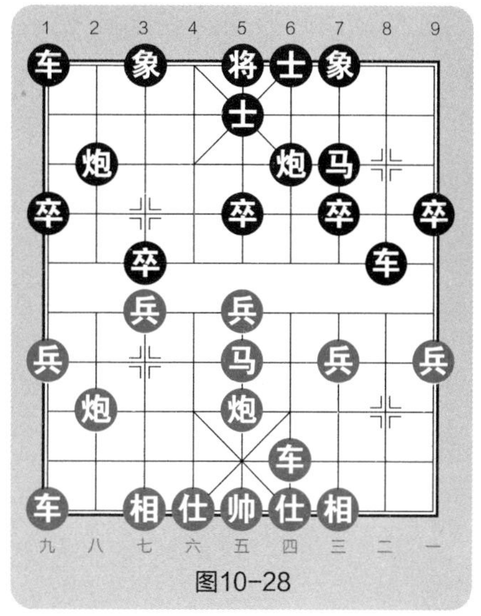

图10-28

如图 10-28，红方先行。

①炮八进三　车 8 进 2

黑方如改走卒 3 进 1，则兵五进一，车 8 进 1，兵五进一，车 8 平 4，车四进四，至此红方中兵渡河，中路攻势强大。

②兵七进一　车 8 平 7　　③马五进七

至此，红方兵过河，马踞河头，续有兵五进一兑兵再镇中炮等手段。

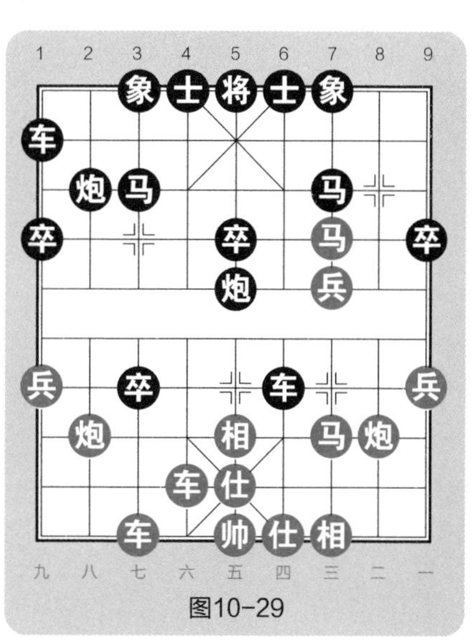

图10-29

如图 10-29，红方先行。

①炮八进一　卒 3 进 1

黑方如改走卒 3 平 2，则车七进七，象 3 进 5，前马退五，卒 5 进 1，车七平八，红方得子占优。

②炮八平五　象 3 进 5

③车七进二

至此，红方得卒并有车捉马的先手，被封住的底车也顺利开出，红方优势。

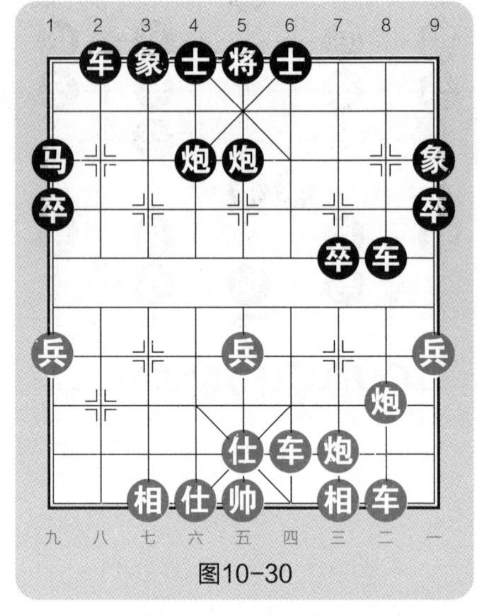

图10-30

如图 10-30，红方先行。

①车四进一　车 8 退 1

②炮三平二　车 8 平 5

③前炮进七　士 6 进 5

黑方如改走将 5 进 1，则后炮进七，黑方仍难抵挡。

④后炮进七

至此，红方集中优势兵力攻击黑方左翼，有二路夹车炮等杀法，黑方难以抵挡。

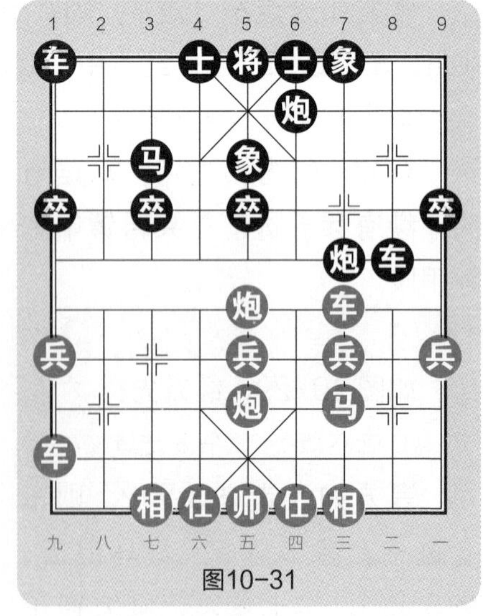

图10-31

如图 10-31，红方先行。

①炮五进一　炮 6 进 3

黑方如改走卒 5 进 1，则炮五进三，士 4 进 5，炮五平二，黑方丢车；又如改走炮 6 平 7，则前炮平二，后炮进 4，兵三进一，炮 7 进 3，炮二进二，红方优势。

②车三进一　车 8 平 7

③前炮平三　象 5 进 7

④车九平四

至此，经过兑子交换红方先手捉炮，黑方阵形散乱。

如图 10-32，红方先行。

①马七进六　炮 5 进 4　　②炮七平五　炮 4 平 8

③车二平三　车 6 平 5　　④炮五进二　车 5 进 2

⑤ 马六进四

至此，红方通过追逐黑车，将马运至右翼，底车摆脱封压，取得明显优势。

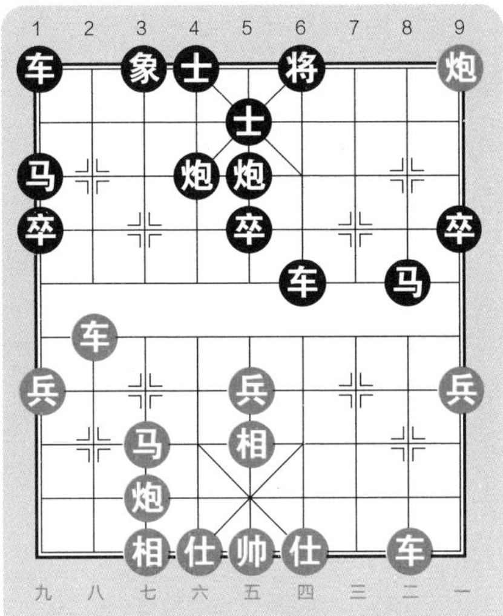

图10-32

如图 10-33，红方先行。

① 炮四进四　炮 8 平 6

黑方如改走卒 3 进 1，则炮五平四，车 6 平 8，前炮平二打双车。

② 炮五平四　车 6 平 8

③ 后炮进五　士 5 进 6

④ 车四进一　将 5 进 1　　⑤ 炮四平七

至此，红炮得卒瞄象、肋车胁士，黑将不安于位。红方优势明显。

如图 10-34，红方先行。

① 马六退八　车 3 进 2　　② 炮二进一　车 3 进 1

③ 车九进二　车 3 退 4　　④ 炮七进六　马 2 进 3

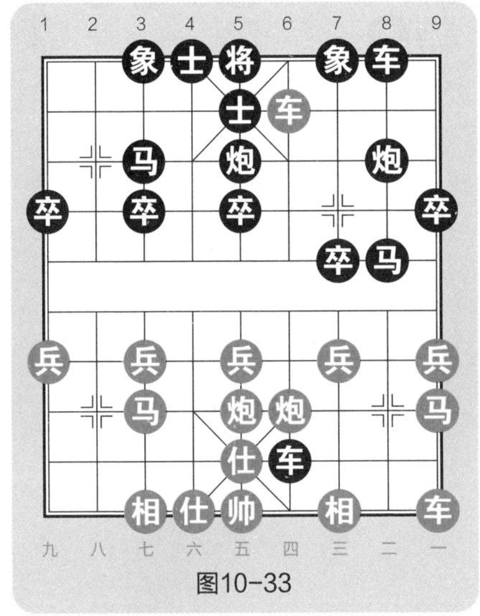

图10-33

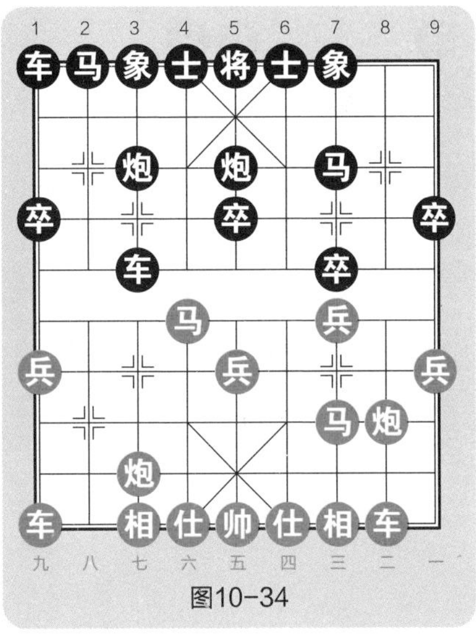

图10-34

⑤兵三进一（红方优势）

如图 10-35，红方先行。

①炮八退一　士 5 退 4　　②马四进五

红方借闷杀捉车，精妙之着！然后运马左翼形成三子归边。

②……　　　车 8 进 5　　③马五退七　象 3 退 5

④炮八进一　象 5 退 3　　⑤马七进六（红方胜势）

如图 10-36，红方先行。

①炮五平八　车 2 平 1　　②后炮平七　炮 5 平 2

③炮七进七　车 1 平 3　　④车七进五　炮 2 进 7

⑤炮八进三　士 5 进 4　　⑥马五进七

至此，红方弃一子形成沉底炮攻势，跃出窝心马先手捉炮，优势明显。

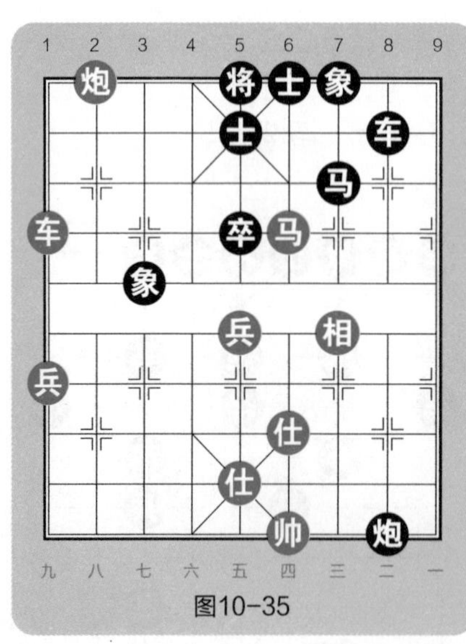

图10-35

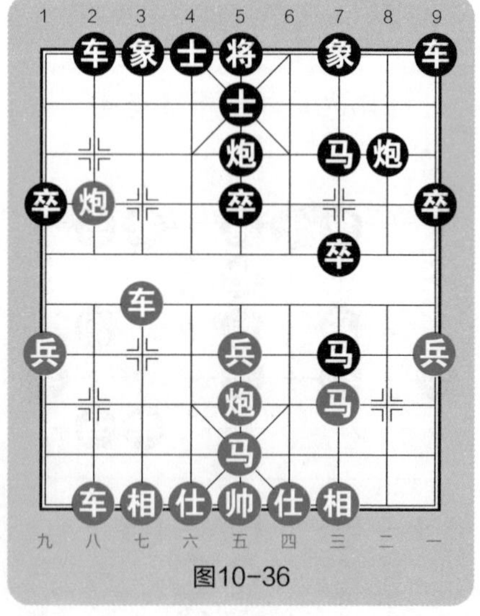

图10-36

第四单元　反击战术

反击战术有两种，即解攻还攻和解杀还杀。

反击战术有如下几个共同特点：

（1）面对敌方的战术进攻时，采取针锋相对的策略以更加强硬或更加巧妙的战术反击，既解除对方的威胁，又在同时向对方实施有力的还击。

（2）解攻还攻是以战术对战术，解杀还杀是以杀法对杀法。两者往往都以“解将还将”作为实施反击活动的重点。

（3）在具体战术和着法的运用上往往采用弃子战术，并体现一着两用或多用，达到攻守兼备的目的。

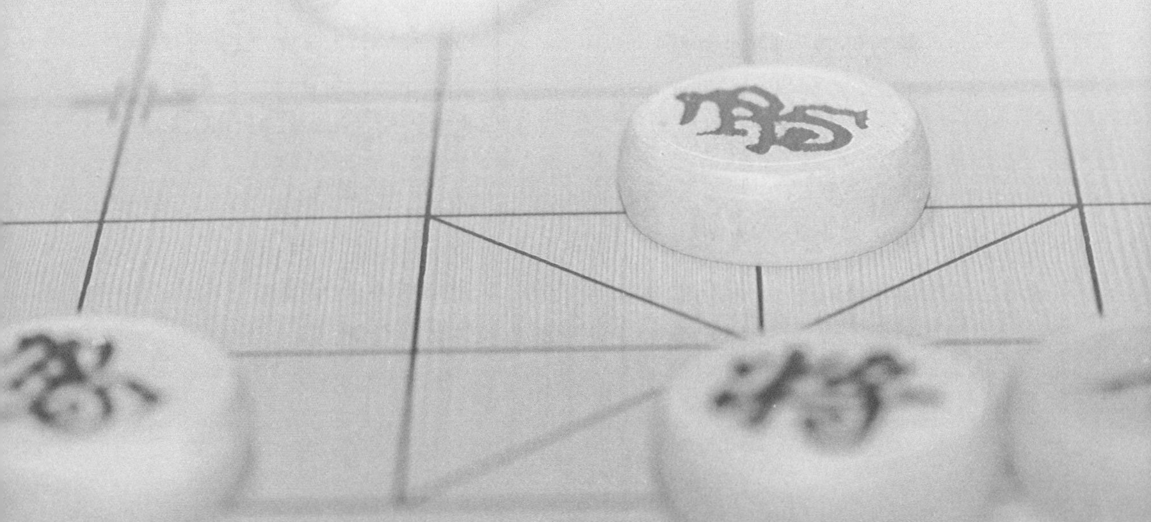

第 11 课　解攻还攻

在象棋战斗中，一方在巧妙化解对方战术杀法攻击威胁的同时，又向对方展开战术杀法的攻击，就叫解攻还攻。

解攻还攻一般有两种形式：一种是针锋相对，以战术对战术，如实战中反牵制、反弃子等。另一种是围魏救赵，利用更快的进攻节奏，来和对方比速度和威胁力度。

【例局 1】针锋相对

如图 11-1，红方先行。本图选自“橘中秘”大列手炮局。红方双仕被黑方双炮牵制，黑方有车 8 平 5，强攻入局的手段。红方此时可借黑方后防空虚，凭借左翼雄厚兵力发起反击。

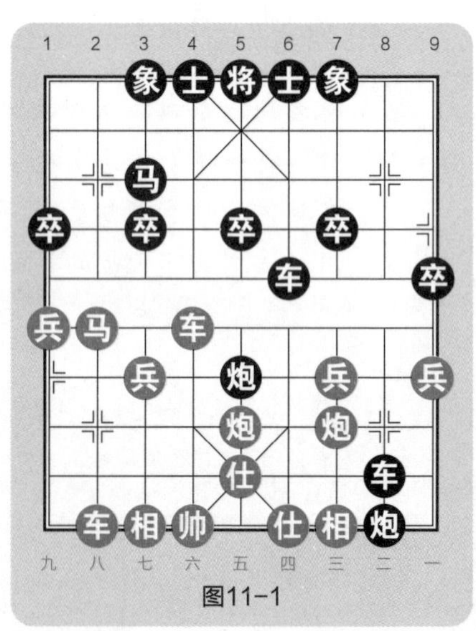
图11-1

①炮五进四

解攻还攻，精妙之着！

①……　马 3 进 5

②车六进五　将 5 进 1

③马八进六　将 5 平 6

④马六退五　车 6 进 2

⑤车八进八　士 6 进 5　　⑥炮三平四　车 6 平 5

⑦车六退四　将 6 退 1　　⑧车八平五（红胜）

【例局2】围魏救赵

如图11–2，红方先行。本图选自“梅花谱”第二局。黑方中路攻势猛烈有抽将得子等战术手段，但兵力单薄。红方果断选择围魏救赵，与黑方比拼进攻速度，解攻还攻。

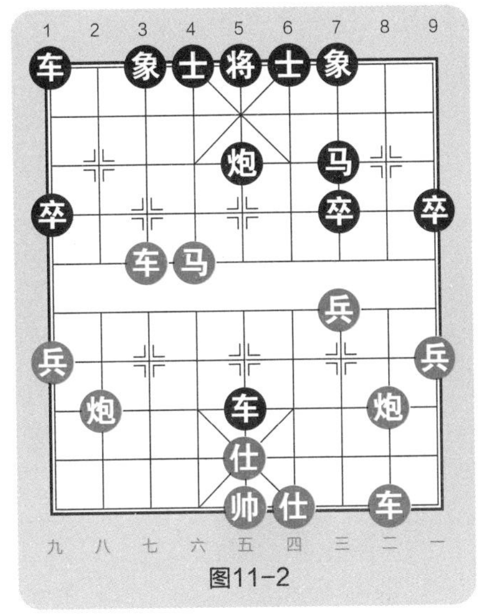

图11–2

①马六进四　车1进1

黑方如改走车5平2，则炮二平五，士4进5，车七平六，车2进2，车六退五，车2平4，帅五平六，以下红方卧槽马胜。

②车七平六　车1平6　③帅五平六　士6进5

④马四进五　车5平2　⑤车六进四　将5进1

⑥炮二进六　车6进5　⑦车六退一　将5退1

⑧炮二进一　马7退8　⑨车六进一　将5进1

⑩车二进八　车6退5　⑪车六退一　将5退1

⑫车二平四

至此，红方形成双车错绝杀。

练习题

如图11–3，红方先行。

①炮五平二！

红方果断卸中炮，解攻还攻！

①……　　炮6平8

黑方如改走马4进3，则炮二进七，炮5进4，仕五进六，士5退4，车三平四，将5进1，车四退一，将5退1，车四平六，红方得车胜定。

② 车三退二　马 4 进 3

③ 车三平五　车 4 进 8

④ 仕五退六　象 3 进 5

（双方均势）

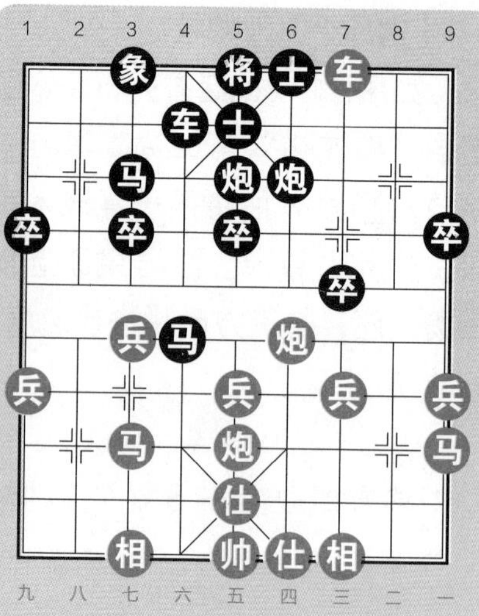

图11-3

如图 11-4，红方先行。

① 车八进二　士 5 退 4

② 兵四平五　士 6 进 5

③ 车八退九！

红方退车，解攻还攻！

③ ……　马 1 退 2

④ 炮七进七！车 3 退 9

⑤ 炮九平七（红胜）

如图 11-5，红方先行。

① 马三进二　炮 8 平 9

② 马六进四　车 8 进 5

③ 马四进三！车 8 进 4

④ 车四退八！

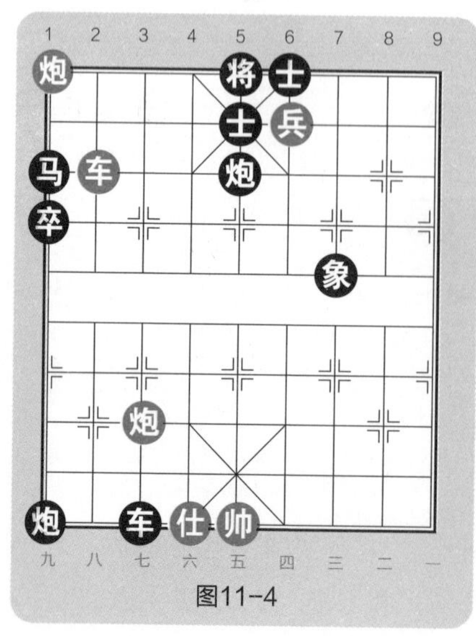
图11-4

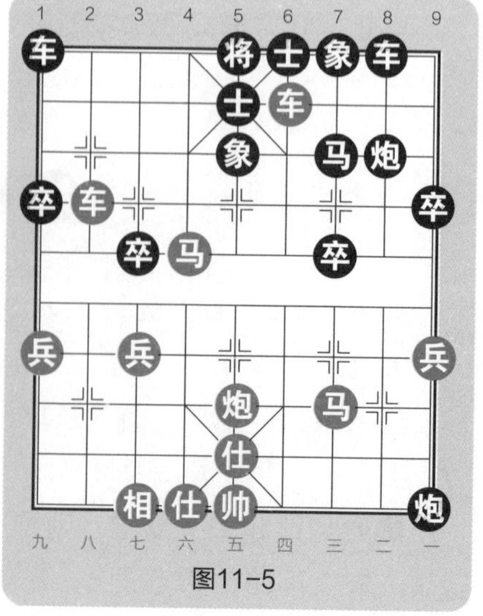
图11-5

红方妙着连发，解攻还攻！

④…… 将5平4 ⑤车八平六（红胜）

如图11-6，红方先行。

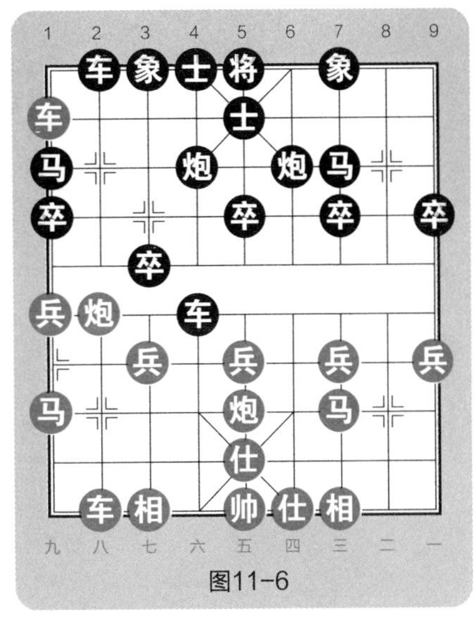

图11-6

①炮八进四！解攻还攻！

①…… 卒7进1

②炮五进四 炮6平5

③炮五平八 炮4平2

④后炮平七 车4退3

⑤车八进六 马7进6

⑥炮七平二（红方优势）

如图11-7，红方先行。

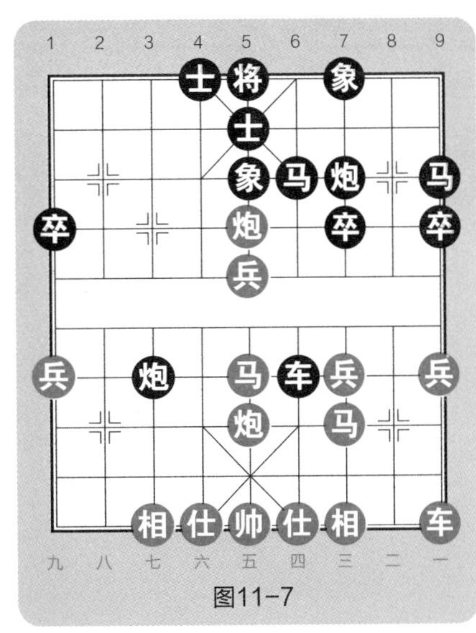

图11-7

①兵五平四！

红方平兵妙手，解攻还攻！

①…… 炮7进4

②前炮平四 炮7平5

③炮五进五！

红方中炮发出，解将还将！

③…… 象7进5

④炮四退三 炮5退1

⑤帅五进一 象5退7

⑥炮四进四 士5进6

至此，红方车马兵可胜黑方马双炮缺象。

如图11-8，红方先行。

①车六平七 车2平3 ②炮六平七！士5退4

③车七退一 车3退1 ④帅六退一 马2进1

⑤ 炮七进二　马 1 退 3　　⑥ 马四进六　马 7 退 6

⑦ 马六退七（双方均势）

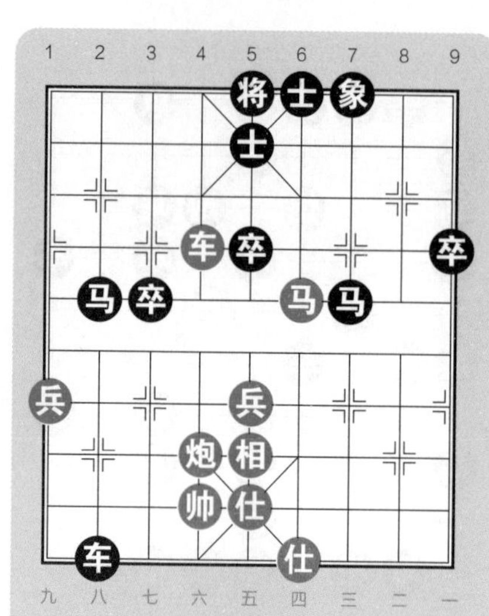
图11-8

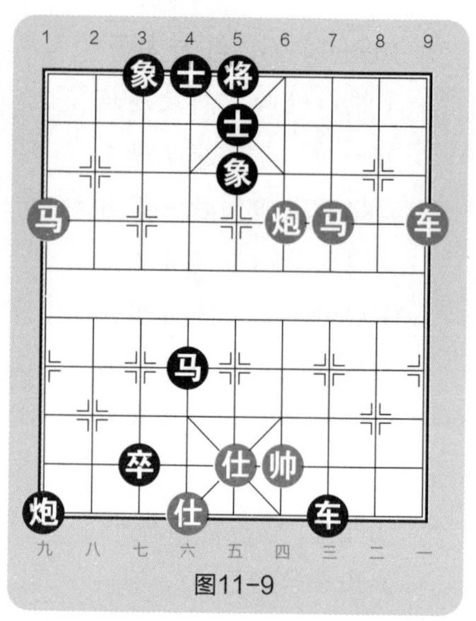
图11-9

如图 11-9，红方先行。

① 车一进三　士 5 退 6　　② 炮四平五　象 5 退 7

③ 马三进五　士 4 进 5　　④ 车一平三！

红方弃车，解杀还杀！

④……　车 7 退 9　　⑤ 马五进三！

红方进马拦车，解攻还攻！

⑤……　将 5 平 4　　⑥ 马九进八　将 4 进 1

⑦ 炮五平九（马后炮绝杀，红胜）

如图 11-10，红方先行。

① 前炮平五！

红方平炮，解攻还攻！

①……　炮 5 退 4　　② 车二平五　士 6 进 5

③ 炮三平五　前车退 5　　④ 车五退一　将 5 平 6

⑤车五平四　士5进6　　⑥车七平六　将6进1（红方胜定）

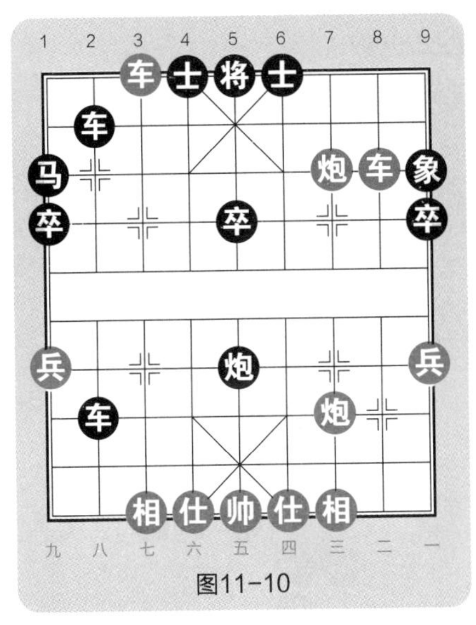

图11-10

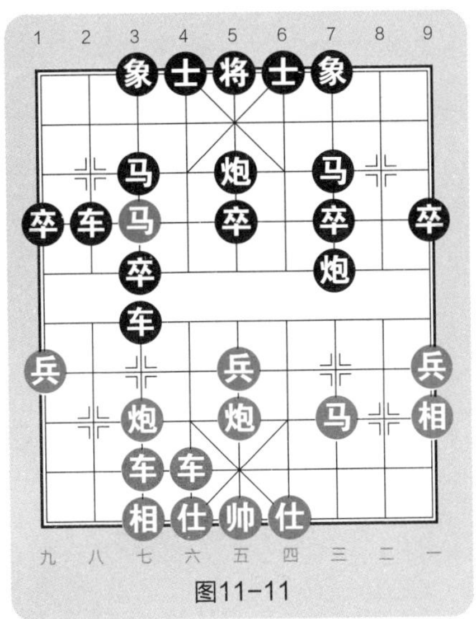

图11-11

如图11-11，红方先行。

①车六进二！

红方进车解攻还攻！伏相七进九捉车，为围魏救赵之法。

①……　　　马3退2

②相七进九　炮7进2

③车六进五！

红方进车，解攻还攻！

③……　　　车3进1

④马七进八　士6进5

⑤车六进一　士5退4

⑥马八退六　将5进1

⑦马六退八（红方占优）

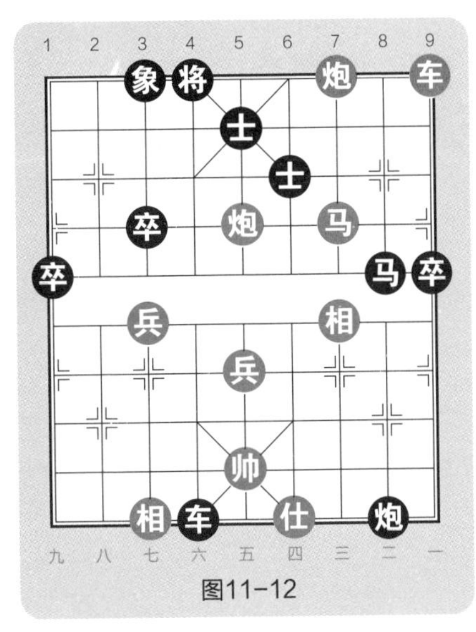

图11-12

如图11-12，红方先行。

①炮三退一　士5退6

②车一平四　将4进1　③炮五进二！

红方大胆弃炮！解攻还攻！

③……　将4平5　④马三进四　将5进1

⑤车四平七　士6退5　⑥马四退三　马8退6

⑦车七退二　士5进4　⑧车七退一　将5退1

⑨车七平五　将5平4　⑩车五平四（红方胜势）

如图11-13，红方先行。

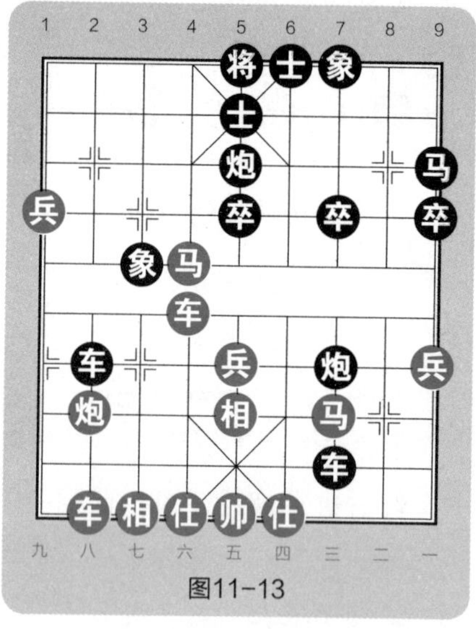

图11-13

①兵九平八！

解攻还攻！精妙之着！

①……　车2退3

黑方如改走车7退1，则马六进五，象3退5，车八平九，士5退4，炮八平三，红方得车胜定。

②车八平九　车2退3

③马六进七　车2平3

④马七进九　车3平4

⑤车六进五　士5退4

⑥炮八进七　将5进1

⑦马九退七　将5平6　⑧车九进八　士6进5

⑨马七进六　将6进1　⑩车九平五　炮7平6

⑪炮八退二　炮5进4　⑫马三进五（红胜）

第12课 解杀还杀

在象棋攻防战斗中，一方走出一着棋，在解除对方杀法的同时，反以杀法攻对方将（帅），就叫解杀还杀。

解杀还杀既可以和解将还将组合反击，也可以和解攻还攻组合。

【例局1】和解将还将组合

如图12–1，红方先行。黑方双车已在红方右翼形成杀势。红方双车在同一直线上，进攻节奏似乎慢一拍，但红方可借解杀还杀战术抢先形成双车错杀势。

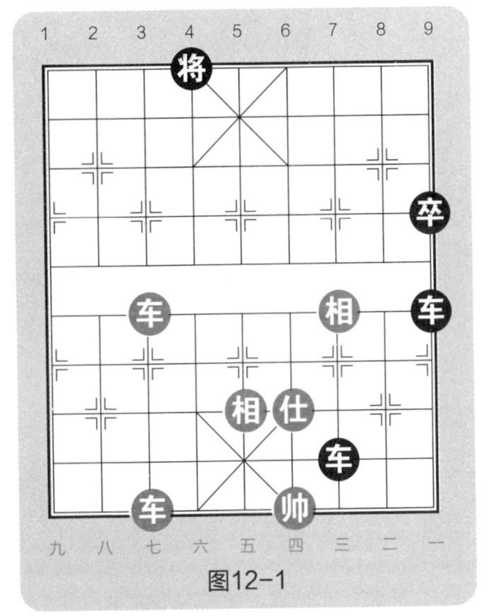

图12–1

① 前车平六　将4平5

② 车七平五！

红方此着即为解杀还杀，黑方下一着如走车9进4，红方可相五退三，解将还将反击入局。

② ……　　　车9进4

③ 相五退三　将5平6

④ 车六平四（红胜）

【例局2】和解攻还攻组合

如图12–2，红方先行。黑方双车马借立马车杀势，已形成河沿车同时捉红方马炮。红方可借集中于中路的兵力优势，实施解杀还杀

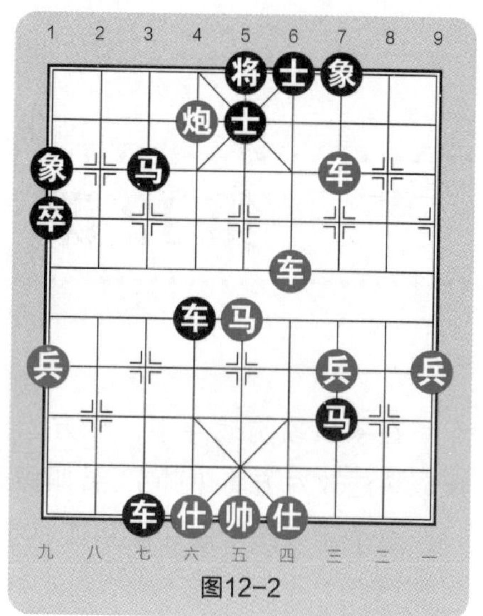

图12-2

战术，一举反夺主动。

①马五退六！

红方弃马拦车，解杀还杀的精妙之着！

①……　　车3平4

黑方弃车解杀无奈，如改走车4进2，则车四进四，将5平6，车三进二闷杀。

②帅五平六　车4进2

③帅六平五　车4退6

④车四退三（红方胜势）

练习题

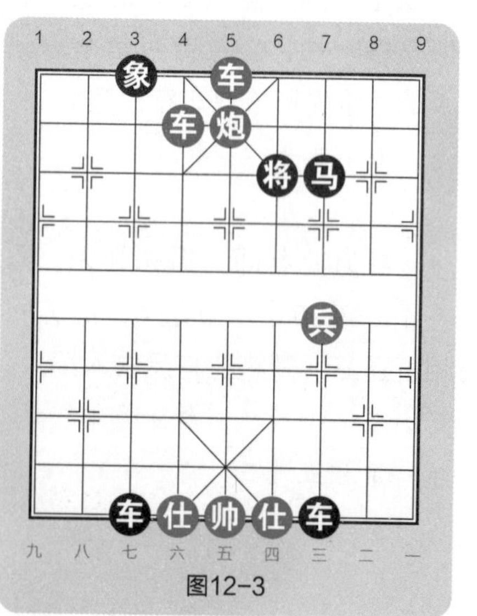

图12-3

如图12-3，红方先行。

①炮五平四！

红方平炮解杀还杀，精妙之着！

①……　　车3退7

②车五退六　马7进6

③炮四退三（红方得马胜定）

如图12-4，红方先行。

①车四平五！马7退5

②炮一进七　炮6进6

③炮一平六！

红方解杀还杀！黑放如续走车2进1，则炮六退九解将还将胜；又如改走将5平6，则炮六退一解捉还将，闷杀胜。

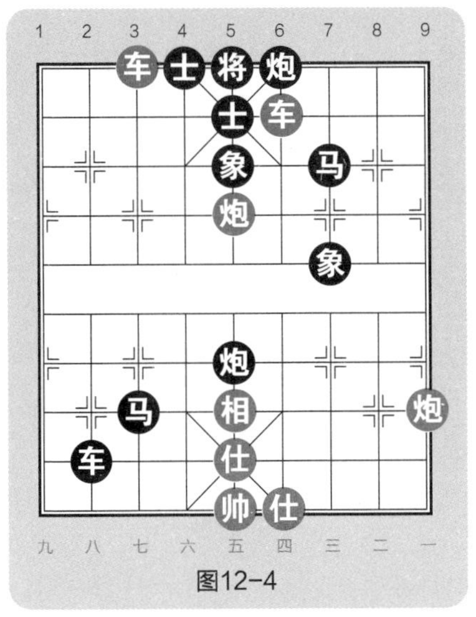

图12-4

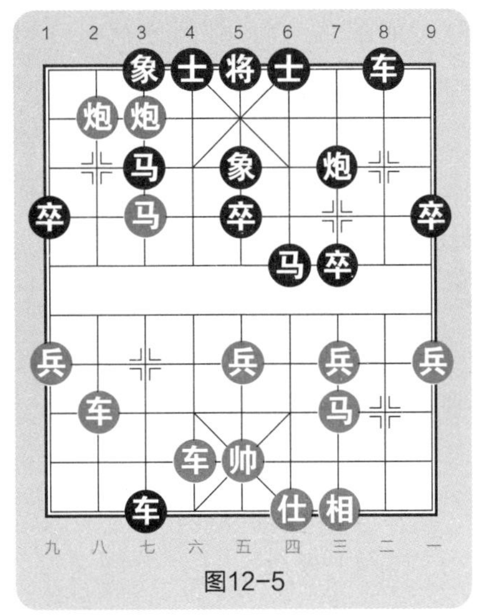

图12-5

如图 12-5，红方先行。

①车六进八！ 将5平4　　②车八平六　将4平5

③帅五平六！

解杀还杀的精妙之着！既解除黑方车8进8，帅五进一，马6进7，帅五平四，车3平6，马三退四，车8平6的高钓马杀法，又有车六进七二路夹车炮杀。黑方如士6进5，则炮八进一，士5退4，车六进七，将5进1，炮八退一，红胜。

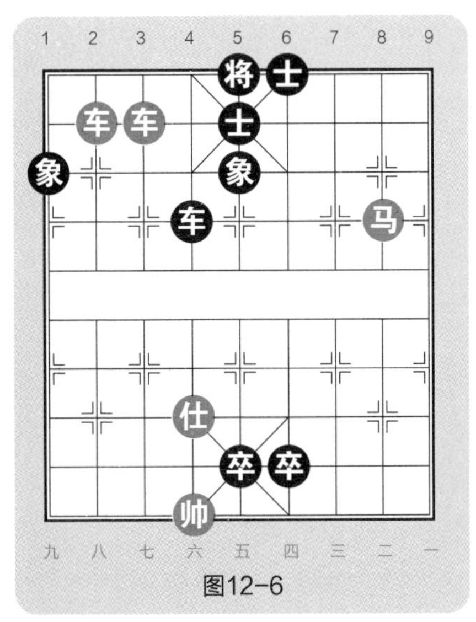

图12-6

如图 12-6，红方先行。

①车七平六！

红方解杀还杀的精妙之着！既解了黑方车4进4的杀着，又有马二进三和车八进一的双要杀。

①……　　车4退2

②马二进三　将5平4

③车八进一（红胜）

如图 12-7，红方先行。

①马七进五　马 7 退 5

②车八平四　将 6 平 5

③马五进七　将 5 平 4

④炮五进五！

精妙之着！既解除了黑方车 7 平 6 的杀着，同时蹩住黑方花心马，助四路车要杀。

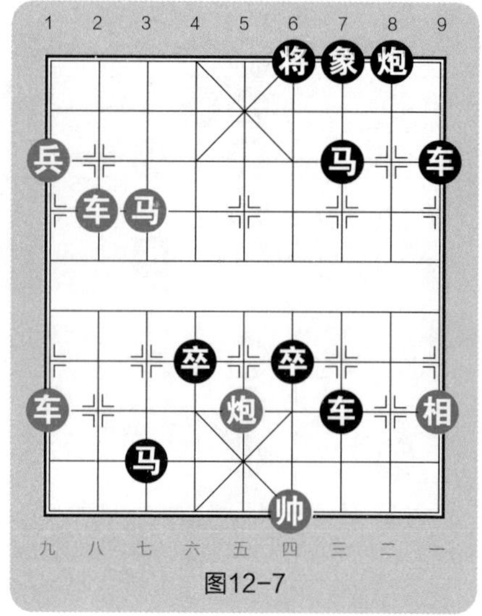

图12-7

如图 12-8，红方先行。

①炮一平九　车 1 平 4

②前车进四　将 5 进 1

③前车退一　将 5 退 1

④前车平六！

红方解杀还杀，一锤定音！黑方如续走前车进 1，则帅五进一，后车进 1，车六退七，车 4 退 1，帅五平六，红方胜定。

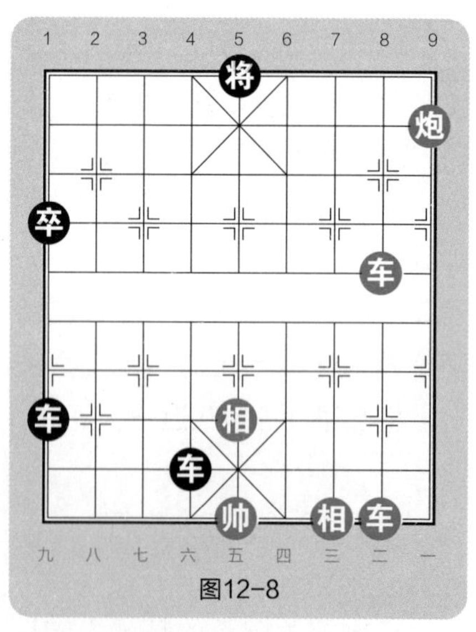

图12-8

如图 12-9，红方先行。

①马四进六　将 5 平 6

②炮五退三！

红方退炮，解杀还杀！

②……　士 5 进 6

③车九平四　士 4 进 5　④车四退三（红方胜定）

如图 12-10，红方先行。

①马四进六！

红方进马，解杀还杀！

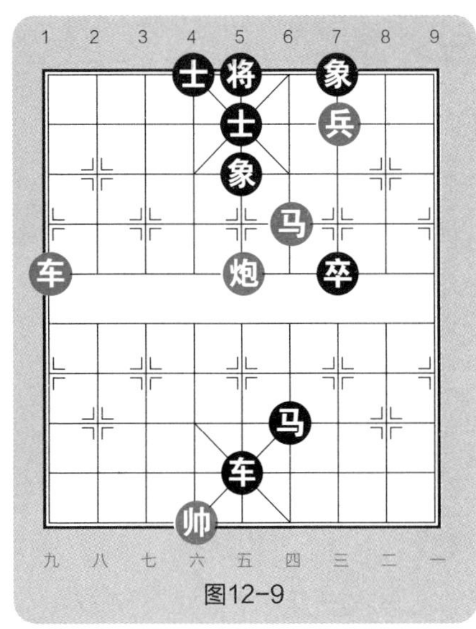
图12-9

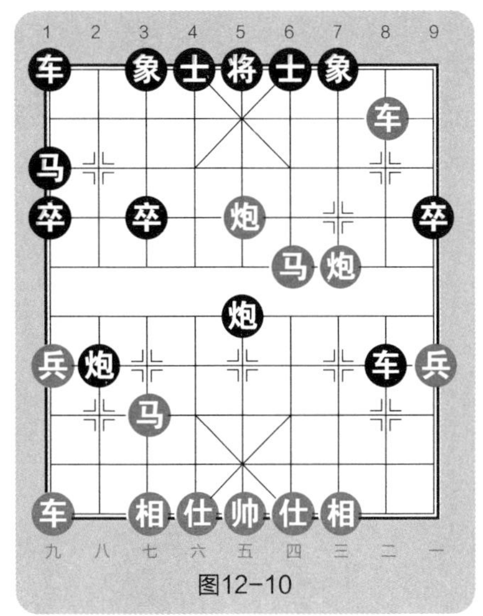
图12-10

①……　　炮2平5　　②马六退五　炮5退3

黑方如改走车8退5，则马七进五，车8进3，后马进三，车1平2，炮三平五，车8平5，马三进五，红方多子胜定。

③炮三平五　炮5平8　　④马五进三

至此，红方借杀捉车，黑车必失，红方胜定。

如图12-11，红方先行。

①车一平四！车6平9！

双方着法均为解杀还杀，非常精彩！

②车四进一！将5平6

③车六进六　将6进1

④炮六进六　将6进1

⑤车六平四（红胜）

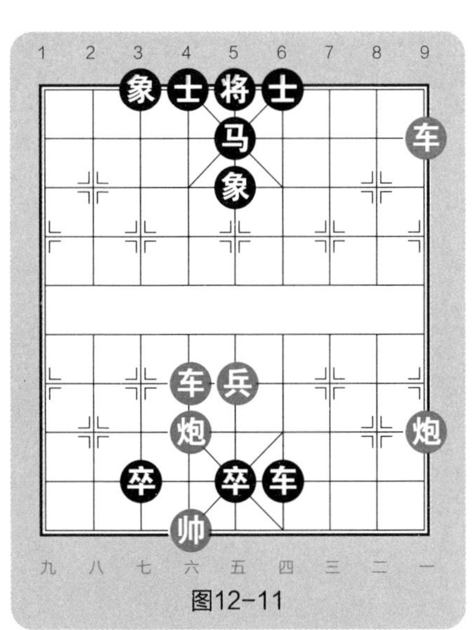
图12-11

如图12-12，红方先行。

①炮一进三　士6进5

②车三进二　士5退6　　③马三进一！

红方进马，解杀还杀！

③……　　车7退4

黑方如改走车7平6，则车三退四，士6进5，车三平四，红方得车要杀，胜定。

④马一进三　将5进1　　⑤炮一退一（红胜）

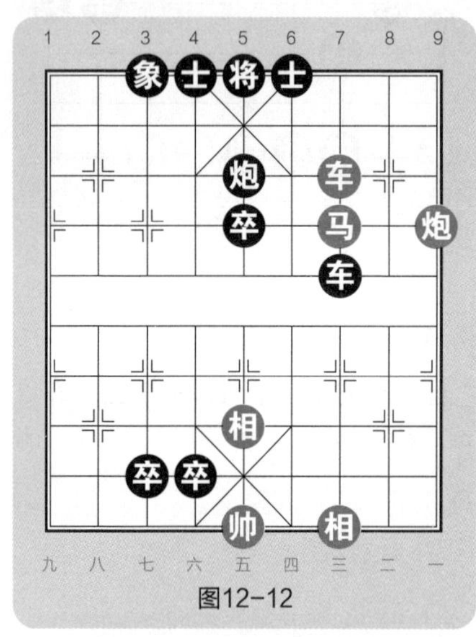
图12-12

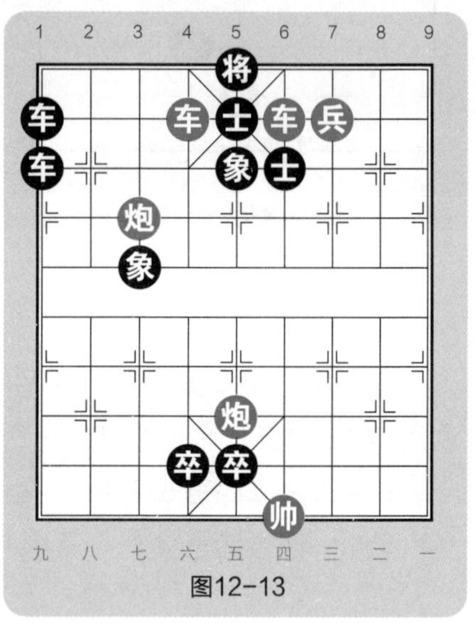
图12-13

如图12-13，红方先行。

①车四进一　将5平6　　②车六进一　士5退4

③炮七平四　士6退5　　④兵三平四　将6平5

⑤炮四平九！

红方平炮解杀还杀！至此成铁门栓杀法，黑方无解。

如图12-14，红方先行。

①炮九平三！车7退2

双方第一回合互为解杀还杀！

②炮三进四　车7退5　　③车九进一　将4进1

④兵四平五　士6进5　　⑤车九平三（红方得车胜定）

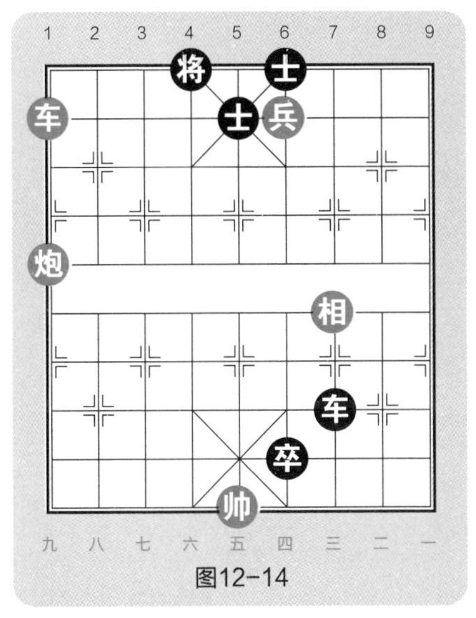
图12-14

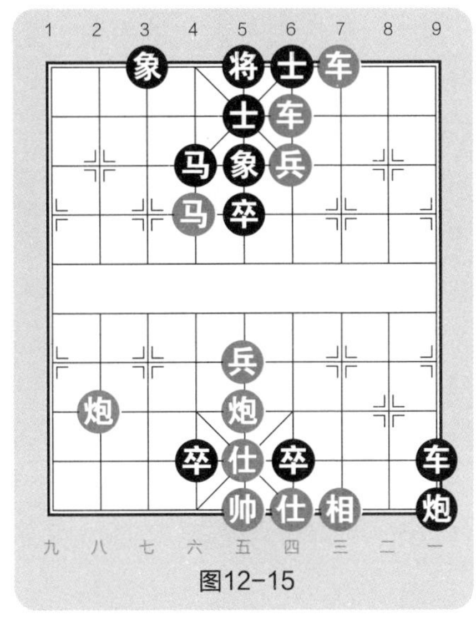
图12-15

如图12-15，红方先行。

①炮八进七　象3进1　　②车四平五　将5进1

③兵四进一　将5平6　　④车三退一　将6进1

⑤炮五进四！

红方进炮解杀还杀！黑方如续走卒6平5，则炮五退五解将还将，红胜；又如改走象5进7，则炮五退二，将6平5，炮八退二，马4进2，车三退一，红胜。

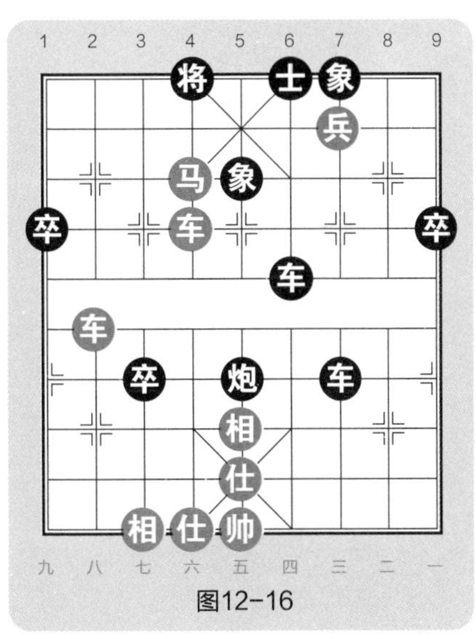
图12-16

如图12-16，红方先行。

①车八进五　将4进1

②车八退一　将4退1

③马六退八　将4平5

④马八进七　将5进1

⑤ 车六平三！

红方解杀还杀！既解除黑方车7进3的杀着，又有马七退六，将5退1，车八进一入局的手段，至此红方胜定。

如图12-17，红方先行。

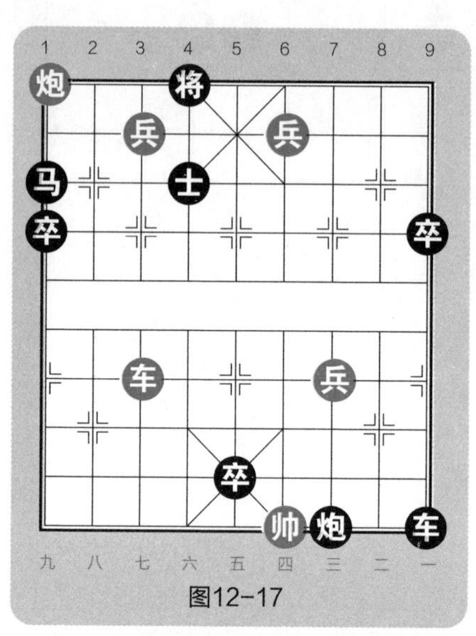

图12-17

① 兵七平六　将4进1

② 炮九平一！

红方平炮，解杀还杀！

② ……　　　车9平8

③ 炮一退一　车8退8

④ 兵四平五　士4退5

⑤ 车七平六（红胜）

如图12-18，红方先行。

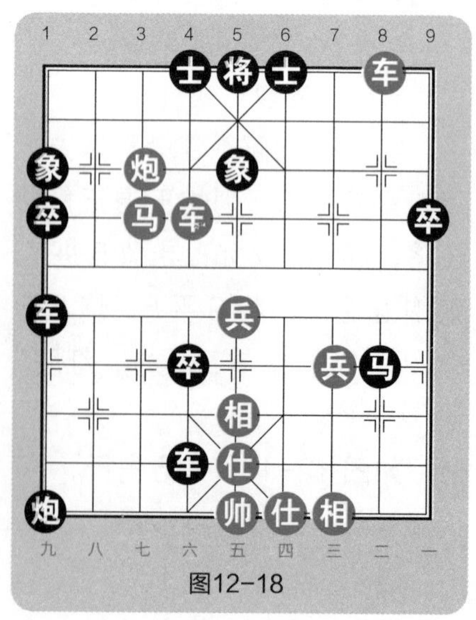

图12-18

① 炮七进二　士4进5

黑方如改走象1退3，则车六进三，将5平4，车二平四，红胜。

② 炮七平四！

红方平炮，解杀还杀！

② ……　　　马8进7

③ 炮四退八！士5退6

④ 车六进三　将5平4

⑤ 车二平四（红胜）

如图12-19，红方先行。

① 车二进九　将6进1

② 车二退一　将6退1

③ 车二平五！

红方平车，解杀还杀！

③…… 车5退2

④车四进五 车5平6

⑤车四进一 将6平5

⑥兵七进一

至此，红方车高兵必胜单车。

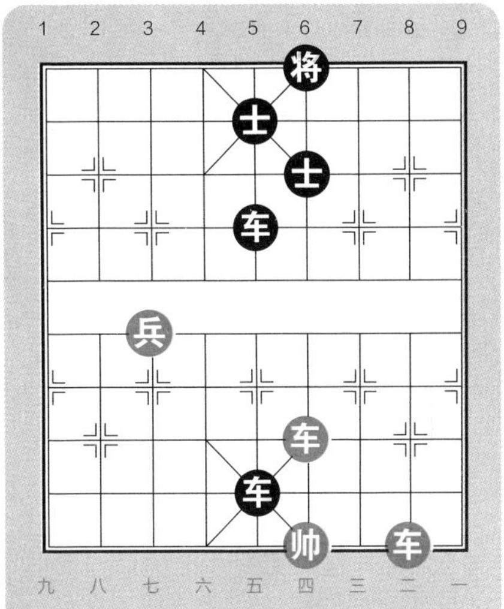

图12-19

如图12-20，红方先行。

①炮七进五 士4进5

②炮七平三！

红方平炮，解杀还杀！

②…… 车8进5

③炮三退九！ 车8退9！

④炮三进六！

至此，红方解将还杀，已锁定胜局。

④…… 车8平9

⑤炮三平四 将6平5

⑥车七进一（红胜）

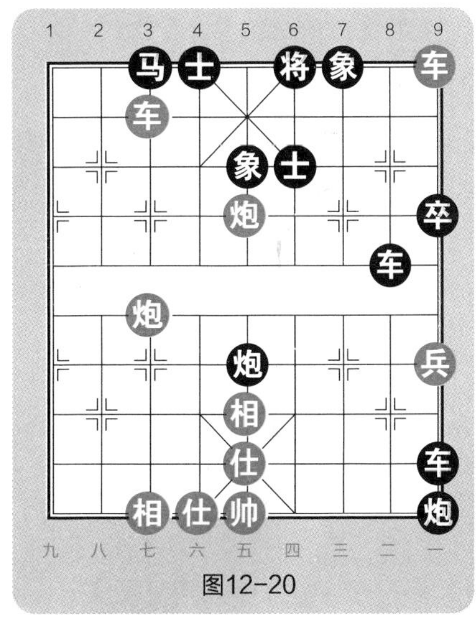

图12-20

如图12-21，红方先行。

①车四进二 将5进1

②马二进四 将5平4

③车四退一 将4进1

④炮一平五！

红方平炮，解杀还杀！

④…… 卒6平5

⑤炮五平六！ 车6退5

⑥炮六退五 卒4平3

⑦车四退二（红方胜定）

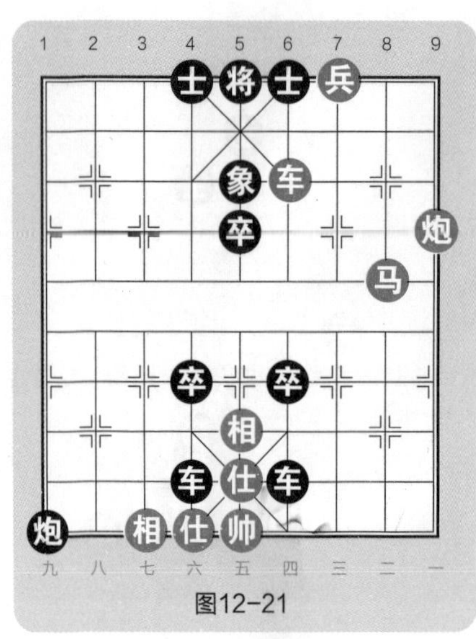

图12-21

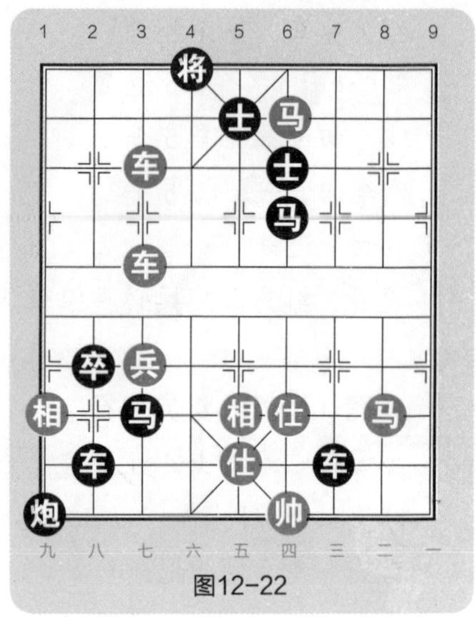

图12-22

如图 12-22，红方先行。

① 前车进二　将 4 进 1　　② 前车退一　将 4 退 1

③ 前车平五！

红方平车，解杀还杀！

③ ……　　　车 2 进 1

黑方如改走士 6 退 5，则车七进四，将 4 进 1，马四退五，将 4 进 1，车七退二，红胜。

④ 相五退七　车 2 平 3　　⑤ 仕五退六　车 3 平 4

⑥ 车五退八！将 4 进 1　　⑦ 车七进三（红胜）